Antiquitäten

Karin Adrian

Teppiche

Von den Anfängen der Teppichkunst
bis heute

Originalausgabe

Wilhelm Heyne Verlag
München

Heyne Ratgeber Antiquitäten
08/9312

Copyright © 1993 der Originalausgabe
by Wilhelm Heyne Verlag GmbH & Co. KG, München
Printed in Germany 1993
Redaktion: Elisabeth Blay
Umschlaggestaltung: Atelier Adolf Bachmann, Reischach
Umschlagillustration Vorderseite: Khotan, Ostturkestan,
signiert 1900, Teppichhaus Fässler, Freiburg
Umschlagillustration Rückseite: Säulenteppich, China, um die
Jahrhundertwende, Teppichkunst Hirschberg, Köln
Layout/Herstellung: Bernd Walser
Satz: Compusatz, München
Druck und Bindung: Staudigl, Donauwörth

ISBN 3-453-06058-X

Inhalt

Vorwort 9
Einführung 11

Zur Geschichte des orientalischen Teppichs 16

Wie es zur Fertigung von Teppichen kam 17
Teppiche bei den Nomaden 17
Der Pazyryk 20
Frühe Zeugnisse der Knüpftechnik 23
Erste Teppiche in Europa 26

Material und Herstellungsverfahren 32

Das Material 33
Die Herstellung von Garnen 34
Knüpfstühle 36
Das Knüpfen 38
Knotenformen 42

Muster, Farben und Symbole 46

Die Einteilung von Teppichen 47
Die Aufteilung eines Teppichs 48
Entstehung von Mustern und Ornamenten 50
Motivbeschreibungen 56
  Die Bordüren 70
  Der Gartenteppich 76
  Der Vasenteppich 80
  Der Medaillonteppich 83
  Der Jagdteppich 86
  Der Gebetsteppich 90
  Teppichbildbeschreibung eines Karakeçili 94

5

Teppichfarben und ihre Bedeutung   103
  Warum Naturfarben?   105
  Über das Färben   107
  Farbstoffe und Technik des Einfärbens   108
  Gewinnung der einzelnen Naturfarbstoffe   111
  Farben als Charakteristika und Datierungshilfen   113
  Farbbeschreibungen   114
  Die Farbsymbolik   115
  Lichteinwirkung   118

Herkunftsländer orientalischer Teppiche   122

TÜRKEI   124
Zur Geschichte des Teppichs in der Türkei   124
Die wichtigsten Provenienzen türkischer Teppiche   137

PERSIEN   151
Zur Geschichte des Teppichs in Persien   151
Die wichtigsten Provenienzen persischer Teppiche   159

TURKESTAN   186
Zur Geschichte des turkmenischen Teppichs   186
Die wichtigsten Turkmenenstämme und ihre charakteristi-
schen Göls und Güls   190

KAUKASIEN   199
Zur Geschichte des kaukasischen Teppichs   199
Die wichtigsten Provenienzen kaukasischer
Teppiche   203

CHINA   215
Zur Geschichte des chinesischen Teppichs   215
Muster und Symbole auf chinesischen Teppichen   223

OSTTURKESTAN   229
Zur Geschichte des Teppichs in Ostturkestan   229
Muster und Symbole auf ostturkestanischen
Teppichen   232

INDIEN 235
Zur Geschichte des indischen Teppichs 235
Muster auf indischen Teppichen 235

TIBET 238
Zur Geschichte des tibetischen Teppichs 238
Muster und Symbole auf tibetischen Teppichen 238

AFGHANISTAN 242
Musterstellung und Provenienzen afghanischer
Teppiche 242

Teppichkunst im Abendland 246

Teppiche auf europäischen Gemälden 247
Spanien – erstes europäisches Teppichzentrum 250
Teppiche aus Frankreich – Savonnerie und
Aubusson 252
England – Teppiche der Arts-and-Crafts-Bewegung 255
Die Orientmode im Europa des 19. Jahrhunderts 258
Jugendstil und Bauhaus 260
Designer-Teppiche 262

Teppichkauf und Teppichpflege 266

Überlegungen vor dem Kauf 267
Einkaufsmöglichkeiten 268
Was Sie beim Teppichkauf beachten sollten 270
Tips zur Teppichpflege 275

Anhang 278

Begriffserklärungen 279
Größenbezeichnung für Orientteppiche 281
Bibliographie 282
Bildnachweis 283
Register 284

Vorwort

Waren Teppiche ehemals, als sie im 14./15. Jahrhundert nach Europa kamen, allein privilegierten Personen vorbehalten, so gehören Knüpfteppiche heute zum selbstverständlichen Bestandteil der Einrichtung wohlsituierter Bürger. Doch Teppiche sind nicht nur Gebrauchsgegenstände. Ein Teppich ist auch ein Kunstwerk, er ist Sammlerobjekt, für manche sogar Investitionsobjekt.

In all den Jahren, seit der Teppich in den abendländischen Kulturkreis gelangte, ist er ein stets begehrtes und viel bewundertes Objekt geblieben. Die Anziehungskraft, die diese textilen Wunderwerke ausübten, blieb unvermindert, im Gegenteil, die Nachfrage stieg. Eine Fülle von immer neuen Mustern und Farben bot sich dem Auge des Betrachters und entfachte seine Begeisterung stets aufs neue. Diese Faszination mag am Anfang stehen und Sie schließlich motivieren, sich über den Wunsch hinaus, einen Teppich zu erwerben, eingehender mit der Geschichte des orientalischen Teppichs zu befassen.

Auch meine erste Begegnung mit Teppichen war Faszination. Nicht technische Daten, nicht einmal die Herkunft interessierten mich zunächst, sondern allein Farben und Muster. Ihre Schönheit und Mannigfaltigkeit – vor allem aber ein wunderschöner Teppich, den ich zu einem Geburtstag erhielt –, wurden zum Anlaß, mich eingehender mit Teppichen zu beschäftigen. Jahrelang war dieser Teppich wichtigster Begleiter auf längeren Reisen. Er war immer das erste Stück, das mir in fremder Umgebung das Gefühl von Zuhause und Geborgenheit vermittelte. Manchmal saß ich auf diesem Teppich und überließ mich der Betrachtung seiner Muster. Es war, als entfalteten sie plötzlich in einem Moment, den ich nie genau bestimmen konnte, ihr eigenes Leben, in das sie mich hineinzogen. Es waren unzählige Geschichten, die ich erfuhr. Oder ich entdeckte Unterschiede in ihrem Farbenspiel: bei wechselndem Licht, am frühen Morgen oder im Schein einer Kerze. Dann wurden Teile des Musters zu kleinen Dämonen, zu geheimnisvollen Wesen aus anderen Welten. Selbst die Farben schienen ihr Eigenleben zu führen und entwickelten eine intensive, faszinierende Leuchtkraft. Doch am faszinierendsten war, daß ich, obwohl ich den Teppich schließlich schon Jahre besaß, immer noch etwas Neues auf ihm entdeckte.

Welche Teppiche – und damit welche Farben und Muster – Sie ansprechen, ist eine Sache der persönlichen Empfindung. Teppiche sind in erster Linie etwas Sinnliches. Zuerst erleben wir den optischen Eindruck. Es geht nicht darum, von vornherein über ein vollständiges theoretisches Wissen zu verfügen. Dies ist zur Einschätzung und Beurteilung von Teppichen wichtig und erleichtert Wahl und Kauf. Doch zunächst sollten Sie sich erst einmal von der eigenen Faszination leiten lassen, sich Ihren persönlichen Gedanken und Assoziationen zu Teppichmustern und Farben überlassen und damit Ihren individuellen Bezug zu einem Teppich herstellen. Schon durch diese Beziehung wird ein Teppich mehr als nur ein Gebrauchsgegenstand. Er hat mit uns selbst zu tun, wird zum Zentrum besinnlichen Nachdenkens, kann uns erfreuen.

Einführung

Wer einen Teppich erwerben möchte, sieht sich mit einem immensen Angebot konfrontiert. Vom klassischen Orientteppich über Kelims bis zum Designerteppich, der Handel bietet eine umfassende Auswahl. Man begegnet Namen wie Schirwan, Ghom, Heris, Hereke, Khotan, Ninghsia, die sich alle auf Teppiche beziehen; von Nomadenarbeiten und Teppichen aus Manufakturen ist die Rede.

Sofern Sie nicht über ausreichende Kenntnisse in Sachen Teppiche verfügen, ist es schwer, sich in der Fülle des Angebotes zurechtzufinden. So scheint es nützlich, Informationen und Kriterien an der Hand zu haben, die Ihnen die Einschätzung und Beurteilung bei der Auswahl und beim Kauf eines Teppichs erleichtern.

Die Teppichkunst stellt ein umfangreiches Sachgebiet dar, und es ist nahezu unmöglich, alle das Thema »Teppiche« umfassenden Aspekte in einem beschränkten Umfang erschöpfend abzuhandeln.

Dieses Buch wendet sich nicht an die Fachwelt und Teppichexperten, sondern an den interessierten Laien und Teppichliebhaber. Es wird sich mit den wichtigsten Fakten über Herkunft und Aufbau der Teppiche sowie ihrer Geschichte befassen. Dabei geht es, mit Ausnahme der Aubussons und der Angaben über die jüngste Entwicklung in bezug auf Designerteppiche, ausschließlich um den Knüpfteppich.

Das Buch beginnt mit dem Zeitpunkt, als der Teppich seinen Eingang vom Orient in den Okzident fand. Zu dieser Zeit hatte er bereits eine lange Geschichte hinter sich: Seine ausgereifte Knüpftechnik, die kunstvolle Musterung, die gekonnten Farbstellungen sind der evidente Beweis. In den folgenden Kapiteln geht es um Material und Herstellungsverfahren, Teppichmuster, -farben und -symbole sowie die Einteilung und den Aufbau eines Tep-

Dieser kurdische Bildteppich stellt den Derwisch Nur'Ali Schah dar, der um 1670 in Isfahan geboren wurde. Khorassan, Ostpersien, 1916, 148×100 cm

pichs. Dabei wird versucht, dem Leser erste Unterscheidungsmerkmale an die Hand zu geben, die es ihm erleichtern, einen Teppich einzuordnen.

Der anschließende Abschnitt beschäftigt sich mit dem geschichtlichen Hintergrund der eigentlichen Teppich-Ursprungsländer und ihren bedeutendsten Erzeugnissen.

Es folgt ein kurzer Überblick, welche Entwicklung die Teppichkunst im Abendland nahm, inklusive der europäischen Bemühungen, eine eigene Teppichkunst auf die Beine zu stellen.

Ratschläge und Tips für Teppichkauf und -pflege sowie ein Verzeichnis der wichtigsten Fachwörter beschließen das Buch.

An dieser Stelle soll auch darauf hingewiesen werden, daß sich mit Beginn unseres Jahrhunderts auf dem Teppichsektor viel geändert hat. Mit der gestiegenen Nachfrage nach Orientteppichen und der weitgehenden Kommerzialisierung der Teppichproduktion in nahezu allen teppicherzeugenden Ländern ging eine unaufhaltsame Anpassung und Nivellierung alter Musterformen – einst typisches Merkmal bestimmter Regionen und Volksstämme – einher, vielfach auch ein Qualitätsverlust. Das Augenmerk richtete sich vermehrt auf den Geschmack des Kunden, häufig wurden nur noch die Muster geknüpft, die den Wünschen der Auftraggeber entsprachen, egal, ob solche Muster zum eigenen tradierten Musterschatz gehörten oder nicht. So hat sich die Teppichproduktion auch auf Länder ausgedehnt, in denen sie einst eine geringe Rolle spielte und wurden zum Beispiel die Muster klassischer Perserteppiche nachgeknüpft, die sich über einen langen Zeitraum großer Beliebtheit erfreuten. Nachknüpfungen kommen heute vor allem auch aus Pakistan, Indien, Rumänien. Das bedeutet unter anderem, daß Musterstellungen nicht mehr unbedingt Indiz bestimmter Provenienzen darstellen.

Theoretische Kenntnisse über Teppichkunst im allgemeinen sind natürlich von großem Nutzen. Doch ebenso wichtig wie die Theorie ist die Praxis. Die Praxis bedingt, sich möglichst viele Teppiche anzuschauen, sich einge-

Heris, Knüpfteppich, Persien, 19. Jahrhundert, 145×190 cm

hend mit ihnen zu beschäftigen, sie miteinander zu vergleichen, typische Merkmale von Innenfeld- und Bordürenmusterung, charakteristische Farben, die für einzelne Länder, Gebiete oder Volksstämme stehen, herauszufinden.
Zur Praxis gehört auch, Teppiche so oft als möglich anzu-
fassen, um sich ein Gefühl für die unterschiedliche Mate-
rialbeschaffenheit und Struktur anzueignen. Auch Einzelheiten sollten hierbei einem genaueren Studium unterzogen werden: wie die Rückseiten der Teppiche aussehen,
welche Unterschiede sich in bezug auf die Herstellungstechnik feststellen lassen, wie die Randverarbeitungen, die
Fransenabschlüsse gearbeitet sind. Diese Kriterien schulen Ihren Blick und geben Ihnen Sicherheit in der eigenen
Einschätzung und Beurteilung eines Teppichs.

Nicht nur die Nachfrage nach Teppichen, auch das Wissen des Käufers hat zugenommen. So entstand eine umfassende Teppichliteratur. Innerhalb der Teppichwissen-
schaften und unter Teppichexperten gibt es vor allem
bezüglich der Musterung und Datierung von Teppichen
kontroverse Meinungen. Das vorliegende Buch befaßt
sich jedoch nicht eingehender mit Auffassungsunterschie-
den, es will Einstiegshilfe sein und den interessierten Laien
mit den prägnanten Merkmalen zum Erkennen und Beurteilen orientalischer Teppiche vertraut machen.

**Malaier, Knüpf-
teppich, Per-
sien, 19. Jahr-
hundert,
120×200 cm**

Zur Geschichte des orientalischen Teppichs

Wie es zur Fertigung von Teppichen kam

Die Geburtsstunde des ersten Teppichs wird wohl für immer im dunkeln bleiben. Wann der erste Teppich geknüpft wurde, wann die Knüpftechnik entstand, diese Fragen können auch heute noch nicht definitiv beantwortet werden. Textile Erzeugnisse überdauern selten die Jahrhunderte, so kann sich auch die Teppichforschung nur auf einige wenige Funde stützen. Um eine Idee davon zu haben, wie es möglicherweise zur Fertigung von Teppichen kam, müssen wir uns in die Anfänge der Menschheitsgeschichte zurückversetzen. Seit wann beherrscht der Mensch die Kunst des Webens? Wann entwickelte sich aus den ersten einfachen Geweben die Knüpftechnik?

Eine der frühesten technischen Errungenschaften ist das Flechtwerk. Die ersten Hütten, die sich der Mensch baut, sind eine Konstruktion aus mit Zweigen und Ästen ausgefachten Holzpfosten. Zweige und Äste werden dabei ineinander verflochten. Auch grob geflochtene Binsenmatten zum Schutz gegen Bodenkälte können als Vorläufer textiler Fertigung angesehen werden.

Daß sich aus der Technik des Flechtens die Kunst des Webens entwickelte, liegt nahe. Somit gehört das Weben zu den ältesten handwerklichen Fähigkeiten des Menschen. Sie bildet auch die Ausgangsform für die Knüpftechnik, die Herstellungstechnik des klassischen Orientteppichs, bei dem die Teppichknoten in ein Grundgewebe eingearbeitet werden.

Teppiche bei den Nomaden

Die meisten Teppichforscher gehen von der Annahme aus, daß die »Erfindung« der Teppichherstellung den Nomaden zuzuschreiben ist. Dafür gibt es einige einleuchtende Gründe.

Diese Nomaden lebten in erster Linie von der Viehzucht. Auf der Suche nach neuen Weidegründen und Wasserstellen für ihre Herden waren sie gezwungen, umherzuziehen. In Abhängigkeit von klimatischen Bedingungen wechselten sie im Winter von den Hochtälern der Berge in die Ebenen und kehrten mit beginnendem Sommer wieder zurück in die Höhen. Sie hatten sich gegen extreme Witterungseinflüsse zu schützen und brauchten aufgrund ihres Wanderlebens transportable Behausungen wie Zelte. Auch ihre Einrichtungs- und Gebrauchsgegenstände mußten leicht zu transportieren, zudem vielseitig verwendbar und strapazierfähig sein. Für ihre Behausungen, in denen sich das Leben weitgehend auf dem Boden abspielte, benötigten sie Teppiche und Decken, die den Boden bedeckten und Schutz vor Kälte boten, die als Lager dienten, als Trennwand innerhalb der Zelte und auch als Türvorhang. Sie brauchten aber ebenso Satteldecken für Pferde und Kamele, Sitzkissen sowie Behältnisse und Taschen, in denen sie ihr Hab und Gut transportieren konnten. Teppiche und Decken boten unzählige Verwendungsmöglichkeiten.

Bei den Nomaden bestimmten in erster Linie textile Erzeugnisse die Ausstattung des Wohnbereichs. Noch bis auf den heutigen Tag zeigen die Zelte der umherziehenden asiatischen Steppenvölker oder der Nomaden im Iran oder der Türkei dieses Bild.

Tierfelle und -häute eigneten sich natürlich in gleicher Weise für diesen Zweck. Den Nomaden widerstrebte es jedoch, ihre Tiere zu schlachten. Sie waren auf ihre Herden angewiesen, ihr Viehbestand stellte ihren Reichtum dar. Schafe und Ziegen sowie in einigen Regionen Kamele waren ihre Wollieferanten. So kann man davon ausgehen, daß die Nomaden es waren, die ein tierähnliches Fell »erfanden«, mit dem sie die isolierende Eigenschaft von Pelzen nachahmten. Durch das Einknoten von Wollfäden wurde ein einfaches Gewebe dichter und wärmer.

In ihrem Bestreben, ihre Behausungen, ihre Gebrauchsgegenstände zu schmücken, zu verzieren, entwickelten die Menschen zunächst einfache, dann komplexere Ornamente, bis hin zu bildhaften Darstellungen.

Bei der einfachen, eintönigen Lebensform der Noma-

Turkmenische Jurte, die während einer Ausstellung im Museum für Völkerkunde, Stuttgart, aufgestellt war

den, die wenig Abwechslung zuließ, kam dem Teppich eine besondere Bedeutung zu. Er war gleichsam das Zentrum des Zeltes, auf dem sich ein wichtiger Teil des Nomadenlebens abspielte. Daher wurde seiner Fertigung auch große Sorgfalt und Aufmerksamkeit gewidmet. Im Teppich (sowie auch in den übrigen textilen Gütern wie beispielsweise Taschen, Satteldecken, Zeltbändern) konnte der Nomade sein Schmuckbedürfnis, seinen künstlerischen Gestaltungswillen zum Ausdruck bringen. Dabei ging es nicht nur um die ornamentale Gestaltung und um die Farbgebung. In die Ornamentik des Teppichs wurden auch Stammeszeichen und Symbole, die magische, religiöse oder weltanschauliche Bedeutung hatten, integriert. Bestimmte Zeichen zum Beispiel stellten Schutzzeichen

19

dar, die den Stamm vor Unglück oder auch dem bösen Blick bewahren sollten.

Die Teppichmuster wurden bei den Nomaden ohne Vorlagen geknüpft, Muster und Farbstellungen von Generation zu Generation weitergegeben. Das Knüpfen war im allgemeinen Aufgabe der Frauen – und ist es auch heute noch. Schon die kleinen Mädchen arbeiten auf eigenen kleinen Knüpfstühlen, die wie ein Spielzeug aussehen, oder sie sitzen mit an den Knüpfstühlen der Frauen. Im Rahmen der überlieferten Muster hat jede Knüpferin so viel Freiraum, daß sie diese auf ihre Weise und ihren Fähigkeiten entsprechend interpretieren kann. Deshalb ist es faszinierend, daß sich unter diesen unendlich vielen geknüpften Nomadenteppichen auch nicht zwei gleiche Stücke finden.

Der Pazyryk

Ein sensationeller Fund, der 1949 im Pazyryktal im südsibirischen Altaigebirge gemacht wurde, belegt, daß die Kunstfertigkeit des Musterns wie auch die Knüpfkunst eine sehr lange Tradition gehabt haben muß. Es handelt sich hierbei um den berühmten »Pazyryk«, der nach seinem Fundort bezeichnet wurde.

Zwischen 1929 und 1949 führte ein russisches Archäologenteam unter der Leitung von Professor Rudenko im Altaigebirge Ausgrabungen durch. Dabei stieß man auf diesen bislang ältesten Teppichfund. In einer hölzernen Grabkammer hatte er, unter dicken Eisschichten konserviert, überdauert. Der Teppich gehörte zu den Grabbeigaben eines skythischen Nomadenfürsten und lag über dem Skelett eines mitbestatteten Pferdes. (Die Skythen, ein nordpersisches Reitervolk, waren im Altertum bis nach Rußland und Ostturkestan vorgedrungen und lebten dort als Steppennomaden.)

Der Pazyryk hat eine Größe von 200 x 183 cm, also beinahe 4 m^2. Er ist von feinster, in Gördes-Knoten ausgeführter Knüpfung und ganz aus Wolle. Seine Knüpfdichte beträgt 3600 Kn/dm^2 (Knoten pro Quadratdezimeter).

Der Pazyryk ist in den Farben Rot und Goldgelb gehalten. Seine Musterung besteht aus einem Mittelfeld, das in 6 mal 4 quadratische Felder aufgeteilt ist. Jedes dieser kleinen Felder wird von einer Rosette geschmückt. Eine umlaufende schmale Bordüre ist mit Quadraten gefüllt, ihr folgt eine breitere mit hintereinander schreitenden, nach links ausgerichteten Elchen oder Hirschen. Die nächste schmale Bordüre wiederholt die Musterung des Mittelfeldes, jedoch in umgekehrter Farbstellung. Die anschließende Hauptbordüre zeigt eine nach rechts ausgerichtete Reiterprozession und die äußere Umrandung bildet wieder eine schmale Bordüre, in der Musterung der um das Mittelfeld ähnlich.

Für die Teppichforschung stellte der Pazyryk einen aufsehenerregenden Fund dar. Seit seiner Ausgrabung wurden die verschiedensten Spekulationen über diesen Teppich angestellt. Unterschiedliche Ansichten bestehen beispielsweise über die Verwendung, die der Pazyryk gehabt haben muß: War er eine Satteldecke – schließlich wurde er auf einem Pferdeskelett gefunden, und die Darstellungen auf den Bordüren könnten sich gut auf ein Reitervolk wie die Skythen beziehen? Oder wurde er als Bodenteppich verwendet – dafür jedoch sind seine Maße zu klein. Diente er vielleicht als Decke? Es besteht die Vermutung, daß es sich aufgrund des schachbrettartigen Innenfeldes um einen Spielteppich gehandelt haben muß. Es gibt aber auch die Auffassung, daß der Pazyryk nicht nur einen Gebrauchszweck erfüllte. Er muß eine darüber hinausgehende Bedeutung gehabt haben. Die Vielfalt der Musterformen – animale, florale und geometrische – lassen darauf schließen.

Was die Muster anbelangt, so kam die Forschung zu dem Schluß, sie nicht als skythische, sondern als persisch-achämenidische einzuordnen. (Die Achämeniden, ein altpersisches Herrschergeschlecht, regierten von etwa 700–330 v. Chr. Ihr Weltreich, das von Achämenes begründet worden war, umfaßte Persien, Vorderasien, Indien und Ägyp-

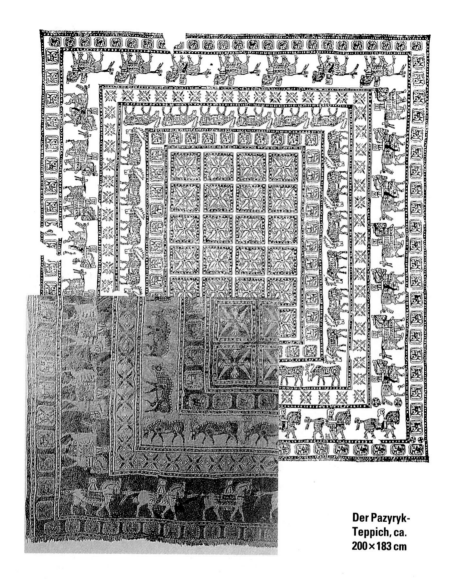

Der Pazyryk-Teppich, ca. 200×183 cm

ten.) Man geht davon aus, daß der Pazyryk ein Geschenk an die Skythenfürsten war oder vielleicht sogar von ihnen erworben wurde. Ob der Pazyryk ein Teppich ist, den die Nomaden selbst im persischen Muster knüpften, oder ein Teppich der Perser, den die Nomaden von diesen erwarben, darüber besteht nach wie vor Uneinigkeit. Die Herkunft des Pazyryk ist bis heute nicht überzeugend geklärt.

In einem Punkt allerdings besteht Einigkeit: Musterung und Ausführung des Pazyryk zeugen von einer Kunstfertigkeit, aus der zweifellos bereits auf eine lange bestehende Tradition in der Teppichknüpfkunst geschlossen werden kann. Im Grunde ist der Pazyryk nur ein optischer Beweis dafür, daß die Knüpftechnik und die Herstellung von Teppichen schon sehr früh bekannt waren.

Frühe Zeugnisse der Knüpftechnik

Der Pazyryk ist nicht der einzige Beweis für die frühe Existenz von Teppichen. Bereits vor diesem Teppich und auch in jüngster Zeit hat man eine Anzahl von Textilfunden – darunter Teppichfragmente – entdeckt, die zwar keinen eindeutigen Aufschluß über ihre Verwendung geben, aber belegen, daß die Technik des Teppichknüpfens schon lange bekannt war. Ein solcher Fund war zum Beispiel ein Gewebefragment mit langem Flor, das in die Zeit um 2600 v. Chr. datiert wurde und das sich unter den Ausgrabungsgegenständen der zwanziger/dreißiger Jahre von Ur in Mesopotamien befand. Knüpfarbeiten im türkischen oder Gördes- und persischen oder Senneh-Knoten aus dem 2./ 3. Jahrhundert v. Chr. fand ein japanisches Archäologenteam bei Ausgrabungen in den Höhlen von At-Tar im Irak. Wieder ein anderes Teppichfragment aus dem 6. Jahrhundert n. Chr. wurde in Gebäuden aus Lehm und Ziegeln in Shar-i-Qumis, auf einer Hochebene im nordöstlichen Iran gefunden. So könnten noch zahlreiche weitere Beispiele aufgezählt werden.

Textile Funde liefern uns immer wieder neue Anhaltspunkte und Aufschlüsse über die Entstehungsgeschichte des Teppichs. Sicher werden zu den bisherigen Funden auch in Zukunft neue hinzukommen, so daß heutige Theorien und Schlußfolgerungen möglicherweise neu überdacht werden müssen.

Auch biblische Quellen belegen, daß Teppiche schon früh eine Rolle gespielt haben. Bereits im Alten Testament, bei Moses, wird die Herstellung eines Teppichs beschrieben. Und bei Salomon, Kapitel VII, Vers 16, heißt es: »Ich habe mein Bett mit Bändern geziert, mit bunten Teppichen aus Ägypten belegt.« In der klassischen griechischen Literatur werden ebenfalls Teppiche erwähnt. Homer zum Beispiel spricht im 4. Gesang der *Odyssee* von »weichen wollenen Teppichen« der Babylonier und Perser. In seiner *Ilias* IX, 200 sitzen die Helden Agamemnons auf »Sesseln und Teppichen, schimmernd von Purpur«.

Über die Literatur hinaus begegnen uns Darstellungen von Teppichen auch auf zahlreichen Bildern und Skulpturen der Antike. Hier sei nur ein Beispiel erwähnt: Im British Museum in London befindet sich auf einem Obelisken aus der Zeit König Salmanassars III. (859–824 v. Chr.) die Abbildung von Personen, die dem assyrischen Herrscher Teppiche bringen.

Literatur und bildende Kunst stellen generell eine gute Ausgangsbasis dar, um sich die Lebensweise der Menschen in früherer Zeit, ihre Sitten und Gebräuche zu vergegenwärtigen. Insbesondere auf dem Gebiet der Teppiche und Textilien greift man gerne auf diese Möglichkeit zurück. Da, wie schon anfangs erwähnt, textile Gewebe selten Jahrhunderte überdauern und solche Funde entsprechend selten sind, liefern literarische Quellen oder Abbildungen vielfach wertvolles Ergänzungsmaterial zur Teppichforschung. An anderer Stelle des Buches kommt in diesem Zusammenhang auch die Darstellung von Teppichen auf Gemälden zur Sprache.

Noch ein Wort zum Begriff »Teppich«. Bei der Bezeichnung »Teppich« gehen wir davon aus, daß es sich im allgemeinen um einen Bodenteppich handelt. Und genau das war ursprünglich nicht allein mit »Teppich« gemeint.

Das Wort »Teppich« geht auf das griechische Wort »tapes« oder »tapesetos« zurück. Im Lateinischen wird es zu »tapes« oder »tap(p)etum«. Davon wiederum leitet sich das italienische »tappeto« ab. Im Deutschen heißt es »Teppich«, im Französischen »tapis«, im Angelsächsischen »taeppet« (heute carpet) und im Katalanischen »tapit«. Die Griechen und andere Völker des Altertums kannten keine strenge Unterscheidung zwischen Teppichen, die als Bodenbedeckung verwendet wurden, oder anderen textilen Geweben. Darüber hinaus bestand bei Griechen und Rö-

Jaçebedir, Türkei, 1850, 125×165 cm

mern aufgrund der klimatischen Verhältnisse weniger Bedarf an Bodenteppichen. So bedeutet »tapes« vor allem Wandteppich, Bettüberwurf, Vorhang, sogar Umhänge wurden tapes genannt. Der Begriff »Teppich« bezog sich also auf eine Decke von textiler Beschaffenheit, die in unterschiedlichster Weise zur Gestaltung von Wohnräumen verwendet wurde.

Bei unserem Verständnis für Teppiche gehen wir fast immer zu sehr von unserer heutigen Lebensweise aus. Teppiche gehören bei uns auf den Boden, allenfalls noch an die Wand. Die Orientalen jedoch leben auch noch heute anders mit Teppichen. Für sie sind Teppiche – ähnlich wie bei den Nomaden – Gebrauchsgegenstände von umfassender Bedeutung. Sie bedecken und schmücken den Boden, werden als Sitzgelegenheiten und Bett benutzt, über Tische gebreitet oder als Wandteppiche verwendet. Entsprechend zeigt sich auch der Umgang mit Teppichen. Sie werden nicht mit Möbeln »verstellt«, Teppiche sollen als unverstellte Fläche zur Geltung kommen. Ein Orientale betritt einen Teppich auch nicht mit Straßenschuhen.

Als Teppiche im Mittelalter nach Europa kamen, dienten sie zunächst auch nicht als wärmender Bodenbelag, sondern fanden auch hier vielseitige Verwendung.

Erste Teppiche in Europa

Mit dem Einfall seldschukischer Turkvölker in den Westen im 11. Jahrhundert kam der Teppich von Innerasien nach Kleinasien bis nach Konya. Hier trafen die nomadisierenden Seldschuken auf Gebiete mit seßhafter Bevölkerung. Neben der Kunst des Teppichknüpfens brachten sie auch den Islam mit und führten diesen als Religion ein. Die Seldschuken selbst waren durch die Araber islamisiert worden, die nach dem Tode des Propheten Mohammed im Jahre 632 n. Chr. den Islam in aller Welt zu verbreiten suchten und einerseits über Mesopotamien, Syrien, Ägypten bis Spanien und später nach Frankreich vordrangen und andererseits über Persien nach Innerasien bis an die chinesische Grenze.

Die Knüpfkunst wurde von der in Kleinasien ansässigen Bevölkerung aufgegriffen, wobei es für die Weiterentwicklung des Teppichs eine beachtliche Rolle spielte, daß diese Völker seßhaft waren. So konnten größere Webstühle aufgebaut und damit auch größere Teppiche geknüpft werden. Da die Nomaden – bedingt durch ihre Lebensweise – ihre meist horizontalen Webstühle immer wieder auf- und abbauen mußten, hatten diese nur eine bedingte Größe. Für ihre Zelte brauchten die Nomaden auch nur Teppiche in bestimmten Formaten und für bestimmte Zwecke. Somit ergab sich von vornherein eine gewisse Beschränkung. Jetzt aber konnten neue Produktionsformen aufleben. Die Entwicklung der Teppichknüpfkunst von der Heimknüpferei (bei den Nomaden) bis zum städtischen Handwerk und der Manufakturarbeit nahm ihren Anfang. Doch löste nicht eine Form die andere ab; bis heute bestehen sie alle nebeneinander. In diesem Zusammenhang werden, das sei hier bereits erwähnt, Nomaden- oder Stammesteppiche, Dorfteppiche oder Teppiche aus der Heimindustrie sowie Stadt-, Manufaktur- oder Werkstatteppiche unterschieden. In diese Klassifizierung ließen sich noch die Hofteppiche einreihen, die während der Blütezeit des Teppichs in Persien und der Türkei in Hofmanufakturen für die Herrscherhöfe gefertigt wurden.

Auch auf die Teppichmuster wirkte sich diese Entwicklung aus. Die Muster und Motive aus der Knüpftradition der Seldschuken wurden zur Grundlage für die Arbeiten Kleinasiens (daher sieht man immer wieder türkische und turkmenische Nomadenteppiche, die sich in der Musterstellung ähneln). Die strenge Bindung an tradierte Musterformen – vorrangig geometrisierte – wie sie den Nomaden eigen ist, wurde aufgelockert. Neue Formenelemente bildeten sich, alte wurden abgewandelt. Durch verfeinerte Färbemethoden ergeben sich neue Farbkompositionen. Wolle kann auf Vorrat eingefärbt werden.

Eine frühe Gruppe von Teppichen, die im 13. Jahrhundert gefertigt worden sein muß, belegt die Meisterhaftigkeit der Knüpfkunst dieser Zeit. Diese sogenannten »Seldschukenteppiche« befanden sich in der Alâ-ed-dîn-Moschee in Konya und der Esrefoğlu-Moschee in Beyşehir. In der Grundfarbe Blau und in Rottönen gehalten, zeigen sie als Muster Sternmotive, Oktogone sowie Hakenmedaillons und in der Bordüre kufische Schrift. Diese Teppiche kann man heute in Istanbul im Türk-ve-Islam Eserleri Museum bewundern.

Auch in den Reiseberichten Marco Polos – er bereiste 1271/72 unter anderem Anatolien – finden sich zahlreiche Hinweise, in denen er die Fülle und Schönheit der Teppiche beschreibt, die dort geknüpft wurden.

Mit der Eroberung Jerusalems wurden die Türken zur Gefahr für das Christentum und riefen im Grunde die Kreuzzüge auf den Plan. Diese spielten für die europäische Geschichte insofern eine Rolle, als sie die westliche Welt mit der orientalischen in Berührung brachten und damit eine engere Beziehung zwischen dem Abendland und dem Orient herstellten. Die vom Ende des 11. bis zum Ende des 13. Jahrhunderts unternommenen Züge (insgesamt 7) zur Befreiung der heiligen Stätten von islamischer Herrschaft hatten letztendlich etwas mit der islamischen Idee vom »Heiligen Krieg« gemeinsam, scheiterten jedoch. Jerusalem wurde zwar zurückerobert, aber die Kreuzfahrer konnten ihre Stellung nicht behaupten. 1291 verloren sie Akkon, ihren letzten Stützpunkt.

Aus Berichten dieser Zeit geht hervor, wie beeindruckt die Kreuzfahrer von der hochentwickelten Kultur der Orientalen und wie fasziniert von ihrer Prachtentfaltung sie waren. Die Kreuzfahrer brachten eine Vielfalt orientalischer Erzeugnisse nach Europa. Darunter auch Teppiche. Sie gehörten zu den ersten Teppichen, die nach Europa kamen.

In der Folge der Kreuzzüge entstand ein sich immer stärker entwickelnder Handel mit dem Orient. Von der Kirche wurde dies nicht gerne gesehen, waren für sie die Orientalen doch die Feinde der Christenheit. Der Papst drohte sogar mit dem Kirchenbann, aber der Handel ließ sich durch solche Maßnahmen nicht unterbinden. Vom 14. Jahrhundert an kamen nun kontinuierlich Teppiche nach Europa. Italien baute seine Handelsbeziehungen nach Konstantinopel, das 1453 von den Türken eingenommen wurde, aus und entwickelte sich zum wichtigsten Bindeglied zwischen Okzident und Orient. Vor allem Venedig entfaltete sich zu einem der wichtigsten Handelszentren und wurde Umschlagplatz für orientalische Güter. Insbesondere textile Güter, Stoffe und Teppiche kamen aus dem Orient. In Europa bewunderte man die Formenvielfalt, die Farbenfreudigkeit, die ganze Prachtentfaltung dieser Erzeugnisse, eine große Faszination ging von der islamischen Kunst aus. Somit erfuhr auch das künstlerische Schaffen in Europa neue Anregungen und neue Impulse. Von Italien ausgehend erfaßte die Bewegung der Renaissance fast alle europäischen Länder. Stoffmuster inspirieren die Teppichentwürfe dieser Zeit, Maler werden von den Farben beeinflußt, der orientalische Formenschatz wird auch für die architektonische Gestaltung und vor allem die Innendekoration aufgegriffen und verarbeitet.

Teppiche als seltenes und kostbares Gut waren nicht nur bei Königen und Fürsten gefragt, auch die Kirche gehört zu den frühen Erwerbern. Darüber existieren noch zahlreiche Belege in Form von Briefwechseln, Rechnungen, Inventarlisten, die sich unter anderem in Venedig erhalten haben. Diese interessanten Dokumente geben Aufschluß über die Anzahl der eingeführten Teppiche, ihren Zustand, ihre Verwendung, ihren Preis, in wessen Besitz sie gelangten und vieles mehr.

Im 16. und 17. Jahrhundert brach eine wahre Teppichleidenschaft in Europa aus. Nun gab es auch schon die ersten richtigen Sammler, zu denen so prominente Namen wie Kaiser Karl V., Kardinal Wolsey, Kardinal Richelieu, Katharina von Medici oder Kardinal Mazarin zählten. Teppiche als Repräsentationsobjekt waren an den Höfen beinahe ein »Muß«, als Geschenke an Fürsten und Könige oder deren Gesandte standen sie hoch im Kurs. Es wurden sogar Teppiche in Auftrag gegeben. Der König von Polen, Sigismund III. von Wasa, schickte 1602 einen Beauftragten nach Persien, der dort acht Teppiche für ihn fertigen lassen sollte. Und Sigismund war nicht der einzige, der ein derartiges Unternehmen in die Wege leitete – das im übrigen auch nicht billig war. Dabei war es Mode, in solche Auftragsteppiche das Familien- oder Herrscherwappen einknüpfen zu lassen. Einige dieser Teppiche sind erhalten geblieben.

Während anfänglich überwiegend Teppiche aus Kleinasien bezogen wurden, kamen im 16. und 17. Jahrhundert
persische Teppiche hinzu. In dieser Zeit, als das Interesse
Europas am Orient seinen Höhepunkt erreichte und herrliche Teppiche im aufkommenden Barock zum üppigen
Lebensstil gehörten, erlebte Persien unter der Safaviden-
Dynastie, insbesondere unter der Herrschaft Shah
Abbas' d. Gr., seine absolute Blütezeit in der Teppichknüpferei. In dieser Periode wurden die floralen Motive
und Arabesken entwickelt, eine unglaubliche Mustelviel-
falt und Prachtentfaltung kam zum Zuge. Die ganze Welt
der Pflanzen, Tiere, Blumen, Szenen aus der Jagd, fanden
sich, in kunstvollsten Formen ausgeführt, auf den Teppichen. Persien produzierte bereits ganz bewußt für den
Export. Solche kostbaren Teppiche wurden in den Hofmanufakturen gefertigt – die Osmanen zogen darin später
nach. Diese prunkvollen Erzeugnisse aus den persischen
und osmanischen Hofmanufakturen waren natürlich für
den Export an europäische Höfe gedacht. Dennoch leiste-
ten sich inzwischen auch die wohlhabenden Bürger Teppiche. Neben den Hofmanufakturen kamen Teppiche in
weniger aufwendigerer Ausführung auch aus den Werkstätten, insbesondere denen Kleinasiens.

Der Teppich hatte sich nun endgültig in Europa etabliert, er ist aus der europäischen Wohnkultur nicht mehr
wegzudenken.

Knüpfteppich aus dem Bergama-Gebiet (Ezine), Türkei, 1910, 140×170 cm

Material und
Herstellungsverfahren

Voraussetzung für die Entstehung handwerklicher Erzeugnisse war das Vorhandensein der Ausgangsmaterialien. Die Nomaden des Orients lebten von ihren Ziegen, Schafen und Kamelen, die ihnen Fleisch, Milch, Felle und Häute lieferten.

Als sie erkannten, daß man die Wolle der Tiere zu einem Faden verspinnen konnte, begannen sie, Webereien anzufertigen. Die Erfindung des Webens und des Webrahmens war also Voraussetzung für die Entstehung der Teppichknüpferei, denn die Grundstruktur eines jeden Teppichs besteht aus einer Weberei, in die Knoten eingeknüpft werden.

Das Material

Neben Muster und Farben, die den optischen Reiz, den ästhetischen Wert eines Teppichs bestimmen, spielt das Material, aus dem ein Teppich geknüpft ist, eine bedeutende Rolle. Material, das man anfassen, fühlen kann. Abgesehen von der handwerklichen Ausführung gibt es uns auch Auskunft über die Qualität eines Teppichs.

Ein Teppich besteht aus *Kette* (die die Länge eines Teppichs ergebenden, über den Webrahmen gespannten Fäden), *Schuß* (einer oder mehrere der quer zur Kette geführten Fäden) und *Flor*. Kette und Schuß bilden sozusagen die Struktur, das Gerüst, in das durch Einknotung von Woll- oder Seidenfäden der Flor gebildet wird. Im Gegensatz zu einem Gemälde hat der Teppich mit dem Flor eine dritte Dimension. Wie fein und dicht ein Teppich ist, hängt davon ab, welches Material für Kette und Schuß verwendet wird. Je enger Kette und Schuß sind, desto feiner muß das Garn sein, das für den Flor verwendet wird. Als Strukturmaterial dient überwiegend Baumwolle, da sie sich aufgrund ihrer Struktur besser verzwirnen läßt als Tierwolle. Manchmal sind diese Baumwollgarne eingefärbt, zum Beispiel rot oder blau. Solche eingefärbten Garne sind typische Merkmale bestimmter Provenienzen. Bei Nomadenteppichen besteht die Struktur des Teppichs aus Wolle, da die Nomaden das Material aus der eigenen Tierzucht verarbeiteten. Manchmal findet sich auch ein Mischgewebe als Teppichstruktur, dann besteht die Kette aus stark gezwirnter Baumwolle und der Schuß aus schwach gezwirnter Schafwolle. Nur in außergewöhnlichen Fällen ist das Strukturmaterial aus Seide.

Für den Flor wird in erster Linie Schafwolle verarbeitet, gelegentlich auch Seide. Doch Seide steht nicht in dem Maße zur Verfügung wie die Wolle der Schafe und ist daher ein kostbareres und auch kostspieligeres Material. Die Qualität der Wolle hängt von verschiedenen Faktoren ab: von der Schafrasse (zum Beispiel Breitschwanzschafe, Merinoschafe), von welchem Körperteil des Tieres sie stammt – ob aus der Schulter, vom Hals oder Bauch –, ob sie aus der ersten Schur stammt, zu welcher Jahreszeit geschoren wurde, ferner vom Futter und von den klimatischen Bedingungen, unter denen die Schafe aufwachsen. Tiere, die extremen Witterungsverhältnissen ausgesetzt sind, liefern hochwertigere Wolle als Schafe aus Gegenden mit einem milderen Klima. Die Wolle ist im allgemeinen strapazierfähiger, hat einen größeren Fettgehalt. Ebenso ist Wolle, die aus der Rückenpartie stammt, von besserer Qualität als die Wolle vom Bauch oder von den Beinen. Die beste Wolle kommt zudem aus der ersten Schur.

Die Herstellung von Garnen

Nach dem Scheren wird das Vlies (Rohwolle) mit Holzknüppeln geschlagen, anschließend unter fließendem Wasser gewaschen, um noch verbliebene Fremdkörper und Erdklümpchen zu entfernen und hinterher getrocknet. Dann wird es auseinandergezupft und nach Qualität sortiert. Der beste Teil der Wolle bleibt für den Flor. Nach einer zweiten Reinigung wird die Wolle gekämmt, das heißt, man zieht sie mit beiden Händen mehrmals durch lange Metallzinken. (Anstelle der Metallzinken verwendet man oftmals auch Nägel, die in gleichmäßiger Reihe in ein starkes Brett eingeschlagen werden.) Auf diese Weise erhält man gleichmäßige Wollsträhnen, die nun versponnen werden können.

Das Spinnen geschieht im allgemeinen von Hand, mit Hilfe einer Spindel oder mit einem Spinnrad. Dabei werden die einzelnen Fasern zu einem Faden zusammengedreht. Je nach der Richtung, in welcher der Faden gesponnen wird, spricht man von »S-Drehung« oder »Z-Drehung«. »S« entspricht der Richtung des Uhrzeigers, »Z« bezeichnet die Gegenrichtung. Da der auf diese Weise gesponnene Faden oft nicht elastisch genug ist, dreht man ein oder mehrere Fäden zu einem stärkeren Garn zusammen. Diesen Vorgang nennt man »zwirnen«. Dabei werden im allgemeinen die Fäden in umgekehrter Richtung zur Spinnrichtung verdreht. Das heißt: S-gesponnene Fäden zeigen Z-Zwirnung, Z-gesponnene Fäden zeigen S-Zwirnung.

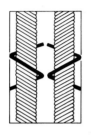

**S-Drehung
Z-Drehung**

Schußgarne werden locker gedreht, da sie weich und flexibel sein sollen, Kettgarne dagegen fester, weil sie sehr stark und zugfest sein müssen, um dem Gewebe eine hohe Festigkeit zu verleihen. Die Florgarne schließlich werden dicker und lockerer versponnen. Der Vorteil des loser gesponnenen Florgarns besteht darin, daß es besser zu färben ist.

Nach dem Spinnen und Zwirnen wird das fertige Garn in Lagen gebracht und kann nun eingefärbt werden.

Gelegentlich findet man bei ausführlichen Angaben zu Teppichen bestimmte Abkürzungszeichen. Ein solches Zeichen kann zum Beispiel lauten: W Z 2S ungefärbt. Der erste Buchstabe W ist ein Kürzel für das verwendete Rohmaterial, hier also Wolle; außerdem gibt es noch die Kürzel BW für Baumwolle, ZH für Ziegenhaar. Der zweite Buchstabe gibt die Spinnrichtung an, der dritte die Zwirnrichtung und die Zahl vor dem dritten Buchstaben nennt die Anzahl der zusammengezwirnten Fäden. W Z 2S heißt dann also: ungefärbte Wolle, in Z-Richtung gesponnen, zwei Fäden in S-Richtung verzwirnt.

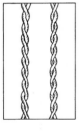

**S-gedrehter Faden in Z-Zwirnung (links)
Z-gedrehter Faden in S-Zwirnung (rechts)**

35

Knüpfstühle

Man unterscheidet zwei Arten von Knüpfstühlen, den horizontalen und den vertikalen Knüpfstuhl. Der horizontale Knüpfstuhl ist im allgemeinen bei den Nomaden im Gebrauch und vielfach von einfachster Konstruktion: In die Erde gerammte Pflöcke halten zwei Holzstangen, den sogenannten Kett- und Warenbaum. Zwischen diese beiden Stangen werden die Kettfäden gespannt. Die Schußfäden werden überwiegend mit der Hand eingetragen, manchmal auch mit einer Spule. Ein eingelegter Stab, der sogenannte Litzenstab, erleichtert es, jeweils den Schußfaden einzuziehen. Vielfach liegt der Litzenstab auf Stützen aus einfachen Steinen. Für die Nomaden sind diese Knüpf-

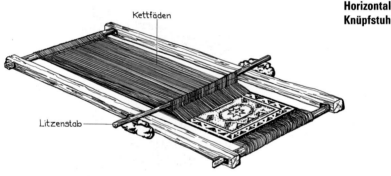

Horizontaler Knüpfstuhl

stühle ein praktisches, da leicht zu transportierendes Arbeitsgerät. Selbst mit einem bereits begonnenen Teppich kann man sie einfach abschlagen und zusammenrollen. Durch den häufigeren Auf- und Abbau ergeben sich die für Nomadenteppiche oft charakteristischen Unregelmäßigkeiten. Die Konstruktion der Knüpfstühle bedingt, daß nur Teppiche in einer bestimmten Größe geknüpft werden können.

Der vertikale Knüpfstuhl findet sich in einfacherer sowie aufwendigerer Konstruktion in den Werkstätten der Städte und Dörfer und in den Manufakturen. Er stellt meist eine feste Installation dar. Im Gegensatz zum horizontalen Knüpfstuhl werden Kett- und Warenbaum, zwischen denen die Kette aufgespannt wird, von zwei senkrecht stehenden kräftigen Balken gehalten. Etwa in der Mitte zwischen Kett- und Warenbaum ist der Litzenstab angebracht. An dem Litzenstab wird mit einer Litzenschnur jeder zweite Kettfaden befestigt. Durch die Kette wird zusätzlich noch ein Trennstab geschoben, das heißt, die Kettfäden werden getrennt, der Schußfaden kann leichter eingegeben werden. Zum Anschlagen der Schußfäden wird der Anschlagkamm, ein kammähnliches Gerät aus Holz oder Eisen, benutzt.

Vertikaler Knüpfstuhl

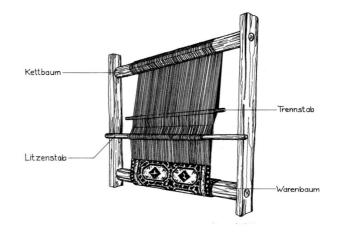

Kett- und Warenbaum sind mehrfach verstellbar; je nach Länge, in der der Teppich hergestellt werden soll. Um es den Knüpfern zu erleichtern, an den oberen Knotenreihen zu arbeiten, ist das Brett, auf dem sie während der Arbeit am Knüpfstuhl sitzen, höhenverstellbar. Es gibt aber auch Knüpfstühle, die so konstruiert sind, daß der fertige Teil des Teppichs auf den Warenbaum aufgerollt werden kann. In diesem Fall arbeiten die Knüpfer in gleichbleibender Sitzhöhe.

Die Wollknäuel in den verschiedensten Farben, die zur Ausführung des Musters benötigt werden, sind etwas über Kopfhöhe der Knüpfer an einer Schnur angebracht.

Das Knüpfen

Bevor mit dem Knüpfen begonnen werden kann, muß die Kette aufgespannt werden. Da das Aufspannen der Kette zwischen Kett- und Warenbaum viel Kraft erfordert, wird diese Tätigkeit meist von den Männern übernommen. Je dichter die Kettfäden nebeneinander liegen, desto feiner wird die Struktur des Teppichs. Dieses Längsgefüge erhält nun durch die Schußfäden seinen stabilisierenden Querhalt. Der Schuß wird im Verlauf des Knüpfens hin und her durch die Kette geführt. Vor dem Beginn der Knüpfarbeit wird zuerst der untere Teppichabschluß gewebt, den man allgemein als »Kelimabschluß« oder einfach »Kelim« bezeichnet. Danach beginnt der Vorgang des Knüpfens. Sobald eine Knotenreihe über die ganze Breite des Teppichs geknüpft ist, wird sie mit einem Anschlagkamm aus Holz oder Eisen fest auf die vorangegangene Reihe geschlagen. Hierauf werden ein bis mehrere Schußfäden durch die Kette geführt und ebenfalls fest angeschlagen. Die Schußfäden geben den Knotenreihen nicht nur Halt, sie sind insgesamt auch mit ausschlaggebend für die Qualität und Festigkeit eines Teppichs. Die Anzahl der eingetragenen Schußfäden, ihre Stärke sowie die Art und Weise ihrer Führung sagen viel über einen Teppich aus. Anhand solcher Details läßt sich beispielsweise die Herkunft eines Teppichs bestimmen. Die Rückseite eines Teppichs, die Struktur des Grundgewebes, offenbaren einem geschulten Auge wichtige Daten und Aussagen über ein vorliegendes Stück.

Nach Eintrag der Schußfäden folgt die nächste Knotenreihe und so fort, bis der Teppich fertig ist. Während des Knüpfvorgangs werden immer wieder eine oder mehrere Knotenreihen auf eine vorläufige Florhöhe geschnitten.

Knüpferin bei der Arbeit

Den Abschluß des Teppichs bildet – wie den Anfang – ein Kelimstreifen. Danach werden oben und unten die Kettfäden abgeschnitten, so daß Fransen entstehen. Man kann die Fransen so belassen, vielfach aber werden sie einfach oder doppelt verknotet, manchmal auch zu Zöpfen geflochten.

Die Seitenbefestigung, den Längssaum eines Teppichs, nennt man »Schirasi«. Er entsteht dadurch, daß die Schußfäden am Ende einer jeden Reihe gewendet werden. Als zusätzliche Verstärkung werden die Kanten häufig schon während des Knüpfvorgangs mit farbigen Wollfäden umwickelt. Die Methoden der Seitenverarbeitung sind von Knüpfgebiet zu Knüpfgebiet verschieden. Man kann also auch an der Verarbeitung der Schirasi einzelne Provenienzen erkennen. Abschließend wird mit der Flor- oder Trimmschere ein gleichmäßig hoher Flor geschnitten.

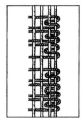

Seitenverstärkung durch umkehrenden Schuß

Nomadenteppiche werden überwiegend von Frauen geknüpft. Oftmals helfen auch die Kinder mit. Grundsätzlich ist das Knüpfen jedoch keine den Frauen vorbehaltene Arbeit, es gibt ebenso männliche Knüpfer. In Werkstätten in den Städten, vielfach organisierten Betrieben, sieht man oft Frauen und Männer gemeinsam knüpfen. Die Muster der Nomadenteppiche werden überwiegend aus dem Kopf gefertigt. Manchmal existieren aber auch sogenannte »Vagirehs« als Mustervorlage. Das Wort Vagireh stammt aus dem Persischen und bedeutet soviel wie »Musterstück«. Die Vagireh ist eine geknüpfte Vorlage mit verschiedenen Motiven, Musterformen, Farbmustern etc., die in der Ausführung besonders schwierig sind wie zum Bei-

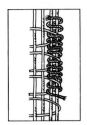

Seitenverstärkung durch Umwicklung mit einem zusätzlichen Faden

Fransenabschluß mit nicht aufgeschnittenen Kettfäden (rechts)

Fransenabschluß mit verknoteten Kettfäden (mitte)

Fransenabschluß mit zu Zöpfen verflochtenen Kettfäden (ganz rechts)

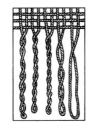  

Knüpferin, die nach einer Vorlage arbeitet

spiel Ecklösungen. Wenn er bereits einmal an einem Probestück ausgeführt wurde, läßt sich ein solcher Musterteil später im Original einfacher durchführen. Im allgemeinen jedoch haben die Nomaden einen ziemlich großen Spielraum für eine eigenständige Interpretation tradierter Muster.

Eine ähnliche Handhabung in der Mustergestaltung findet sich noch bei Arbeiten aus bäuerlicher Heimarbeit. Auch hier werden die Muster aus dem Kopf geknüpft und gelegentlich Vagirehs verwendet.

In den Werkstätten der Städte, vor allem aber in den größeren Manufakturen, arbeitet man fast ausschließlich nach Vorlagen. Die jeweiligen Muster werden dabei auf Karopapier oder Millimeterpapier übertragen, in Teile geschnitten, auf Kartons aufgezogen und handkoloriert. Daneben gibt es Werkstätten, die einen sogenannten »Salim«, einen Musteransager beschäftigen. Er liest die Muster laut vor oder singt sie nach einer einfachen Melodie in einem bestimmten Rhythmus, nach dem die Knüpfer arbeiten.

Nach der Fertigung erfolgt die Teppichwäsche, um ihn zu reinigen und ihm Glanz zu verleihen. Sie geschieht in klarem Wasser, heute allerdings vielfach unter Beigabe chemischer Zusätze. Mit chemischen Zusätzen gelingt es, Farben zu dämpfen. Die Orientalen, die leuchtende Farben bevorzugen, haben sich vielfach auf den europäischen Geschmack eingestellt und manipulieren auf diese Weise die Farbgebung eines Teppichs. (In diesem Zusam-

Der fertige Teppich wird gewaschen

menhang findet man im Teppichhandel häufiger die Bezeichnung »Finish«.) Die Möglichkeiten einer solchen Wäsche mit chemischen Zusätzen reichen so weit, daß man Teppichen dadurch sogar eine Patina verleihen, das heißt sie alt oder antik erscheinen lassen kann. Leider kommt es immer wieder vor, daß künstlich antikisierte Teppiche als echt antike Stücke angeboten werden.

Nach der Wäsche werden die Teppiche in die Sonne zum Trocknen gelegt.

Knotenformen

Streng genommen sind die im Knüpfteppich eingebrachten Knoten keine wirklichen Knoten, sondern eigentlich nur Schlingen, die ihren Halt durch den angeschlagenen Schußfaden erhalten. Doch hat sich der Begriff Knoten eingebürgert. Es gibt zwei Grundformen des Teppichknotens: den symmetrischen Knoten oder *Gördes-Knoten*, auch türkischer Knoten genannt und den asymmetrischen Knoten oder *Senneh-Knoten*, auch als persischer Knoten bezeichnet. In manchen Angaben zu Teppichen finden sich auch Formeln für Knotenformen. »G« ist die alte Formel für Gördes-Knoten, »S« die für Senneh-Knoten; doch heute benutzt man mehr die neueren Kürzel »Sy« für symmetrischen Knoten und »As« für asymmetrischen Knoten.

Beim Gördes-Knoten wird das Florgarn von oben zwischen zwei Kettfäden hindurch zuerst um den linken Kettfaden geführt, dann um den rechten Kettfaden herum und wieder zwischen beiden Kettfäden hindurch nach oben. Beim Senneh-Knoten wird das Florgarn zunächst wie beim Gördes-Knoten geführt, nicht aber über den rechten Kettfaden geschlungen, sondern unter dem rechten Kettfaden hindurch nach oben gebracht. Beide Knoten unterscheiden sich dadurch, daß die Enden beim Gördes-Knoten gemeinsam an die Oberfläche treten, beim Senneh-Knoten werden sie durch einen Kettfaden getrennt.

Das Knoten geschieht per Hand oder mit Hilfe eines Knüpfhakens.

Für die genaue Feststellung der Knotenzahl eines Teppichs spielt die Lage der Kettfäden eine Rolle. Diese wiederum wird davon bestimmt, wie der Schuß in die Kette eingetragen ist. In diesem Zusammenhang spricht man von der Bindung eines Gewebes.

Knotenform und Knotenzahl lassen sich relativ leicht ermitteln: Biegt man den Teppich in der Breitseite, also in Schußrichtung auf, läuft beim türkischen Knoten die Schlinge über und die beiden Wollenden zwischen zwei

Türkischer oder Gördes-Knoten  **Persischer oder Senneh-Knoten**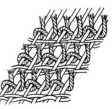

Kettfäden; beim persischen Knoten dagegen ist eine Schlinge voll, die zweite halb um je einen Kettfaden geführt, so daß der zweite Kettfaden zwischen den beiden Wollenden liegt. Oder noch einfacher: beim türkischen Knoten sind die Kettfäden im Flor nicht sichtbar, beim persischen Knoten kann man jeweils einen Kettfaden erkennen. Auf der Teppichrückseite bilden die Knoten zwei mehr oder weniger gleiche, kleine Erhöhungen.

Die Knüpfdichte eines Teppichs wird im Handel gerne in Knotenzahl pro Quadratdezimeter (Kn/dm^2) oder auch pro Quadratmeter (Kn/m^2) angegeben. Die Zahlen errechnen sich folgendermaßen: Man ermittelt die Anzahl der Knoten in einem Quadrat von einem Zentimeter Seitenlänge und wiederholt dies an verschiedenen Stellen des Teppichs. Die Ergebnisse werden zusammengezählt, und der Durchschnitt wird errechnet. Diese Zahl mit 100 multipliziert ergibt die Knotenzahl pro Quadratdezimeter. Für die Bezeichnung der Knüpfdichte haben sich international Benennungen von sehr grob bis selten fein eingebürgert. Sehr grob, das heißt etwa 500 Knoten pro Quadratdezimeter, und selten fein bedeutet über 5000 Knoten pro Quadratdezimeter. Zwischen grob und selten fein gibt es die Abstufungen grob, mittel, fein und sehr fein. Die Knotendichte allein ist aber nicht entscheidend für den Wert eines Teppichs. Wie wir noch erfahren werden, spielen viele Faktoren eine Rolle, um die Qualität und den Wert eines Teppichs zu benennen.

In diesem Kapitel wird nur kurz von der Bindung eines Gewebes gesprochen. Die Kenntnisse über Bindungsarten lassen sich weiter vertiefen. Je mehr und je länger man sich mit Teppichen beschäftigt, desto leichter fällt die Einschätzung. Vor allem aber sind praktische Erfahrungen sehr nützlich. Das bedeutet, daß Sie sich viele Teppiche ansehen und – wo es geht – diese auch anfassen sollten, um ein Gefühl dafür zu bekommen, wie sich Qualitätsunterschiede erfühlen lassen. Darüber hinaus ist es ein spannendes Erlebnis, sich mit der Zeit auch über die Teppichrückseite Informationen zu erschließen.

Karakeçili, Knüpfteppich, Türkei, um 1900, 160×195 cm

Muster, Farben und Symbole

In den vielfältigen Mustern und Farben orientalischer Teppiche liegt die ganze Fülle der künstlerischen Vorstellungen der Völker des Orients. Mit der Religion des Islam entstand eine Kunstform mit einem eigenen unverwechselbaren Stil. Frühzeitliche Kunstformen vereinten sich mit der Kunst des Islam, die schließlich für die Bildgestaltung der Teppiche bestimmend wurde.

Da das Thema Muster und Farben sehr komplex ist und kein einheitliches, alle diesbezüglichen Aspekte erfassendes systematisches Schema existiert, ist es schwierig, hier einen Überblick zu geben, der Anspruch auf Vollständigkeit erheben könnte. Im folgenden sollen die wichtigsten Punkte zu diesem Thema so vereinfacht und verständlich wie möglich erfaßt und dargestellt werden. Vielleicht kann diese Lektüre auch als Anstoß dienen, sich noch intensiver mit diesem Gebiet zu beschäftigen.

Die Einteilung von Teppichen

Zunächst geht es darum, Kriterien zur Unterscheidung der verschiedenartigen Teppiche zu finden. Die herkömmliche Zuordnung erfolgt nach geographischen Aspekten. Waren früher nur die beiden Sammelbegriffe »Türkenteppiche« und »Perserteppiche« in Gebrauch, so wird heute nach den teppicherzeugenden Ländern und Gebieten differenziert:

1. Persische Teppiche
2. Türkische Teppiche
3. Turkmenische Teppiche
4. Kaukasische Teppiche
5. Chinesische Teppiche
6. Ostturkestanische Teppiche
7. Indische Teppiche
8. Tibetische Teppiche
9. Afghanische Teppiche

Innerhalb dieser geographischen Unterteilung wiederum wird nach Städten unterschieden, in denen eine bestimmte Art von Teppichen hergestellt oder gehandelt wird, wie zum Beispiel Isfahan, Buchara, Täbris, Kayseri, Bergama, Kashan, Kerman; oder nach Distrikten, wie etwa Aserbeidschan, Khorassan, Schirwan; oder nach Nomadenstämmen wie Gashgai, Afsharen, Luren, Kurden, Yomud, Tekke.

Es gibt ferner die Einteilung mit Bezug auf die Hersteller:
– Nomaden- oder Stammesteppiche,
– Bauern- oder Dorfteppiche (Heimarbeit),
– Werkstatt- und Manufakturteppiche.

Des weiteren existiert die Einteilung nach Größen wie Poshti, Kelly, Kenare, Zartscharak, Baby, wobei mit den Namen bestimmte Maße verbunden sind. Ein »Baby« beispielsweise ist 40×60 cm oder 50×50 cm groß, ein »Kenare« dagegen liegt zwischen 90×300 cm oder 100×400 cm, hat also Läuferformat (siehe auch S. 285).

Und schließlich gibt es die Unterteilung nach Mustern und Motiven. Hier unterscheidet man zwei Hauptgruppen nach der Art der Darstellung:
1. nach geometrischer Musterung,
2. nach floraler Musterung.

Streng genommen müßte es bei 2. »nach kurvig-runder Musterung« heißen; »floral« wird aber am häufigsten benutzt, obwohl damit nicht nur die floralen, sondern auch die faunalen, vegetabilen und bildhaften Motive angesprochen sind.

Muster und Motive prägen den Stil eines Teppichs. So gibt es zudem noch die Bezeichnungen für Teppiche nach einem bestimmten Stil, beispielsweise Jagd- und Tierteppiche, Vasenteppiche, Gartenteppiche, Medaillonteppiche (siehe auch S. 76 ff.).

Die Aufteilung eines Teppichs

Der Teppich ist eine viereckig begrenzte Fläche. Ähnlich wie bei einem Gemälde unterliegt die Gestaltung der Fläche bestimmten Kompositionsregeln, die hier übersichtlich und verständlich dargestellt werden sollen:

Die plane
Fläche

Unterteilung der planen Fläche in Innenfeld und Bordüre

Das Innenfeld (auch Fond oder Grund genannt) ist Träger des Musters. Die Bordüre schließt das Muster nach innen und den Teppich nach außen ab. Die den Teppich umlaufende Bordüre ist meist dreigeteilt, in Hauptbordüre und Nebenbordüren.

Innenfeld, Hauptbordüre und Nebenbordüren

Betrachten wir zuerst das Innenfeld. So unübersichtlich die Muster auf Teppichen dem ungeübten Auge auch anfangs erscheinen mögen, alle Mustersysteme des Innenfeldes lassen sich auf eine Grundstruktur zurückführen (etwa vergleichbar mit dem Aufbau des menschlichen Körpers, der über dem Skelett liegt, das wir so auch nicht sehen können). Die nachstehenden Abbildungen verdeutlichen die gängigen Formen der Innenfeldaufteilung.

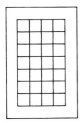
Die Quadrierung

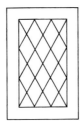
Die Rautung

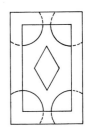
Die Medaillongliederung

49

Das Muster eines Teppichs besteht aus Motiven; die Motive stellen die musterbildenden Einheiten dar. Das Zusammenspiel der einzelnen Motive unterliegt bestimmten ästhetischen Maßstäben, folgt einer bestimmten Gesetzmäßigkeit. Die Motive können wie folgt angeordnet sein:

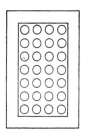 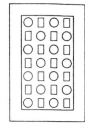 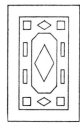

Gereihte Motive

Alternierend gereihte Motive

Motive in gruppierender Anordnung

 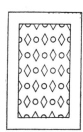

Versetzt gereihte Motive

Alternierend versetzt gereihte Motive

Entstehung von Mustern und Ornamenten

Anknüpfend an die Frage, wann das Weben und Knüpfen seinen Anfang nahm, können wir uns nun die Frage stellen, wie es zu Mustern und Ornamenten kam. Wie konnte sich eine solche Fülle und Vielfalt an einzelnen Mustern und Motiven, wie wir sie beispielweise auf Teppichen oder in der islamischen Kunst ganz allgemein finden, entwickeln?

Die Beantwortung der Frage nach dem Ursprung von Mustern ist wohl kaum möglich. Doch ist eines gewiß: Auch wenn ihnen eine schmückende Funktion zukommt (das Wort Ornament zum Beispiel leitet sich ab vom lateinischen ornatus = Schmuck), so sind Muster nicht allein aus dekorativen Gründen entstanden. Muster kamen auch und vor allem aus dem mystisch magischen und religiösen Bereich.

Es gehörte sicherlich zu den Urbedürfnissen des Menschen, die Welt, in der er lebte, abzubilden und sich von rätselhaften, unerklärlichen Vorgängen eine Vorstellung zu machen und dieser Gestalt zu geben. Fragen nach dem Woher und Wohin haben die Menschen schon früh beschäftigt. Zudem war der urzeitliche Mensch weit größeren Gefahren durch Naturgewalten, wilde Tiere oder Überfälle kriegerischer Nachbarn ausgesetzt. Lange kannte man das Feuer nicht. Die Dunkelheit ängstigte die Menschen, konnten sie doch den Gefahren schlechter begegnen. Die Vorstellung von bösen und guten Dämonen, Geistern und Göttern, die das Geschick der Menschen lenkten, entstand. So schuf sich der abergläubische Mensch einfache Zeichen, denen er symbolische oder magische Kraft zuschrieb, die Fähigkeit, Gefahren zu bannen, ihm und der Gemeinschaft, in der er lebte, Schutz zu bieten, die Götter milde zu stimmen. Der Mensch suchte seinen Platz im Weltgefüge zu definieren und darzustellen.

Eine komplexe Bilder- und Formensprache mit einer beziehungsreichen Symbolik etablierte sich. Die unzähligen einzelnen Motive und Zeichen waren den Erscheinungsformen der Natur, der Pflanzen- und Tierwelt, den Gegenständen des alltäglichen Lebens, den Kultgegenständen, dem Lauf der Gestirne, den der Phantasie entsprungenen Wesen entlehnt. Als Darstellungsflächen dienten die Wände der Behausungen (man denke zum Beispiel an die Höhlenzeichnungen prähistorischer Völker), Textilien, Kleidungsstücke, Gebrauchsgegenstände,

Schmuck. Viele der pflanzlichen, gegenständlichen oder figürlichen Vorbilder wurden in naturalistischer oder naturähnlicher Manier wiedergegeben. Doch überwiegend beschränkte sich die Darstellung auf die Wiedergabe des Wesentlichen. Dies wurde durch Stilisierung, Geometrisierung, durch Abstraktion erreicht. Teilweise wurden Formen so abstrakt, daß die ursprüngliche Vorlage kaum mehr auszumachen ist oder Möglichkeit zu unterschiedlichster Interpretation bieten. Wie wir später in der Erläuterung zu einzelnen Motiven in der angegebenen Motivliste sehen werden, gibt es über Herkunft und Bedeutung einer Form völlig verschiedene Aussagen. Es ist schwer zu beurteilen, was bestimmte Formen oder Motive einmal bedeutet haben. Es gibt keine schriftlichen Niederlegungen darüber. Und selbst wenn nachgewiesen werden könnte, dieses oder jenes Motiv stamme von der oder der Urform ab, kann sich inzwischen die Bedeutung geändert haben, so wie sich im Laufe der Jahrhunderte auch immer wieder das Weltbild und die Überzeugungen geändert haben.

In kaum einem anderen Gegenstand fand der Muster- und Formenschatz in einer solchen Variationsvielfalt Eingang wie in den Teppichen. Vor allem den Nomaden, die als Erfinder der Knüpfkunst gelten und in deren mobiler Lebensweise Teppiche eine enorm große Rolle spielten und spielen, wenn auch wohl kaum mehr in dem Maße wie früher, stand eine Fülle an Mustern und Motiven zur Verfügung. Man geht davon aus, daß jede Stammesgruppe über ihren eigenen Musterschatz verfügte, dessen sie sich bediente, um ihre Weltsicht, ihre Auffassung von der natürlichen und übernatürlichen Welt, ihr Traditionsgefüge, das Begreifen ihrer Identität, ihre Empfindungen und Hoffnungen zum Ausdruck zu bringen. Traditionelle Muster wie Glückssymbole, Fruchtbarkeitssymbole oder magische Zeichen zur Abwehr unheilvoller Einflüsse gehörten zum festen Gut der einzelnen Stammesverbände; ebenso heraldische Zeichen, welche die Zugehörigkeit zu einem Stamm manifestierten.

Muster wurden nicht entworfen, sie wurden mündlich von einer Generation auf die nächste überliefert und aus

52

der Erinnerung nachgeknüpft. Doch im Laufe der Geschichte gab es innerhalb der Stammesgefüge immer wieder Veränderungen, die zu sogenannten Musterverschleppungen führten. Stämme trennten sich, wanderten oder fielen in fremde Gebiete ein; etliche wurden seßhaft, manche von diversen Machthabern deportiert oder zwangsangesiedelt, weil man in ihnen Rebellen und eine Gefahr für die Regierung sah, die es unter Kontrolle zu bringen galt; oder Söhne und Töchter eines Stammes heirateten in einen anderen Stamm ein. So gelangten Muster aus den verschiedensten Quellen in den Musterschatz eines Stammes. Die übernommenen Muster wiederum wurden häufig in eigener Weise interpretiert oder vielfältig variiert. Die historische Entwicklung ist kaum mehr nachzuvollziehen. Stellt man Knüpfern heute die Frage nach Herkunft und Bedeutung einzelner von ihnen verwendeter Motive, können sie diese selbst nicht einmal beantworten. Es kann auch vorkommen, daß sie für ein und dasselbe Motiv verschiedene Namen haben oder für alte Muster und Motive Begriffe aus ihrem heutigen Lebensbereich verwenden oder ihnen Phantasienamen geben.

Jede Provenienz zeichnet sich durch gewisse Standardmuster aus, wenn auch eine Zuordnung nur aufgrund des Musters allein zu falschen Ergebnissen führen kann. Ganz allgemein gelten die geometrischen Formen als die älteren. Am verbreitetsten sind sie auf anatolischen, kaukasischen, turkmenischen, weniger jedoch auf persischen Teppichen. Florale Muster in dem Maße, wie wir sie noch heute bewundern, tauchten erst Anfang des 16. Jahrhunderts während der Safaviden-Dynastie in Persien auf. Diese Tatsache ist allerdings im Zusammenhang mit der Kunstfertigkeit des Knüpfens zu sehen: Die florale Musterung verlangt eine sehr feine Knüpfung, wie sie nur bei Arbeiten nach einer Knüpfvorlage gewährleistet ist. Zur Zeit der Safaviden-Herrscher in Persien gab es Musterentwerfer, die aus der Tradition der Miniaturen- und Buchkunst kamen und die herrlichsten Teppichentwürfe schufen, nach denen dann in feinster Knüpfung die schönsten Teppiche in floraler Musterung entstehen konnten.

Wenn man sich noch eingehender mit Mustergeschichte beschäftigt, insbesondere damit, welche Entwicklung einzelne Motive durchlaufen haben, zum Beispiel wer ein bestimmtes Motiv bevorzugt in geometrisierter Darstellung auf Teppichen verwendete, in welche Periode dies zeitgeschichtlich gesehen fällt, läßt sich auf lange Sicht die Provenienz eines Teppichs recht gut bestimmen. Auf all diese Einzelheiten einzugehen, würde den Rahmen dieses Buches sprengen.

Ein großer Teil der Muster stammt aus vorislamischer Zeit, geht teilweise auf schamanische Ursprünge zurück. Nehmen wir als ein Beispiel den Baum. Nach schamanischer Auffassung wurde die Verbindung zwischen irdischer und himmlischer Welt durch eine Längsachse dargestellt, die ein Baum, der heilige Baum oder Lebensbaum, symbolisierte.

Mit der im 7. Jahrhundert einsetzenden Islamisierung der »Teppichländer« drückt sich in den Mustern der Teppiche in konzentriertester Form die islamische Vorstellungswelt aus. Die Kunstform des Islam wurde in allen eroberten Gebieten zur alleinigen künstlerischen Aussage.

Gemeinsam ist den Anhängern des Islam der Glaube an die Untrennbarkeit des geistigen und materiellen Daseins des Menschen. Es gibt keine Trennung zwischen geistlicher und weltlicher Kunst, auch nicht zwischen Kunst und Kunsthandwerk. Die Kunst ist für den Mohammedaner nicht Selbstzweck oder Mittel zur Selbstverwirklichung. Sie muß in erster Linie Gott dienen. Ähnlich verhielt es sich bei uns bis zum Mittelalter. Danach ging es im Abendland mehr und mehr um die Person des Künstlers, der seine Sicht von den Dingen in den Vordergrund stellte und in seinem Werk zum Ausdruck brachte. Die Darstellung der vergänglichen Wirklichkeit bis hin schließlich zum expressiven Ausdruck der Gefühlswelt des Künstlers wurde zum Inhalt der bildenden Kunst.

In der islamischen Kunst tritt der Künstler vor seinem Werk zurück. Aus diesem Grunde verzichtete man zum Beispiel auch auf perspektivische Darstellungen, weil die Perspektive einen subjektiven Standpunkt bedeutet.

Ebenso spielte der Name des Künstlers keine Rolle, er signierte sein Werk nicht. Nach islamischer Auffassung ist der Mensch Gott untergeordnet, als Einzelner ist er in ein Ganzes eingeordnet und diesem untergeordnet. Es geht immer und einzig und allein um Gott. Gott ist dabei ein abstrakter Begriff, eine Idee, von der man sich kein Bild macht, die man schon gar nicht versucht, in eine bildliche Vorstellung umzusetzen. Die Welt ist endlich, Gott ist unendlich. Die islamische Welt zeigt die abstrakte Idee der Welt. Es ist wichtig, sich das bewußt zu machen, sonst fällt es schwer, die Formenwelt der orientalischen Teppichkunst wirklich zu begreifen.

Abstrakte, zeitlose Formen, integriert in ein System, das sich unendlich fortdenken läßt, waren am geeignetsten, diese Idee von Gott und der kosmischen Ordnung zu verdeutlichen. Wie im Kosmos, in dem alles, was existiert, einer Ordnung unterliegt, so unterliegt jede Einzelheit im Teppich einer Ordnung: Proportion, Rhythmus, Anordnung, Linienführung und Struktur verdeutlichen das übergreifende Ordnungsprinzip. Immer weisen die Darstellungen auf Teppichen, auch wenn sie Pflanzen, Tiere oder Menschen in naturalistischer Ausführung zeigen, auf Gott und Welten außerhalb irdischer endlicher Existenz hin. Und wie sehr selbst der Ausführende, der Kunsthandwerker in diese islamische Auffassung einbezogen ist, mag folgendes Zitat verdeutlichen:

»Für den Weber zum Beispiel stellten die Kettfäden, die am Kettenbaum befestigt sind und sich durch das ganze Gewebe hindurchziehen, das unveränderliche Gesetz dar, während der Einschlag, der hin und her fließt und die Kettfäden zum dichten Gewebe verbindet, dem überlieferten Brauch entsprach, durch welchen das göttliche Gesetz dem Leben ›eingewoben‹ wird. Oder die Kettfäden sind die ewigen Wahrheiten und der Einschlag ist das zeitliche Geschehen. Oder auch: die Kettfäden sind die unwandelbaren Wesenheiten, die sich in den ›Formen‹ kundgeben, der Einschlag aber ist der Stoff, aus dem die Welt gemacht ist.« (Titus Burckhardt, *Die maurische Kultur in Spanien*, München 1970.)

Motivbeschreibungen

Auf den folgenden Seiten finden Sie eine Aufstellung der gebräuchlichsten Motive in alphabetischer Reihenfolge mit ergänzenden Beschreibungen über ihre Herkunft und Bedeutung.

DAS AMULETT

Herkunft: Ursprünglich wurden Amulette am Körper getragen, um den Träger vor dämonischen Einflüssen zu schützen. Bei den Nomaden werden solche Amulette auch häufig von den Knüpferinnen in Teppiche eingearbeitet und sollen ebenfalls böse Einflüsse abwenden. Fälschlicherweise hält man sie oftmals für Kämme, mit denen die Schußfäden auf die Knotenreihen geschlagen werden.

Amulett

Vorkommen: Man findet Amulette vorwiegend auf Nomadenteppichen.

DIE ARABESKE

Herkunft: Die Arabeske stammt vom spätantiken Akanthusblatt und der Palmettenranke ab und wurde später in die islamische Ornamentik aufgenommen und weiterentwickelt. Sie erscheint in unerschöpflichen Variationen, von einfach stilisierter bis zur überladenen Darstellungsform. Vor allem geeignet für die florale Ornamentik auf den Perserteppichen; so entstanden während der Blütezeit der Teppichkunst in Persien unter der Safaviden-Dynastie die kunstvollsten Gebilde.

Arabeske

Vorkommen: Die Arabeske fand vor allem auf Perserteppichen Verwendung. Sie kommt auch auf kaukasischen

Teppichen vor, erscheint jedoch nicht auf Nomadenteppichen, da die Umsetzung der Arabeskenform die Beherrschung feiner Knüpfkunst verlangt.

DER BAUM

Herkunft: Bäume gehören zu den Urmotiven. Schon die Assyrer erkannten den Baum als heilig. In den verschiedensten Kulturen symbolisieren Bäume die Weltachse, die Verbindung zwischen den drei Weltebenen Himmel, Mensch, Erde oder auch Paradies, Mensch, Unterwelt. Wir kennen den Baum der Erkenntnis aus der Bibel, oder den Begriff Stammbaum. Viele Bedeutungen kommen dem Baum zu, sie stehen aber immer in engem Zusammenhang mit dem Menschen und seiner Verbindung zum Göttlichen. Die Orientalen glauben überdies, daß die Seelen der Toten von den Bäumen in den Himmel fahren. Dem

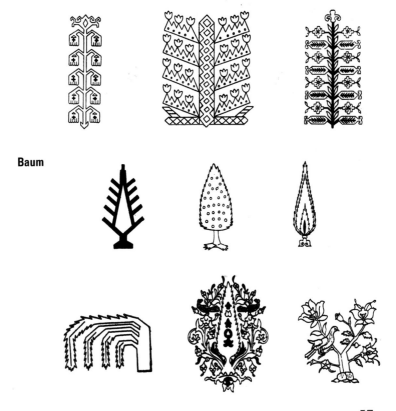

Baum

Lebensbaum und der Zypresse kommt insbesondere die Bedeutung als Sinnbild des Ewigen Lebens zu.

Vorkommen: Bäume sind auf den Teppichen der meisten Provenienzen vertreten; auf persischen sind sie vor allem in der naturalistischen Wiedergabe der Prunkteppiche bekannt. Häufig werden Bäume in Verbindung mit Tieren dargestellt, man findet sie auf Gartenteppichen oder in den Gebetsnischen der Gebetsteppiche. Sie erscheinen aber auch als Hauptmotiv, das dann von einem Muster umrahmt wird. Vielfach erstreckt sich ein Baum mit seinen kunstvollen Verästelungen über das ganze Mittelfeld. Solche Teppiche bezeichnet man auch als Baumteppiche.

DAS BOTEH oder MIR-I-BOTEH

Herkunft: Der Name kommt aus dem Persischen und hat folgende Bedeutung: boteh = der Strauch, die Pflanze, mir-i-boteh = fürstliche Pflanze. Über den Ursprung dieses Motivs gibt es verschiedene Auffassungen:

a) Das Boteh ist aus einer Pflanzenform entstanden und stellt ein sich aufrollendes Blatt dar.

b) Das Boteh wird mit einem Palmwipfel in Verbindung gebracht; es zeigt einen stilisierten Palmwipfel mit herabgeneigter Spitze. Dazu gibt es eine Legende: Mohammed, der Prophet, kam während einer langen und ermüdenden Wanderung durch die Wüste an eine Palme, unter der er sich niederließ. Die Palme erkannte ihn und neigte ihren Wipfel vor ihm.

Boteh, Kaukasus (links)

Boteh, Persien (mitte und rechts)

c) Das Boteh stellt eine Zypresse dar. Auch für diese Interpretation gibt es eine Legende: Zarathustra, ein altpersischer Prophet (630-553 v. Chr.), verwandelte sich nach seinem Tod in eine Zypresse.

d) Das Boteh stellt eine Flamme dar. Auch die Flamme wird mit Zarathustra und dem Feuerkult in Verbindung gebracht und symbolisiert das Ewige Leben.

e) Zu den Ursymbolen zählt die stilisierte Darstellung eines Auges gegen den bösen Blick. Das Boteh wird auch als stilisierte Augendarstellung angesehen.

Man findet das Boteh in stilisierter, geometrischer und floraler Form. Letztere ist bei uns vor allem durch die Kaschmirschals bekannt.

Vorkommen: Dominant auf persischen Teppichen, meist floral, vielfach als fortlaufender Musterrapport. Auf turkmenischen und kaukasischen Teppichen in stilisierter Form, häufig streng geometrisiert. Auf türkischen Teppichen nahezu unbekannt.

BLUMEN

Wie die Bäume zählen Blumen zu den ältesten Motiven, die auf den verschiedensten Kunst- und Gebrauchsgegenständen wiedergegeben wurden. In der Ornamentik des Orientteppichs finden wir unzählige Blumenarten in vielfacher Form – in ganzer Darstellung oder auch nur als Blüte oder Knospe. Die Grundform einer Blume hängt von der Blumenart ab. Die Darstellungsweisen reichen von naturalistischer bis zu stilisierter und geometrisierter Wiedergabe: Manchmal allerdings geht die Stilisierung so weit, daß die Motive nur schwer einer bestimmten Blumenart zugeordnet werden können. Häufig bezeichnet man sie dann mit einer Art Sammelbegriff, zum Beispiel als Sternblume oder Kreuzblume.

Tulpen

Die Tulpe, einst Lieblingsblume der Türken und Wappenzeichen der Osmanen, kam aus dem Kaukasus nach Kleinasien, wo sie gezüchtet und von dort nach Europa eingeführt wurde. Sie war hauptsächlich auf den anatolischen Teppichen des 16./17. Jahrhunderts beliebt. Eine reguläre Tulpenmode entwickelte sich. Bekannt vor allem ist eine bestimmte Tulpendarstellung – eine stilisierte Tulpe auf einem geraden Stengel – auf Teppichen aus der Gegend um Lâdik. Diese sogenannten Lâdik-Tulpen finden sich bevorzugt auf den antiken Gebetsteppichen oder auf den Bordüren antiker Lâdik-Teppiche.

Wie im Grunde allen Blumen, kommt der Tulpe die symbolische Bedeutung des Lebens, des Werdens und Vergehens zu. Gleichzeitig ist sie – wie andere Blumen auch – Ausdruck der Lebensfreude.

Henna

Die Hennapflanze wird meistens mit fünf Blüten dargestellt. Fünf und sieben sind für Araber magische Zahlen. Die Hennapflanze gilt als Blume des Propheten (sie wird auch »gol-e-hana« oder »gol mohammedi« genannt, was soviel heißt wie »Henna-Rose« oder »Rose des Propheten«). Dieser Pflanze kommt schon deshalb eine große Bedeutung im Orient zu, weil sie zum Färben benutzt wird; nicht nur zum Färben von Wolle und Stoffen, sondern auch der Haare, Fingernägel, Handflächen und Fußsohlen. Bei einigen Nomadenstämmen werden mit dem Henna sogar die kunstvollsten Ornamente auf die Haut, vor allem auf die Arme, gezeichnet. Solche Färbeaktionen waren vielfach mit einer Art Ritual verbunden.

Hennapflanze

Nelken

Sie sind meistens in der Form einer Knospe dargestellt, häufig auf Bordüren anatolischer Teppiche. Als volle Blüte zieren sie vielfach die Bordüren kaukasischer Teppiche. Nelken gelten als Glücks- und Weisheitssymbol.

Hyazinthen

Blühende Hyazinthen und Anemonen in den Steppen Anatoliens sind eine unvorstellbare Pracht für das Auge, und der Vergleich mit einem riesenhaften bunten Teppich liegt nahe. Kein Wunder, daß sich diese Blumen in den Knüpfteppichen wiederfinden. Da sie im Frühling blüht, symbolisiert die Hyazinthe die Jugend, das erwachende Leben. Hyazinthen sind meist in stilisierter Form dargestellt.

Rosen

Rosenmotive begegnen uns häufig auf persischen Teppichen. Die Rose gilt als Symbol der Liebe und Schönheit, sie ist aber auch das Sinnbild der Lebensfreude. Besonders motivierend für die persische Teppichgestaltung wurde im 19. Jahrhundert die französische Teppichkunst mit ihren Rosendarstellungen. Man bezeichnete diese Muster als »gol-faranghi«. Ihre Wiedergabe bedarf großer Kunstfertigkeit.

Lilie

Lilie

Schon in den alten Schriften der Griechen und Römer wurde die Lilie besungen, und auch den Persern war sie bekannt. Sie gehört zu den frühesten Darstellungen in der Ornamentik. Die weiße Lilie, Sinnbild der Unschuld und Reinheit, wurde bevorzugt auf Marienbildern wiedergegeben. Daneben hat man sie immer wieder in Wappenbilder aufgenommen. Am bekanntesten sind die Bourbonen-Lilien im Wappen der Könige von Frankreich. Liliendarstellungen finden sich häufig in stilisierter Form auf persischen Teppichen.

Lotosblume

Lotosblume

In der Mythologie des Orients und Chinas hat die Lotosblume stets eine große Rolle gespielt. Sie gilt als Symbol der Fruchtbarkeit und Unsterblichkeit. Buddha wird immer wieder auf einer Lotosblüte sitzend dargestellt. Lotosblumen kommen vielfach auf chinesischen und ostturkestanischen Teppichen vor.

DER DRACHE

Herkunft: Der Drache ist ein Fabelwesen der chinesischen Mythologie. Von Mitte des 14. bis Mitte des 17. Jahrhunderts zeigte das Wappen der chinesischen Ming-Dynastie den Drachen im Kampf mit dem Vogel Phönix. Nach der Sage stürzt der Vogel Phönix sich ins Feuer und steigt verjüngt und erneuert aus der Asche hervor. Er ist Symbol für die Unsterblichkeit. Der Drache symbolisiert Macht und Unendlichkeit. In China galt er als Zeichen des Kaisers,

Drache und Phönix waren Sinnbilder für das Kaiserpaar, aber auch für das männliche und weibliche Prinzip. Dort wird er auch vielfach mit Wasser dargestellt, da man glaubte, daß er für Regen sorgen könnte. Ferner gilt er als Glücksbringer und symbolisiert den stetigen Kampf zwi-

Drache

schen Gut und Böse – sowohl auf der äußeren Ebene als auch den inneren Kampf mit unseren Schattenseiten.

Mit dem Mongolensturm und auf dem Weg über Handelsbeziehungen gelangten das Drachenmotiv sowie das Drachen-Phönix-Motiv in den Vorderen Orient, wo es Eingang auf Teppichmustern fand.

Vorkommen: Vor allem auf chinesischen und tibetischen Teppichen, vielfach auf persischen und indischen Teppichen.

Eine eigene Gruppe bilden die kaukasischen und anatolischen Teppiche mit Drache-Phönix-Darstellungen, die teilweise stark geometrisiert sind.

GRANATAPFEL

Herkunft: Der Granatapfel ist ein sehr altes Motiv. Wer ihn kennt, weiß um diese herrliche Frucht. Die Schale ist von einem prächtigen Rot, schneidet man die Frucht auf, liegen die roten Kerne wie funkelnde rote Edelsteine im Inneren. Der Granatapfel ist ein sehr dekoratives Motiv und wurde deshalb auch immer wieder als ornamentales Element auf Textilien verwendet. Zweifellos aufgrund der vielen Kerne in seinem Inneren steht der Granatapfel als Symbol für Fruchtbarkeit und Kinderreichtum.

Granatapfel

Vorkommen: Auf Teppichen aller Provenienzen.

Hakenbesetztes Dreieck

HAKEN

Herkunft: Ursprünglich mögen die Hakenformen sich aus Ranken und Blüten entwickelt haben, deren Blätter zu Haken vereinfacht wurden; möglicherweise sind sie Tierhörnern oder Vogelköpfen nachempfunden.

Vorkommen: Insbesondere auf turkmenischen, kaukasischen und anatolischen Teppichen.

DAS HERATI-MOTIV

Herkunft: Das Muster wurde nach der Stadt Herat benannt, die 328 v. Chr. von Alexander dem Großen gegründet wurde und bis Mitte des 19. Jahrhunderts eine der wichtigsten Städte Persiens blieb. Auf frühen Miniaturen des 14. Jahrhunderts läßt sich der Floralstil von Herat bereits erkennen, und auf einer von Bihsad Ende des 15. Jahrhunderts gemalten Miniatur ist ein vollständig entwickeltes Grundmuster des Herati-Floralstils zu finden. Aus dem Floralstil von Herat entwickelte sich das Herati-Muster. Die Grundform des Motivs kann immer ein wenig variieren, so ist es zum Beispiel möglich, daß die Rosetten über den Ecken oder in der Mitte fehlen. Das Herati-Muster überzieht meist das ganze Innenfeld eines Teppichs.

Herati-Motiv

Vorkommen: Herati-Muster finden sich am häufigsten auf Teppichen persischer Provenienz, weniger auf kaukasischen und überhaupt nicht auf turkmenischen Teppichen.

IBRIK

Herkunft: Eine Wasserkanne findet sich meist innerhalb der auf Gebetsteppichen dargestellten Gebetsnische (Mihrab). Sie steht als ein Zeichen dafür, den Moslem an seine Pflicht zu erinnern, sich vor dem Gebet zu waschen.
Vorkommen: In der Regel auf Gebetsteppichen verschiedenster Provenienzen.

Ibrik

KALLIGRAPHIE

Herkunft: Eine arabische Schönschrift, die sich etwa seit dem 9. Jahrhundert zu einer kunstvollen ornamentalen Schriftform entwickelte. Die älteste Form ist die »kufische Schrift«. Zwei weitere Hauptformen sind die »Naskhi« und die »Taalik-Schrift«. Im Rahmen dieser Schriften gibt es zahlreiche Variationsformen. Besondere Entfaltung erfuhr diese Schriftkunst in der Buchkunst.
Vorkommen: In den meisten Provenienzen.

Kufi-Schrift

Diwany-Schrift

Neschi-Schrift

KARTUSCHE

Herkunft: Über die Herkunft der Kartusche gibt es keinen gesicherten Nachweis. In altägyptischer Zeit wurden die Namen der Pharaonen in Hieroglyphenschrift umrahmt. Als Vorlage der Kartuschenform galt die Sonnenscheibe am Horizont.
Vorkommen: Besonders häufig auf persischen Teppichen. Während der Blütezeit höfischer Teppiche im persischen und osmanischen Reich waren Kartuschen ein beliebtes Motiv.

Kartusche

Kreuz-Kartusche, Persien

Oblonge-Kartusche

DAS KREUZ

Herkunft: Das Kreuz gehört zu den Ursymbolen verschiedener Kulturkreise. In Asien und im Orient hat das Kreuz keine religiöse Bedeutung wie im christlichen Abendland. Es versinnbildlicht die Wegkreuzung oder die vier Himmelsrichtungen. Es symbolisiert die Welt, die auf den Großen Wassern schwimmt, seine Mitte ist der Götterberg, von dem aus das Geschick der Menschen gelenkt wird.

Als Ornament wurden Kreuze in unzähligen Variationen und Kombinationen verwendet. Auf Teppichen erscheinen sie vielfach als Rosettenkreuz oder Sternkreuz, als Kreuzborte oder Kreuzmedaillon, also in Kombinationen.
Vorkommen: Insbesondere auf türkischen, kaukasischen und turkmenischen Teppichen.

Kreuz, Turkestan

65

DAS LANZETTBLATT

Herkunft: Das Lanzettblatt ist wahrscheinlich eine Abwandlung des Akanthusblattes. Bereits seit dem 5. Jahrhundert fand es in der griechischen und dann in der römischen Kunst als Zierform Verwendung.

Vorkommen: Vor allem auf persischen Teppichen und in sehr schöner Gestaltung auf den osmanischen Teppichen.

Lanzettblatt,   Lanzettblatt,   Lanzettblatt,
Persien   Persien   archaisch

LAUFENDER HUND

Herkunft: Mäander sind altgriechischen Ursprungs und gehören zu den Urmotiven der Menschheit. Der Laufende Hund ist eine Abwandlung dieses alten Motivs und soll – gleich einer Hundespur – Demut symbolisieren. Es kommt als fortlaufendes Band auf den Bordüren oder als Umrahmung des Innenfeldes vor.

Vorkommen: Auf Teppichen aller Provenienzen, bevorzugt auf zentralasiatischen.

MÄANDER

Herkunft: Uraltes Bandornament altgriechischen Ursprungs, benannt nach Maiandros, dem griechischen Namen des kleinasiatischen Flusses Menderes. Das Mäanderband wurde vor allem als Zierform in der griechischen Kunst verwendet. Es symbolisiert das ewige Werden und Vergehen.

Vorkommen: In der ursprünglichen Form vorrangig auf chinesischen und ostturkestanischen Teppichen anzutreffen.

DIE PALMETTE

Herkunft: Wie das Akanthusblatt hat die Palmette ihren Ursprung in Griechenland, beide gehören sozusagen zu den klassischen Ornamentformen der Kunst. Die Palmette steht für Fruchtbarkeit, Reinheit, Schönheit.

Vorkommen: Insbesondere auf den höfischen persischen Teppichen. Auf den sogenannten »Polenteppichen« (siehe auch S. 156) findet man häufig die Shah-Abbas-Palmette.

**Palmette,
Persien**

**Fächer-Palmette,
Isfahan**

**Kelch-Palmette,
Persien**

**Scheiben-Palmette,
Persien**

**Tier-Palmette,
Persien**

RANKEN

Herkunft: Ranken gehören zum Grundmotiv der ornamentalen Gestaltung in der Kunst. Sie stellen verbindende Elemente dar und bringen die Muster des Teppichinnenfeldes in ein harmonisches Gefüge. Als Wellenranken sind sie beispielsweise auch in den Bordüren zu finden. Rankensysteme gehören zum Grundmuster zahlreicher Teppiche.

In ihrer vielseitigen Verwendungsmöglichkeit kommen sie dem Streben des Orientalen, die Fläche zu füllen, entgegen. Sieht man von einem bestimmten Typus von Medaillon- oder Gebetsteppichen ab, so sind auf Orientteppichen kaum freie Flächen auszumachen.

Rankensysteme stehen für die ewige Wiederkehr, für die Dauerhaftigkeit des Lebens.

Vorkommen: Rankenmotive kommen in nahezu allen Provenienzen vor; die streng geometrisierten überwiegend auf türkischen oder turkmenischen Teppichen.

Spiralranke

Arabeskenranke, Kleinasien

Blumenranke, Kleinasien

ROSETTEN

Herkunft: Rosetten gehören wie die Ranken zu den ältesten Zierformen ornamentaler Gestaltung in der Kunst. Sie sind beliebte Füllmotive für die Ausgestaltung der Teppiche.

Vorkommen: In allen Provenienzen.

Rosette, Kleinasien

Rosette, Kaukasus

Rosette, Schiras

STERN

Herkunft: Der Stern gehört zu den archaischen Knüpfmotiven und stellt oft den Ausgangspunkt für eine komplexere ornamentale Gesamtgestaltung dar. Von einem Stern ausgehend läßt sich sehr gut und in idealer Flächenornamentik ein Mustersystem entwickeln. Sterne symbolisieren die Sonne, das Licht.

Vorkommen: Auf Teppichen aller Provenienzen. Oftmals in Form eines achtzackigen Sterns (auch Salomonstern oder Juwel Mohammeds genannt) als Hauptmotiv, zum Beispiel Sternmedaillon. Berühmt sind auch die kaukasischen Sternkasaks, auf denen der achtzackige Stern als Rapportmuster erscheint.

David-Stern

 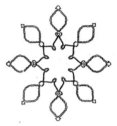

Rundstern, Persien (links) Sternmedaillon mit angesetzten Medaillons in Zitronenform (rechts)

SWASTIKA

Herkunft: Das Wort Swastika kommt aus dem Sanskrit und zwar von svasti = Glück, Segen. Wir kennen dieses Symbol auch unter der Bezeichnung Hakenkreuz. Es ist seit prähistorischer Zeit bekannt und entwickelte sich wahrscheinlich aus dem Sonnenrad. Die vier Speichen des Sonnenrades zeigen den Lauf der Sonne an. Es symbolisiert Fruchtbarkeit, bei den Chinesen vor allem Glück. Auf

Swastika　　　　　Löffelswastika　　　　Versetzte Swastika

Teppichen erscheint das Motiv entweder freistehend, in Medaillons oder in Bordüren.
Vorkommen: Vor allem auf chinesischen und ostturkestanischen Teppichen.

WOLKENBAND

Herkunft: Das Wolkenband stammt aus China und steht für Unsterblichkeit oder Unendlichkeit. Es wird vielfach mit dem Drachen in Verbindung gebracht; wie dem Drachen schreibt man auch dem Wolkenband regenspendende Kräfte zu. Mit dem Einfall der Mongolen in Persien im 15. Jahrhundert kam dieses Motiv in die persischen Teppiche.
Vorkommen: Auf Teppichen aller Provenienzen.

**Wolkenband, Persien (links)
Wolkenband, stilisiert, Kleinasien (rechts)**

Die Bordüren

Um den Fond, das große Mittelfeld eines Teppichs, gruppieren sich Bordüren von unterschiedlicher Anzahl, Breite und Musterung. Je nach ihrer Breite und der Intensität der Musterung werden sie in Haupt- oder Nebenbordüren gegliedert.

Zwischen den Haupt- und Nebenbordüren verlaufen häufig schmale Zierborten beziehungsweise Nahtborten oder auch Zwischenborten. Die Hauptbordüre ist im allgemeinen deutlich breiter als die Nebenbordüren. Als klassischer Bordürenabschluß gilt die Dreiteilung, das heißt, zwischen zwei Nebenbordüren liegt die breitere Hauptbordüre.

Im Gegensatz zum Innenfeld beschränkt sich die Musterung der Bordüren im allgemeinen auf die Varianten eini-

Anordnungsschema für Muster und Motive

Einfach gereihte Formen

Alternierend gereihte Formen

Gegenständig gereihte Formen

Gegenständig gereihte Formen in anderer Variante

Wechselständig einfach gereihte Formen

Wechselständig alternierend gereihte Formen

Reziproke Anordnung von Formen

Fortlaufende Ranke

Intermittierende Ranke

ger Grundmustertypen. Die Provenienz eines Teppichs läßt sich vielfach verläßlicher aus der Musterstellung der Bordüren ableiten.

Die Variationsformen in den Bordürenmustern sind so vielfältig, daß sie nicht alle in diesem Buch Berücksichtigung finden können. Anhand einfacher Skizzen soll hier aber zumindest das Anordnungsschema verdeutlicht werden, in dem sich die Muster und Motive finden.

Beschreibung der bekanntesten Bordürentypen in alphabetischer Reihenfolge

ARABESKEN-RANKEN-BORDÜRE Dieses stilisierte Blattrankenornament kommt häufig in den Hauptbordüren persischer Teppiche vor. Näheres über die Arabeske finden Sie bei den Motivbeschreibungen.

HERATI-BORDÜRE Sie besteht aus sich wiederholenden, wechselweise nach innen und außen gestellten Rosetten und Palmetten, die durch florale Motive miteinander verbunden sind.

Herati-Bordüre

KARTUSCHEN-BORDÜRE Diese Bordüre besteht aus aneinandergereihten, runden oder kassettenförmigen Kartuschen mit Nebenmotiven. Insbesondere religiöse Texte sind häufig in den Kartuschen eingearbeitet. Anregung für diese Musterform waren die dekorative Buchdruckerkunst und Miniaturmalerei des 15. Jahrhunderts. Die Kartuschen-Bordüre ist deshalb vielfach auf den persischen und türkischen Manufakturteppichen des 15. und 16. Jahrhunderts anzutreffen.

Kartuschen-Bordüre, Persien

LAUFENDER-HUND-BORDÜRE Das Mäanderband liegt diesem Bordürenmotiv zugrunde. Es kommt als laufendes Band vor allem in den Bordüren kaukasischer oder turkmenischer Teppiche vor.

Laufender-Hund-Bordüre

MÄANDER-BORDÜRE Die Mäanderform, ursprünglich als Ornament in der griechischen Kunst verwendet, findet sich als Bordürenmotiv bevorzugt auf Teppichen ostturkestanischer, tibetischer oder chinesischer Provenienzen.

Mäander-Bordüre, Grundform

S-BORDÜRE Das S-Motiv, Ewigkeitssymbol und Lebenssymbol (das S steht für den stilisierten Drachen, der das Leben symbolisiert), findet sich besonders häufig in den Bordüren kaukasischer und anatolischer Teppiche.

S-Bordüre, Persien

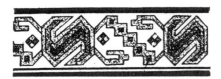

S-Bordüre, Kaukasus

SHAH-ABBAS-BORDÜRE Das dominierende Motiv in dieser Bordüre sind die im Wechsel einmal nach innen, einmal nach außen gestellten und meist durch Arabeskenranken miteinander verbundenen Palmetten. Teppiche aus der Safaviden-Zeit zeigen dieses Muster, das auch unter der Bezeichnung »In-and-out-Bordüre« bekannt ist, in prächtigster Ausführung.

Shah-Abbas-Bordüre, Persien

T-BORDÜRE Das T-Ornament, eine Abwandlung des Mäanderbandes, finden wir in den Bordüren chinesischer oder tibetischer Teppiche.

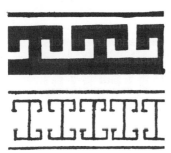

T-Bordüre

Doppel-T-Bordüre

WEINGLAS-BORDÜRE Zwischen stilisierten Blattformen finden sich geometrisierte Blütenformen, die an ein Weinglas oder einen Weinbecher erinnern. Dieser Bordürentyp ist auch unter den Bezeichnungen Eichenlaub-, Eichenblatt- oder Becherbordüre bekannt. Er begegnet uns überwiegend auf kaukasischen Teppichen sowie vielfach auf anatolischen Teppichen.

Weinglas- oder Blatt- und Weinglas-Bordüre

WELLENRANKEN-BORDÜRE Die fortlaufende Wellenranke ist ein beliebtes Bordürenmotiv, das in verschiedenartiger Abwandlung sowohl in floraler wie geometrisierter Form auf Orientteppichen vorkommt.

Gebrochene Wellenranke

Intermittierende Wellenranke

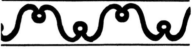

ZINNENBORDÜRE Diese Bordürenform gehört zu den reziproken Bordüren (gleichförmige, sich gegenüberliegende beziehungsweise ineinandergreifende Bordürenformen). Die reziproke Anordnung als Bordüre ist ein uraltes System ornamentaler Gestaltung. Die Motive sind so versetzt angeordnet, daß sie wie eine Positiv- und Negativform wirken. Vielfach erscheinen sie auch in unterschiedlicher Farbgebung. Sie sind farblich gerne auch gegeneinander abgesetzt, um diese Wirkung zu verstärken. Die Zinnenbordüre trägt auch die Bezeichnung Medahil-Bordüre oder Galeeren-Bordüre.

Sämtliche Bordürentypen lassen sich in eines der vorstehend skizzierten Anordnungsschemata eingliedern. Die Ausführung der Bordürenmuster ist in floraler, stilisierter bis zu stark geometrisierter Form zu finden.

Anhand der nachfolgenden Beschreibungen klassischer Teppiche sollen wichtige Zusammenhänge zum Verständnis des Orientteppichs vermittelt werden.

Der Gartenteppich

Für die Orientalen hat der Garten eine besondere Bedeutung. Das hängt mit den geographischen Gegebenheiten zusammen. Die meisten Regionen der Länder, die zu den klassischen Teppichländern zählen, sind karges Hochland, Steppe oder Wüste. Es gibt nur wenige fruchtbare Regionen, die besiedelt werden und wo Städte entstehen können. Eine wesentliche Voraussetzung dafür ist das Wasser, Wasser aber ist selten.

Blühende Gärten mit sprudelnden Wassern wurden daher zum Inbegriff paradiesischer Verhältnisse, und in der

Gartenteppich, Nordwestpersien, um 1800, 880 × 289 cm

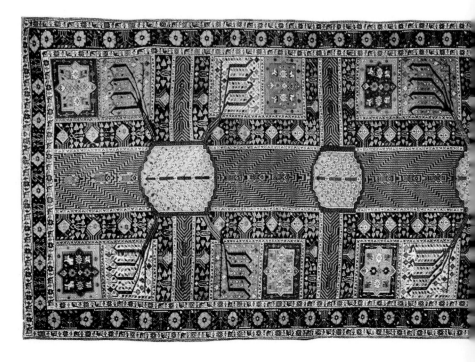

Tat ist der Garten auch Sinnbild für das Paradies bei den Orientalen. Die Idee des Gartens als Paradies taucht nicht erst im Koran auf, sie ist schon viel älter als der Islam.

    Dort, wo Städte erbaut werden konnten, wurden vielfach auch Gärten angelegt. Vor allem Persien war schon früh für seine herrlichen Gartenanlagen berühmt. Selbst Dichter wie der persische Lyriker Hafiz (1325–1390) besangen ihre Pracht. Da jedoch die Natur sich in diesen Ländern nicht sehr verschwenderisch mit Wasser, Grün und Blütenfülle erwies, ersann man sich Gärten von immerwährender exotischer Pracht, in Persien entstanden die sogenannten Gartenteppiche. Man knüpfte Muster nach der Form der persischen Gartenanlagen.

    Auf solchen Teppichen finden wir blühende Bäume, Sträucher, Blütenzweige, Zypressen, Blumen, ganze Blumenbeete, Tiere, Vögel in mannigfaltigster Darstellung. Dazwischen rieselnde Quellen, Wasserbecken, sogar Wasserläufe mit Wellenformationen und Fischen.

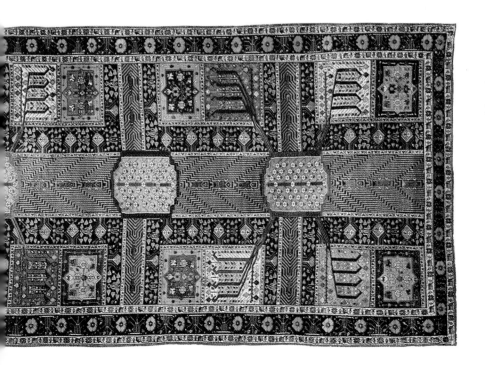

Vielfach sind diese Motive in quadratische oder rechteckige Felder gesetzt und wie aus der Vogelperspektive wiedergegeben.

Diesen Teppichen kommt, über ihre Symbolisierung wirklicher Gärten hinaus, eine metaphysische Bedeutung zu. Da häufig – neben den bereits erwähnten Motiven – auch Fabelwesen dargestellt sind, ist anzunehmen, daß nicht nur der irdische Garten, sondern ebenso der paradiesische Garten gemeint ist. Diese Vorstellung entspräche orientalischer Mentalität, in der Leben und Glaube eng miteinander verknüpft sind. In diesem Sinne dürfte auch die immer wieder zu beobachtende Gliederung in vier Einheiten auf Gartenteppichen verstanden werden. Denn an einer Stelle im Koran heißt es: »...vier Gärten unter denen Wasser fließt«, was sich auf das Paradies bezieht, in das der gläubige Moslem kommt.

Ein berühmter Teppich dieser Art – von ihm ist nichts erhalten, alle Kenntnisse über ihn stammen aus alten Quellen – wurde unter dem Namen »Frühling des Chosrau« bekannt. Er war für den Palast Chosraus II. in Ktesiphon gefertigt. (Chosrau war der letzte Kaiser des Sassanidenreiches, bevor dieses von den Arabern im 7. Jahrhundert eingenommen wurde.) Berichten zufolge muß der Teppich von riesigem Ausmaß – man sagt allein 27 m breit – und von unglaublicher Pracht gewesen sein: ganz aus Seide, mit Goldfäden bestickt und von Perlen und Edelsteinen übersät. Über seine Technik ist nichts bekannt. Man weiß also nicht, war er geknüpft, war er in der Art der Kelims gearbeitet oder vielleicht aus Filz. Im Jahre 638 fiel er den Arabern in die Hände und wurde als Beutestück zerteilt und verteilt. Teppichwissenschaftler gehen übrigens davon aus, daß der Teppich nicht aus einem Stück bestand, sondern aus mehreren Teilen zusammengesetzt war, und daß er, nachdem er erbeutet worden war, wieder in die einzelnen Teile zertrennt wurde.

Gartenteppiche wurden mit Vorliebe in den rauhen unwirtlichen Perioden des Jahres im Hause ausgebreitet und erweckten die Illusion, wie in einem Garten zu sitzen. Aber auch im Freien fanden sie Verwendung. Sie wurden zum

Gabbeh-Felderteppich, Persien, um 1940, 125×200 cm

Beispiel von den jeweiligen Herrschern auch auf ihren Kriegszügen oder Jagden mitgenommen und erfüllten innerhalb der zu diesen Anlässen errichteten Zeltstädte die Funktion imaginärer Gärten. Die schönsten und größten Gartenteppiche entstanden im 17. und 18. Jahrhundert.

Im 18. Jahrhundert kam es zu einer starken Vereinfachung des alten Gartenteppichs. Das Gartenmuster besteht nur noch aus einfachen durchlaufenden Feldern, die Teppiche werden nun auch vielfach als Felderteppiche bezeichnet. Diese Felder sind meist mit einzelnen Motiven wie Bäumen, Sträuchern, Blumen oder Tieren gefüllt. Es gibt jedoch auch Felderteppiche ohne jegliches Motiv. Diese ganz vereinfachte Form der Feldermuster findet sich vor allem in den »Gabbehs«, den Teppichen der Nomaden aus der Fars Provinz Persiens. Dabei gibt es ausgesprochen reizvolle Farbzusammenstellungen der einzelnen Felder zueinander.

Heute werden Gartenteppiche vor allem in der Gegend südwestlich von Isfahan, im Tschahar-Mahal Gebiet, geknüpft. Garten- oder Feldermuster kommen auch auf Bachtiaris, Keshans, Kirmans, Ghoms, Saruks und Täbris vor.

Fragment eines persischen Vasenteppichs, um 1600, 244×144 cm

Der Vasenteppich

Was über die Gartenmuster gesagt wurde, mag bis zu einem gewissen Grad auch auf die Vasenteppiche zutreffen. Vielleicht stand ursprünglich die Liebe und Verehrung des Orientalen zu den Blumen und Blüten, die ja nur so kurze Zeit erblühen, im Vordergrund. Jedenfalls widmet sich ein Teppichtypus, der sich in Persien entwickelte und während des 16. und 17. Jahrhunderts, der Blütezeit persischer Teppichkultur, in höchster Vollendung gestaltet wurde, der überwiegenden Darstellung prächtiger Blumen und Blütenformen, knospender Zweige, Ranken und Blätter, die teilweise den ganzen Teppich-Fond bedecken. Vasen, aus denen diese üppigen und kunstvollen Blumendekors aufsteigen, gaben diesem Teppichtypus den Na-

men. Oftmals sind die Vasen detailliert dargestellt, manchmal treten sie vor den ins feinste ausgearbeiteten Blumenmotiven zurück, manchmal hat man gänzlich auf die Vase verzichtet. Dennoch werden auch solche Teppiche als Vasenteppiche bezeichnet. Manchmal bilden Vasen mit kurzstieligen Bouquets ein Rapportmuster (bei Abadehs, Ghoms); das bekannteste Vasen-Motiv beziehungsweise Bouquet-Muster entstand im 19. Jahrhundert und wurde unter der Bezeichnung »Zil-e-Soltan« (nach dem Gouverneur von Isfahan) bekannt.

Vasenmuster gibt es in vielen Interpretationsformen, nicht nur in floraler, sondern auch geometrisierter Version. Kurdische oder kaukasische Teppiche zeigen die geometrisierte Form des Vasenmusters. Kurdische Vasenmotive neigen zu großen, eckigen, eher starren Formen. Die reichste Abwandlung dieses Musters findet sich insbesondere bei den Afschar-Teppichen.

Das Motiv der Vase selbst kommt möglicherweise aus dem Chinesischen. Es gehört zu den buddhistischen Symbolen und bedeutet Frieden, Zufriedenheit (vom chinesischen p'ing = Vase und Frieden). In Persien kommt der Vase aber nicht diese Bedeutung zu. Wie wir immer wieder beobachten, gelangen Musterformen auf den verschiedensten Wegen in andere Kulturbereiche, von denen sie zwar übernommen werden, wo die einzelnen Motive dann jedoch nicht mehr ihre ursprüngliche Bedeutung haben. Manchmal werden bestimmte Motive auch einfach nur zu dekorativen Zwecken eingeführt und variiert. Auf alten und neu gefertigten chinesischen Teppichen trifft man immer wieder einmal auf das Vasenmotiv. Auf ostturkestanischen Teppichen (Chotan, Yarkend) ist es häufiger zu finden. Hier ganz typisch, sind die Vasen – meist zwei – klein, am Fuße des Teppichfeldes plaziert und mit Rankenmotiven und Granatapfelmuster versehen.

Teppiche mit Vasenmustern kommen in zahlreichen Provenienzen vor: in Mittel- und Südpersien, im Kaukasus, der Türkei, China, Ostturkestan und Indien.

Der Medaillonteppich

Im allgemeinen denken wir bei Medaillonteppichen an die großartigen persischen Teppiche, deren Mittelfeld von einem herrlichen Medaillon beherrscht wird, das aus unzähligen fein ausgearbeiteten Rankengebilden, Blüten, Arabesken und Blumen besteht und sich als Viertelmedaillon in den vier Ecken des Innenfeldes wiederholt. Manchmal ist der Fond, auf dem das Medaillon liegt, unifarben, meistens aber wird er von weiteren Arabesken, Ranken und Blumenmotiven überzogen.

Mit diesem Teppichtypus, der im 16./17. Jahrhundert während der Safaviden-Dynastie zu höchster Entfaltung gelangt war, ist Persien berühmt geworden.

Medaillonformen gibt es in unzähligen Abwandlungen: in runder oder ovaler Form, in Form eines Sterns, einer Kartusche, einer Raute, eines Polygons, in floral-arabesker oder geometrisierter Ausführung. Auf Medaillonteppichen erscheinen sie nicht nur als zentrales Motiv, es können auch mehrere Medaillons – in der Regel drei – auf der Längsachse hintereinander liegen.

Alle Arten von Medaillonteppichen zu beschreiben, würde den Rahmen dieses Buches sprengen. Anhand des Musterschemas eines klassischen persischen Medaillonteppichs soll hier etwas verdeutlicht werden, das einen weiteren Baustein zum Verständnis orientalischer Kunstauffassung und damit von Teppichen darstellt: Wichtig in diesem Zusammenhang ist der »Unendlichkeitsgedanke«, der in der Auffassung der Orientalen eine große Rolle spielt. Die Mehrzahl der orientalischen Teppichmuster wird als Ausschnitt eines unendlich fortlaufenden Rapports verstanden. Selbst wenn der Teppich von Bordüren eingefaßt ist, bedeutet das nicht, daß das Muster damit abgeschlossen wäre. Wenn wir einen Teppich, bei dem die Musterung innerhalb einer Quadrierung liegt, aufmerksam betrachten, entdecken wir manchmal, daß eine seitliche Felderreihe sozusagen nur angeschnitten ist. Für unser Empfinden hat der Knüpfer die Fläche nicht richtig eingeteilt, denn wir haben beispielsweise im Kunstunterricht gelernt, daß eine Fläche »richtig« aufgeteilt sein muß, soll sie künstlerischen Kriterien standhalten. Für den Orientalen dagegen stellt eine solche Flächenaufteilung kein künstlerisches Defizit dar, sondern ist Ausdruck dafür, daß das Muster unendlich fortläuft und versinnbildlicht so eine Idee, die über das Sichtbare hinausgeht.

Isfahan auf Seidenkette, Mittelmedaillon safavidisch, Zentralpersien ca. 1950, 220 × 145 cm

Für uns Abendländer ist dies vielfach schwer nachvollziehbar, da wir eine ganz andere Auffassung von Flächengestaltung, eine ganz andere Kunstauffassung überhaupt haben. Bei uns steht die Fläche an erster Stelle, dann erst kommt das Muster. Das Muster soll die Fläche gliedern. Bei den Orientalen ist die Fläche sekundär. Vorrangig ist das Muster, das unendlich fortgedacht werden kann, und die Fläche bestimmt den Ausschnitt aus diesem unendlich fortlaufenden Muster. Ein weiteres Beispiel soll dies verdeutlichen: Wir stellen uns vor, wir schneiden in ein Blatt Papier ein Fenster (rechteckig oder quadratisch) und legen dieses über ein gezeichnetes, sich stets wiederholendes Musterschema. Nun verschieben wir das Fenster. Je nachdem, wie das Fenster liegt, sehen wir jeweils einen anderen Ausschnitt des Musters. Somit kommt der Fläche die Aufgabe zu, das Muster zu verdeutlichen. In der orientalischen Kunstauffassung bedeutet das: Es gibt eine für das Auge sichtbare gemusterte Fläche, zum Beispiel die des Teppichs. Und es gibt eine für das Auge unsichtbar gemusterte Fläche, das heißt, es existiert ein von seiner Darstellung auf einer Fläche unabhängiges Muster. Es existiert sozusagen als Vorstellung, als Muster »an sich«.

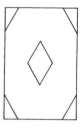

Mittelmedaillon und Viertelmedaillon

Damit wird eine Idee verdeutlicht, die Idee unserer endlichen Existenz innerhalb unendlichen kosmischen Geschehens, gelenkt von Gott, der unendlich ist, die Idee der Endlichkeit und Ewigkeit. Der Teppich wird zum Sinnbild für Raum und Ewigkeit, das Muster, das den Teppich füllt, symbolisiert die flüchtige, begrenzte Wirklichkeit.

Zum klassischen persischen Muster zählt die Medailloungliederung, bestehend aus dem Mittelmedaillon und den Viertelmedaillons.

Die uns als abgeschlossene durchgestaltete Einheit erscheinende Fläche des Teppichs ist lediglich als Ausschnitt

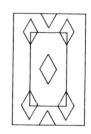

Ausschnitt aus dem unendlichen Rapport

gedacht. Die Medaillons sind Teil eines unendlich fortlaufenden Rapports. Sie sind gleichsam die vergrößerte Rapporteinheit. Diese vergrößerte Einheit bietet mehr Möglichkeiten zu einer detaillierten Ausgestaltung der Motive wie beispielsweise durch Rankenwerk oder pflanzliche Elemente.

Dem Medaillonmotiv selbst wird ebenfalls Symbolcharakter zugeschrieben. Dabei gibt es wiederum verschiedene Auffassungen, von denen ich zwei hier anführen möchte: Die eine stellt das Medaillon als Abbild eines Kuppeldachs einer Moschee vor, welches wiederum als Vorstellung vom Himmel gedacht ist. Die andere besagt, das Medaillon symbolisiere einen Thron. Nicht nur den Thron eines irdischen Herrschers, sondern ebenso den Thron Allahs. Alles Geschehen erfolgt um einen Mittelpunkt, den der Thron verdeutlicht.

Da der Teppich konkrete wie abstrakte Ideen versinnbildlicht, kommen ihm ähnliche Eigenschaften wie einem Mandala zu. Er wird Objekt der Versenkung, der Meditation.

Der Jagdteppich

Auf vielen Teppichen sind starke Bildelemente vertreten. Zu diesen Stücken zählen neben Vogel-, Tier- oder Bildteppichen unter anderem die Jagdteppiche. Die typische Szenerie eines solchen Jagdteppichs besteht in der in rhythmischer Anordnung gegliederten und in naturalistischer Darstellungsweise wiedergegebenen Jagd. Reiter oder Fußvolk mit Pfeil und Bogen hetzen den verschiedensten Tieren – Löwen, Leoparden, Tigern, Antilopen oder Schakalen – nach. Neben Menschen und Tieren in vollendeter künstlerischer Form schmücken ebenso Bäume und Sträucher, die eine imaginäre Landschaft vorstellen sollen, das Feld des Teppichs. Auf den Bordüren hingegen sind vielfach geflügelte Wesen zu finden, die Schalen mit Erfrischungen reichen, wie es dem »Schüsseltreiben« nach einer Jagd bei uns gleichkommt. Diese geflü-

Seidener Jagdteppich, erste Hälfte 16. Jahrhundert, Mittelpersien

gelten Gestalten deuten auf die Paradiesjungfrauen hin, die der Koran mehrfach erwähnt, und die im Paradies die Seligen bedienen. In arabischer Sprache heißen diese engelsgleichen Jungfrauen Huris. Manchmal, wenn es, wie bisweilen der Fall, aus Phantasiefiguren und Fabelgestalten besteht, erinnert die Szenerie des Innenfeldes auch an ein phantastisches Treiben. Derartige Phantasiefiguren führen weg vom irdischen Geschehen und machen wieder einmal mehr deutlich, daß dem Teppich in der Vorstellung der Orientalen eine weitere Dimension zukommt. Über das reale Jagdgeschehen hinaus symbolisiert der Teppich das Paradies, weist darauf hin, daß Endlichkeit und Ewigkeit miteinander verwoben sind.

Die Blütezeit der Jagdteppiche in Persien, in der die großartigsten Stücke entstanden und die diesen Teppichtypus so berühmt machte, fiel ins 16. Jahrhundert. Einer der berühmtesten Teppiche ist der vielzitierte »Wiener Jagdteppich« aus dem Besitz des Österreichischen Kaiserhauses. In der Feinheit seiner Zeichnung erinnert er an eine Miniaturmalerei. Mit über einer Million Knoten pro Quadratmeter ist er knüpftechnisch von brillantester Ausführung. Er hängt heute im Österreichischen Museum für angewandte Kunst in Wien. Weitere herrliche Jagdteppiche befinden sich im Museo Poldi Pezzoli in Mailand. Heute werden Jagdteppiche vor allem in Persien in Ghom, Isfahan, Keshan, Saruk und Täbris angefertigt.

Doch soll am Beispiel des Jagdteppichs noch verdeutlicht werden, was es mit dem islamischen Bilderverbot auf sich hat. Wie anfangs erwähnt, gehört der Jagdteppich in die Gruppe der Teppiche, auf denen starke Bildelemente vertreten sind. Allgemein aber wird vom Islam behauptet, er verbiete jede Art von Bilddarstellungen. In diesem Zusammenhang wird dann auch gerne von den bilderfeindlichen Sunniten und bilderfreundlichen Schiiten gesprochen. Beides ist jedoch nicht ganz zutreffend.

Die sogenannte islamische Bilderfeindlichkeit richtet sich in erster Linie gegen die Götzenverehrung. Im Koran heißt es nicht so ausschließlich wie bei uns beispielsweise im Alten Testament: »Du sollst Dir kein Gottesbild machen, noch irgendein Abbild...« (Exodus 20, 4), wohl aber geht es darum, und es finden sich auch entsprechende Stellen in den Suren des Korans: »Und euer Gott ist ein einiger Gott; es gibt keinen Gott außer ihm, dem Erbarmer, dem Barmherzigen...« und an anderer Stelle: »Und doch gibt es Leute, die neben Allah Götzen setzen und sie lieben, wie man Allah lieben soll...« (2. Sure, 158 und 165).

Allah ist der alleinige Gott, er ist der Schöpfer, der das Leben gibt. Sein Privileg ist die Schöpfertätigkeit. Ein lebendes Wesen auf einem Bild darzustellen, kommt einem Schöpfungsakt gleich, ohne daß dem Dargestellten Leben eingehaucht werden kann. Darum stellt ein solcher Akt eine Anmaßung, einen Frevel gegenüber Gott dar.

Nicht eigentlich der Koran befaßt sich so sehr mit der Bilderproblematik als vielmehr die Hadith, ein Corpus des Koran aus der zweiten Hälfte des 9. Jahrhunderts, bestehend aus sechs Sammlungen überlieferter Worte und Handlungen Mohammeds, des Propheten. Die Hadith als Glaubens- und Rechtsquelle des Islam unterscheidet genau, was dargestellt werden kann und was nicht und definiert auch, wo was wiedergegeben werden darf. In der Hadith heißt es einmal: »Die Menschen, die am Tage der Auferstehung die schlimmsten Qualen zu erleiden haben, sind diejenigen, die das Erschaffene Gottes nachahmen.« Und an anderer Stelle: »Wer im Diesseits ein Bild verfertigt, von dem wird am Tag der Auferstehung verlangt werden, daß er ihm Lebensodem einhaucht. Er wird ihm aber niemals welchen einhauchen können. Weh dir. Wenn du aber unbedingt so etwas machen mußt, so nimm dir Bäume vor oder jeden Gegenstand, in dem kein Lebensodem ist.«

Nach der Hadith durften nur unbeseelte Wesen oder unbeseelte Gegenstände dargestellt werden, zu denen auch Pflanzen und Bäume, nicht aber Tiere gehörten. In diesem Zusammenhang galt als Tötung des Lebens beziehungsweise als Entwürdigung, sich auf Bilder zu stellen oder zu setzen, und deshalb waren figurale Motive – Darstellungen von Mensch und Tier – auf Teppichen und Kissen erlaubt, nicht aber auf Wandteppichen oder Vorhängen. Das heißt: auf islamischen Teppichen war die figürliche Darstellung erlaubt.

Solche Beschränkungen fördern die Abstraktion, bringen die ornamentale Kunst zu höchster Entfaltung. In der Stilisierung entwickelte die islamische Kunst eine visuelle Sprache von großer Ausdruckskraft. Darüber hinaus liegt der Abstraktion immer die Idee Gottes zugrunde. Da Gott und das Göttliche nicht dargestellt werden können, zeigt die Bildlosigkeit Gottes Einzigartigkeit und Unvergleichbarkeit. In der Stilisierung wird die göttliche Essenz verdeutlicht. Dies sind weitere Zusammenhänge zum besseren Verständnis der orientalischen Formensprache, die in besonderer Weise ihren Niederschlag auf Teppichen fand. Nochmals sei hier betont, daß die islamische Ornamentik nicht unter dekorativen Gesichtspunkten entwickelt wurde. Ohne inhaltliche Zusammenhänge bliebe sie für uns Abendländer nur schwer verständlich. Die Formenwelt des Teppichs erschließt sich uns um so leichter, je besser wir verstehen, was »hinter« den einzelnen Formen steht.

Medjidi-Gebets-teppich, Türkei, 1890, 120×170 cm

Zusammenfassend kann über die Bilddarstellung in der islamischen Kunst gesagt werden, daß das Bilderverbot oder die Einschränkung in der Darstellung von Bildern unterschiedlich eingehalten wurde. Sowohl von Sunniten als auch von Schiiten. Dabei hielt sich das eher konservative Volk strenger an die Vorschriften. Regierende Herrscher oder das gehobene Bürgertum waren dagegen großzügiger in der Auslegung des Verbotes. Auch innerhalb der einzelnen Regionen gab es und gibt es noch heute unterschiedliche Handhabungen. Im Iran wirkt eine alte bilderfreundliche Tradition nach, während in Saudiarabien beseelte Wesen überhaupt nicht abgebildet werden dürfen.

Der Gebetsteppich

Der Gebetsteppich ist ein wichtiges Requisit, das der Moslem zur Ausübung seines Gebetes benötigt. Nach den Vorschriften des Koran soll der gläubige Moslem nach

einer rituellen Waschung fünfmal täglich seine Gebete verrichten. Das kann überall geschehen, wichtig ist allein, daß der Gläubige sich dabei Richtung Mekka wendet. Wird das Gebet nicht in einer Moschee verrichtet, breitet der Gläubige gewöhnlich einen kleinen Teppich, den Gebetsteppich, am Boden aus, um sein Gebetsritual zu vollziehen.

In den Anfängen des Islam waren Gebetsteppiche noch unbekannt. Der Mohammedaner unterscheidet nicht zwischen religiösen und profanen Dingen. So sind die Moscheen beispielsweise nicht nur dem Gottesdienst vorbehalten. In ihnen wird auch Politik betrieben, werden wichtige politische Entscheidungen getroffen. Gemäß den religiösen Vorschriften ist der Moslem dazu angehalten, an einem »reinlichen Ort« zu beten. Da er hierzu nicht immer in die Moschee ging, sondern sein Gebet zum Beispiel auch zu Hause verrichtete, breitete er ein Tuch oder eine einfache Matte auf den Boden, um dieser Forderung gerecht zu werden. Wann für dieses Ritual die ersten Gebetsteppiche entstanden, ist unbekannt.

Alle Gebetsteppiche zeichnen sich durch bestimmte gemeinsame Merkmale aus. Das Innenfeld wird von der meist bogenförmigen Gebetsnische, dem Mihrab, ausgefüllt. Vordergründig war vielleicht eine architektonische Eigenheit an den Moscheen Vorbild für diese Darstellung auf den Gebetsteppichen. Eine Zeitlang war es üblich, in den älteren Moscheen einen Stein (»Ghibla«) in die Wand zu mauern, um die Richtung nach Mekka zu kennzeichnen. Später wurde der Stein durch eine Nische an dieser Stelle ersetzt. Andererseits aber spielte für die Darstellung der Gebetsnische sicher eine Stelle aus dem Koran eine Rolle. In der 24. Sure, 35. Vers heißt es: »Allah ist das Licht, der Himmel und die Erde. Sein Licht ist gleich einer Nische, in der sich eine Lampe befindet, die Lampe ist in einem Glase, und das Glas gleicht einem flimmernden Stern...« Dieser Koranstelle entspricht dann auch das zweite augenfällige, häufig vorkommende Motiv: die von dem Mihrab herabhängende Öllampe oder Ampel. Die Gebetsnische hat also auch eine symbolische Bedeutung.

Muçur-Reihengebetsteppich, Türkei, um 1880, 105×165 cm

92

Sie ist Symbol Allahs, darüber hinaus Symbol für das Tor zum Paradies und zur Erleuchtung.

Neben diesen beiden Motiven finden sich im Innenfeld des Gebetsteppichs noch einige andere, jedoch kleinere, die alle die Funktion haben, den Gläubigen an bestimmte rituelle Handlungen vor dem Gebet zu erinnern. Dies können sein: die Wasserkanne (Ibrik), die an die Waschung vor dem Gebet erinnern soll, der Kamm, ebenfalls ein Reinigungssymbol. Manchmal kommen auch Sohlenformen oder Handformen vor, die zum Abstreifen der Schuhe beziehungsweise zum Auflegen der Hände beim Verneigen ermahnen sollen. Es finden sich Inschriften, Stundengläser, manchmal zwei die Gebetsnische schmückende Säulen, bisweilen Blumen oder stilisierte Bäume.

Mihrabformen kommen in den verschiedensten Abwandlungen und Stilisierungen vor. Gebetsteppiche gibt es in allen Provenienzen. Besonders fein gearbeitete kommen heute aus Ghom und Kaschan in Mittelpersien sowie aus Hereke in der westlichen Türkei. Hier soll noch darauf hingewiesen werden, daß Gebetsteppiche nicht ausschließlich für das Gebetsritual hergestellt werden, sondern ganz gezielt für den Export.

An dieser Stelle auch noch ein Wort zu den Reihengebetsteppichen, bei denen mehrere Gebetsnischen – meist in horizontaler Anordnung – nebeneinander liegen. Fälschlicherweise werden diese Teppiche manchmal als Familienteppiche bezeichnet. Doch Männer und Frauen beten niemals zusammen, weder in der Moschee noch zu Hause. Der Reihengebetsteppich oder »Saf« findet überwiegend in den Moscheen Verwendung. Er wird auf den Boden gebreitet, und jeder Moslem findet darauf seinen Platz zum Beten.

Teppichbildbeschreibung eines Karakeçili

Die genaue Beschreibung eines Teppichs – ähnlich einer Bildbeschreibung – soll dieses Kapitel beschließen und zugleich als Beispiel und Anregung dienen, wie man einen Teppich lesen und einordnen kann.

Vor uns liegt ein Karakeçili, ein Teppich aus der Region Bergama in Anatolien, der einem in der Teppichmaterie noch unerfahrenen Betrachter zunächst bunt und unübersichtlich erscheinen mag.

Auf den ersten Blick sehen wir, daß der Teppich Innenfeld und Bordüren zeigt und das Innenfeld vergleichsweise klein gegenüber den zahlreichen Bordüren ist. Klar hebt sich die Hauptbordüre als die breiteste mit großzügigen Motiven ab. Wir erkennen zwei schmalere Nebenbordüren sowie insgesamt vier Zierborten, von denen die weiße, das Innenfeld umrahmende, besonders dominierend erscheint.

Befassen wir uns zunächst mit dem Innenfeld. Gibt es irgend etwas Charakteristisches, das uns hilft, den Teppich einzuordnen? Nach eingehender Betrachtung der einzelnen Motive entdecken wir schließlich die Gebetsnische, den Mihrab, der in diesem Teppich drei ausgearbeitete Spitzen aufweist. Nun wissen wir also, daß es sich hier um einen Gebetsteppich handelt. Der Typus des Gebetsteppichs läßt sich sogar noch weiter eingrenzen, denn wir erkennen ein zweites Charakteristikum: stilisierte Tulpen

Karakeçili, Gebetsteppich, Bergama-Region, Westanatolien, 19. Jahrhundert, 176×140 cm

im unteren Teil des Innenfeldes. Alle Merkmale der dargestellten Tulpe weisen auf die in der Motivliste unter dem Stichwort »Blume« angeführte Lâdik-Tulpe hin. Wir wissen, daß die Lâdik-Tulpe speziell auf anatolischen Teppichen vorkommt und können somit die Provenienz bestimmen. Ein anatolischer Teppich also. Des weiteren ist bekannt, daß die Lâdik-Tulpen vor allem auf antiken Gebetsteppichen dargestellt sind. Wir können eine vorsichtige Datierung wagen. Der vorliegende Teppich ist vielleicht

1 Innenfeld
2 Bordüren
3 Mihrab
4 Lâdik-Tulpen

ein antikes oder älteres Stück. Doch sei hier zugleich betont, daß Datierungen sehr schwierig sind und – will man ein einigermaßen exaktes Datum bestimmen – auf jeden Fall mehrere Faktoren berücksichtigt werden müssen. Datierungen verlangen viel Wissen und Erfahrung. Nicht immer kann man sich auf mehr oder weniger eindeutige Merkmale stützen. Man kann aber für sich, gleichsam spielerisch, Datierungen und ebenso Provenienzbestimmungen vornehmen und später anhand von Abbildungen in Büchern oder ausgestellten Stücken vergleichen, inwieweit man recht hatte. Das bringt Übung und schult das Auge. Im Ernstfall jedoch, wenn es um den Kauf eines Teppichs und möglicherweise um viel Geld geht, sollte man sich lieber auf das Urteil eines Fachmannes verlassen.

Widmen wir uns nun weiter dem vorliegenden Karakeçili. Nachdem wir Gebetsnische und Tulpen ausgemacht haben, prüfen wir, welche verschiedenen Motive das Innenfeld noch zeigt. Im mittleren Teil des Innenfeldes, etwas unterhalb der zentralen Mihrabspitze, ist ein Bäumchen – tiefblau mit roten Verästelungen – dargestellt. Auf seiner Spitze trägt es eine ausladende Blütenform, die an eine Opferschale erinnert. Wie wir ebenfalls unter dem Stichwort »Baum« in der Motivliste erfahren haben, symbolisiert der Baum die verbindende Weltachse, die drei Weltebenen Himmel, Mensch, Erde. Diese Bedeutung wird gleichsam durch ein weiteres Motiv ergänzt: Über der an eine Opferschale anmutenden Blütenform findet sich ein großes windmühlenartiges Blütenmotiv, das bei eingehenderer Betrachtung als Yün Chien, als Wolkenkragen-Motiv zu bestimmen ist (deutlich erkennbar sind die Pfeile, die sich aus der Negativform des Motivs ergeben). Auch das Yün Chien symbolisiert die Idee der vier Weltenrichtungen und darüber hinaus die Verbindung des Menschen mit dem Göttlichen.

Rechts und links neben dem stilisierten Bäumchen befinden sich zwei Ibriks, die für Gebetsteppiche charakteristischen Wasserkannen. Die Beschreibung in der Motivliste besagt, daß die Ibriks den Mohammedaner an seine rituellen Waschungen vor den Gebeten erinnern sollen.

1 Bäumchen
2 Blütenform
3 Ibrik
4 Wolken-
  kragen-
  Motiv

Rings um das Bäumchen, die Blütenformen und die Ibriks erkennen wir kleine, in vier Felder gegliederte kompakte Bällchen, einmal blau/weiß, einmal rot/gelb, dann braun/weiß, rot/blau, blau/orange und blau/braun. Die Türken nennen diese Bälle Top rake, das bedeutet Erdball. Damit existiert eine weitere Verbindung zum Symbol des Bäumchens und dem Motiv der Weltenrichtungen, dem Yün Chien. Auch die vier Felder auf den Bällen lassen an die vier Himmels- oder Weltenrichtungen denken.

98

1 hakenbesetzte Rhomben
2 sternförmige Zeichen
3 Lâdik-Tulpen
4 schmale Bordüre mit S-Motiven

Noch auf ein kleines, nicht auf den ersten Blick auszumachendes Motiv soll hier aufmerksam gemacht werden: In der Mitte zwischen Bäumchen und Yün Chien befindet sich ein auf den Kopf gestelltes Amulett, auch Muska genannt. Wie wir bereits aus der Motivliste wissen, haben die Nomaden häufig Amulette in ihre Teppiche eingeknüpft, die sie vor bösen Einflüssen schützen sollten. Das Amulett in dem uns vorliegenden Teppich wäre somit auch ein Hinweis darauf, daß es sich um einen Nomadenteppich handelt.

Wenden wir uns nun dem oberen Teil des Innenfeldes zu. In den Eckzwickeln über den Mihrabspitzen erkennen wir auf dunkelbraunem Grund zwei große gezackte Blattformen in Blau und ein wenig Rot und dazwischen je ein Motiv, das an einen Vogel oder einen Schmetterling erinnert, wobei die rote Musterung den Körper und die blaue die Flügel darstellen könnte. In den Zacken des Mihrab finden sich weitere Top rake, Erdbälle.

99

1 achteckiges, kassettiertes Sternmotiv
2 Mäanderband
3 T-Formen

Im unteren Teil des Innenfeldes sehen wir auf schwarzem Grund drei hakenbesetzte Rhomben in Orangerot, die jeweils ein Yün Chien umschließen. Unter jeder Rhombe liegt ein großes sternförmiges Zeichen, das eine Blüte symbolisieren sowie im Kontext zum Yün Chien stehen könnte, aber auch eine Abwehrsymbolik beinhalten mag. Nach unten hin, zu den roten Lâdik-Tulpen auf blauem Grund, sind diese Motive kassettenartig abgegrenzt.

Als nächstes widmen wir uns den Bordüren. Gehen wir dabei von innen nach außen vor: Da ist zunächst die schmale, schneeweiße, das Innenfeld umrahmende Bordüre, die kleine von Rot durchbrochene Z- beziehungsweise S-Motive aufweist. Das S-Motiv (das Z gilt als spiegelbildliches S-Motiv), ein sehr altes Motiv, wird vielfach als Sonnenlinie gedeutet und symbolisiert, wenn es als fortlaufendes Motiv in einer Bordüre verwendet wird, das Göttliche.

Dieser weißen folgt eine etwas breitere Bordüre mit sternförmigen Motiven in verschiedenen Farben auf schwarzem Grund, welche durch ein Mäanderband miteinander verbunden sind. In den Zwischenräumen befinden sich T-Ornamente mit doppeltem Fuß. Solche T-Zeichen gehören zu den ältesten ornamentalen Mustern und sind eine Variante der Mäanderform. Meist sind sie als fortlaufendes Element auf den Bordüren zu finden. Hier stehen sie für sich und könnten demzufolge etwa auch als stilisierte Figuren interpretiert werden.

Dieser Bordüre schließt sich – unterbrochen von einer schmalen dunkelblauen Zierborte – die breite Hauptbordüre an. In Längsrichtung liegen hier auf rotem Grund die gleichen windmühlenartigen Blütenformen wie im Mihrab, die wir als Yün Chien identifiziert haben. Diese Vierweltenrichtungsmotive wechseln sich ab mit achteckigen kassettierten Sternmotiven und, mehr zum oberen Bereich des Teppichs hin, mit vier einander gegenübergestellten Top rake. Auf den Querseiten der Hauptbordüre finden sich, in einer Reihe angeordnet, bunte Blütenformen.

Zwischen einer schmalen weißen und einer schmalen roten Zierborte liegt schließlich die Abschlußbordüre. Wiederum auf schwarzem Grund sehen wir ein rotes Mäanderband, zu dessen rechter und linker Seite jeweils kleine eichelförmige Früchte beziehungsweise kleinere S-Motive zu erkennen sind.

Wie wir gesehen haben, gibt es eine Fülle von Details auf diesem Teppich zu entdecken. Nachdem hier nun die wichtigsten Motive und ihre Bedeutung für diesen Teppich kommentiert wurden, noch ein Wort zu den Farben: Ganz deutlich tritt das den Teppich beherrschende Rot hervor. Doch neben diesem fröhlichen Rot finden wir eine Vielzahl weiterer Farben, die in etwa wie folgt aufgelistet werden können: reines Weiß, Dottergelb, Orangerot (Apricot), helles Scharlachrot, warmes Rostrot, blaustichiges Cochenillerot, Braun, Violettbraun, kraftvolles Indigo, tiefes Schwarz-Blau, Schwarz. Das Schwarz ist übrigens ziemlich ausgebleicht. Wie im Abschnitt über das Färben näher beschrieben, macht die Schwarzfärbung den Flor oftmals spröde, so daß dieser an den entsprechenden Stellen ausdünnt.

Zum Schluß sei noch auf eine Eigentümlichkeit dieses Teppichs hingewiesen, soweit diese nicht schon längst bei der laufenden Betrachtung bemerkt wurde. Schauen wir uns den ganzen Teppich noch einmal genau an und vergleichen wir die linke mit der rechten Hälfte. Es fällt auf, daß der Teppich von der linken Seite bis zur rechten inneren Innenfeldumrandung eine ästhetisch klar gegliederte Formensprache spricht. Der rechte Teil dagegen wirkt unruhiger, die Motive sind enger gestellt, sitzen dichter aufeinander. Dieser offensichtliche Unterschied läßt darauf schließen, daß zwei Knüpferinnen an dem Stück gearbeitet haben: eine schnellere und erfahrenere und eine langsamere, noch nicht so formensichere, also vielleicht Mutter und Tochter. Was hier leider nicht sichtbar gemacht werden kann, ist die eingehendere Untersuchung der Rückseite des Teppichs. Ein Blick auf die Rückseite sagt stets etwas über die Handschrift der Knüpfer aus. In diesem Fall wirkt die linke Seite in der Knüpfung fließender, die rechte fester. Die linke Seite fühlt sich griffiger an, die rechte Seite dagegen ein wenig steifer. Dies würde die Vermutung bestätigen, daß Mutter und Tochter den Teppich geknüpft haben.

Eine abschließende Legende zu dem hier vorliegenden Teppich ließe sich wie folgt zusammenfassen:

Dieser Teppich, ein Karakeçili, stammt aus der Region Bergama in Anatolien. Karakeçili bedeutet »schwarze Ziege« und ist der Name für halbnomadisch lebende Stämme, bei denen normalerweise Frauen die Teppiche knüpfen. Der Teppich zeigt die Muster eines typischen dreifach gekrönten Lâdiks und stammt etwa aus der Zeit um 1880. Er ist 175 × 141 cm groß, ohne Kelimabschlüsse gemessen. Schuß, Flor und Kette sind aus Schafwolle, die Kette speziell ist aus ganz weißer Schafwolle. Der Teppich wurde im symmetrischen türkischen Knoten geknüpft, die Schüsse sind zweischüssig dunkelblau oder dunkelbraun, wellig eingelegt. Die Kelimabschlüsse sind blau und rot, das heißt, der untere Kelimabschluß ist verkürzt und fast ganz rot. Die Seitenabschlüsse, die Schirasi, sind dunkelblau und fünffach aufwendig gewickelt.

Teppichfarben und ihre Bedeutung

Die Faszination des orientalischen Teppichs beruht weitgehend auf dem reichhaltigen Farbenspiel. Vielleicht sind es die Farben, die wir als erstes wahrnehmen und nicht die Muster, denn Farben sprechen direkt unser Gefühl an. Nichts fasziniert uns so sehr wie die Farbensprache, diese unglaubliche Vielfalt an Farbtönen und Farbnuancen, die der Teppich des Orients zeigt.

Den Farben kommt im Leben des Orientalen große Bedeutung zu. Dort, wo die Natur nicht gerade verschwenderisch mit Farben umgeht, werden sie natürlich besonders hoch geschätzt. Wie schon an anderer Stelle dieses Buches erwähnt, spielen die karge Landschaft, die oftmals extremen Klimaverhältnisse eine Rolle und haben sicherlich das Farbempfinden der Orientalen geprägt. Die kurze Zeit des Frühlings mit all ihrer Blumen- und Blütenpracht erwies sich nicht nur als Anregung für die vielfältigsten Musterformen und hat sogar verschiedene Teppichtypen hervorgebracht, sie erwies sich in ihrer ganzen Farbigkeit auch als Anreiz, die Fülle der Farben in die Gestaltung der Teppiche einzubringen.

Doch auch die Farbstimmungen bestimmter Landschaften, wechselnde Lichtverhältnisse zu verschiedenen Ta-

Konya-Teppich, bei dem warme Rottöne überwiegen. Um 1880, 165×175 cm

ges- oder Jahreszeiten finden sich in der Farbgebung auf Teppichen wieder. Von manchen Farbstellungen kann fast auf die Provenienz geschlossen werden. Wer beispielsweise einmal die Osttürkei bereist und die Berge dort im Abendlicht gesehen hat, den Himmel in einer beinahe violetten Färbung, der versteht, daß sich dieser Ton auf den Teppichen dieser Region wiederfindet. So wie uns die ganze Farbpalette dieser Region, die sich mehr in gedämpften Tönen, in Mischfarben bewegt, auf den Teppichen wiederbegegnet. Die Farben von Teppichen aus dem Westen dagegen – orange, grün, blau – sind frischer, klarer. Beobachtet man die Farbstimmungen der Natur in dieser Gegend, die Berge, das Meer, so finden sie ihre Entsprechung in den Farben der Teppiche dieser Region.

Noch ein anderer Faktor spielte natürlich eine Rolle bei der Farbstellung eines Teppichs: das Vorkommen und die Herstellung der Farbstoffe. So erscheint Rot häufig, da der rote Farbstoff leicht zu gewinnen war, Blau hingegen bedeutete ein teures und schwieriges Herstellungsverfahren. Bei der Beurteilung und der Bewertung eines Teppichs stellen Farben ein wesentliches Qualitätskriterium dar. Daher ist es hilfreich, etwas mehr über Farben und Färbemethoden zu erfahren.

Warum Naturfarben?

Bis zur Erfindung des Anilin – 1856 – wurden alle Teppiche, gleich welcher Herkunft, ausschließlich mit Naturfarben gefärbt. Erst die Anilinfarben und kurz darauf die synthetischen Farben führten zu tiefgreifenden Veränderungen in den Färbepraktiken des Orients und lösten zum Teil heftige Kontroversen aus. Noch heute, obwohl gegenüber den Anfängen wesentlich verbessert, werden die synthetischen Farben immer wieder in Frage gestellt, und Naturfarben gelten nach wie vor als Qualitätskriterium.

Die Attraktivität der Anilinfarben lag in der schnelleren und billigeren Handhabung im Vergleich zu den weitaus komplizierteren Vorgängen des Färbens mit Naturfarben. Da in Europa die Nachfrage nach Teppichen kontinuierlich anstieg, war man dazu übergegangen, von hier aus die Produktionsformen im Orient unter rein ökonomischen Gesichtspunkten zu beeinflussen. Hatten bis dahin die Orientalen noch überwiegend für den Eigenbedarf geknüpft, stellten sie sich nun mehr und mehr auf den Export ein, was sich leider nicht immer vorteilhaft auswirkte. Im Zuge dieser Entwicklung kam es nicht nur zur Entwurzelung von Mustern – man nahm Rücksicht auf den Geschmack der Auftraggeber, weniger beliebte Muster wurden verdrängt, Knüpfer, die bis dahin ihre eigenen überlieferten Muster aus dem Kopf geknüpft hatten, mußten nun nach Vorlagen arbeiten, auf diese Weise kamen Muster aus ihrem Ursprungsgebiet in andere Länder oder

Gebiete –, es gingen auch über Jahrhunderte tradierte Kenntnisse über die Kunst des Färbens verloren.

Die Nachteile der bald in den Orient eingeführten Anilinfarben stellten sich schnell heraus: Sie waren nicht lichtecht, griffen vielfach die Wolle an und machten sie spröde. Der gute Ruf des Orientteppichs war gefährdet, geriet immer öfter in Mißkredit. Persien reagierte sofort darauf, indem es die Verwendung dieser Farben unter Androhung drastischer Strafen verbot. Zwischen 1903 und 1914 wurden deshalb in Persien Teppiche weiter ausschließlich mit Naturfarben gefärbt, während in anderen Provenienzen der Gebrauch von Anilin- oder synthetischen Farben durchaus üblich war. Erst nach 1914 wurde das Verbot in Persien gelockert.

Etwa ab Mitte des letzten Jahrhunderts wurden die Anilinfarben von den synthetischen Farben abgelöst, die eine wesentliche Verbesserung darstellten. Heute sind die synthetischen Farbstoffe derart verfeinert, daß sich nahezu alle Farbtöne der Naturfarben nachahmen lassen und qualitativ kaum von ihnen zu unterscheiden sind. Dies wird dann auch immer wieder als Argument für die Verwendung synthetischer Farben angeführt. Und dennoch bestehen Unterschiede. Und dennoch ist den Naturfarben der Vorzug zu geben. Warum, das soll hier kurz erläutert werden.

Im Gegensatz zu den synthetischen Farbstoffen haben die Naturfarben einen Farbausgleich in sich. Das heißt, wenn wir zum Beispiel ein aus der Krappwurzel gewonnenes Rot oder ein aus dem Färberwaid gewonnenes Blau nehmen, so enthält jede Farbe in sich bereits verschiedene Farbnuancen. Ein synthetisches Rot oder ein synthetisches Blau dagegen ist monoton, ohne jedes Farbenspiel in sich. Der Farbton ist vollkommen gleichmäßig und wirkt dadurch flach und leblos.

Mit Naturfarben gefärbte Wollstränge können beliebig miteinander kombiniert werden, die Farben wirken nie grell oder disharmonisch. Währenddessen gibt es innerhalb der synthetischen Farben eine Reihe von Farbstoffen, die ausbrechen und disharmonisch wirken. Ein naturfarbenes Rot gegen ein naturfarbenes Blau gehalten, wirkt durchaus nicht schrill. Bei einem synthetischen Rot, das gegen ein synthetisches Blau gehalten wird, ist das aber möglich. Natürlich lassen sich synthetische Farben mischen und es lassen sich damit beinahe alle Farbtöne der Naturfarben nachahmen. Doch erreichen sie niemals die Farbwirkung, wie Naturfarben sie erzielen, weil ihnen der Farbausgleich fehlt. Eine solche Harmonie des Farbzusammenspiels ist mit synthetischen Farben sehr viel schwieriger zu bewerkstelligen.

Aus diesem Grunde werden zahlreiche synthetisch gefärbte Teppiche nach der Fertigstellung einer Chlorwäsche unterzogen. Damit erreicht man aber nur eine Dämpfung der Farben, die natürliche Harmonie läßt sich damit nicht erzielen. Auch reagieren die Beizenfarbstoffe – die meisten Naturfarben sind Beizenfarbstoffe – auf die verschiedenen Wolleigenschaften wie Wollstärke, Faserstruktur, Fettgehalt weitaus empfindlicher, als dies bei synthetischen Direktfarben der Fall ist. Das hängt zum Beispiel von der Beizendichte ab.

Abgesehen davon ist das Färben mit synthetischen Farben bei weitem kein handwerklich so kreativer Prozeß, daß er dem Färber mehr individuelle Möglichkeiten ließe. Im Umgang mit synthetischen Farben geht es um die Einhaltung der Mengen und festgelegter Regeln.

Über das Färben

Der Gebrauch von Farben war den Menschen schon früh geläufig. In der Eiszeit beispielsweise kannte man Ocker, womit Tote bemalt wurden. Mit der Zeit konnten immer mehr Farbstoffe gewonnen werden, so daß bereits die Höhlenmenschen über eine Palette von Gelb, Rot, Orange und Braun verfügten.

Das Handwerk des Einfärbens der für die Teppichherstellung benötigten Materialien, insbesondere der Wolle, wurde von einer Generation an die nächste weitergegeben, wobei manche Methoden zu den streng gehüteten

Geheimnissen gehörten. Vor allem das Blaufärben fiel unter dieses geheimgehaltene Verfahren. Es war eine schwierige, langwierige Prozedur, die nur wenige, nämlich die sogenannten Blaufärber, beherrschten.

Normalerweise färbten Nomaden die Wolle selbst, die sie für ihre Teppichfertigung brauchten. Da ihre eigenen Möglichkeiten in dieser Hinsicht jedoch vielfach begrenzt waren – die Turkmenen von Ashkabad zum Beispiel färbten nur Gelb und Rot selbst –, brachten sie einen Teil der Wolle in die Stadt, um sie von dort ansässigen Färbern in anderen Farben einfärben zu lassen. Manchmal reichte die von ihnen gefärbte Wollmenge auch nicht ganz für einen Teppich aus – und da sie ständig umherzogen, konnten sie nicht auf Vorrat färben –, so daß Wollpartien oftmals nachgefärbt werden mußten. Dabei gelang es nicht immer, denselben Ton der entsprechenden Farbe noch einmal genau zu treffen. Das ist der Grund, warum besonders auf Stammesteppichen wiederholt stärker oder schwächer ausfallende Abweichungen ein und derselben Farbe auftreten. Bei Stammes- oder Dorfteppichen wird – im Gegensatz zu Manufakturteppichen – eine solche Unregelmäßigkeit nicht als ein Fehler empfunden. Bei Teppichen aus Heimarbeit, aber auch bei Dorfteppichen kommen diese Farbabweichungen eher seltener vor, da hier die Möglichkeit bestand, die benötigten Wollmengen insgesamt einzufärben.

Diesen Farbtonwechsel nennt man »Abrasch«. Mit diesem Begriff bezeichnet man aber auch das Farbspiel beziehungsweise die feinen Variationen innerhalb einer Farbe, die sich bevorzugt auf einfarbigem, mit Naturfarben eingefärbtem Teppichgrund finden.

Farbstoffe und Technik des Einfärbens

Natürliche Farbstoffe, wie sie auch heute noch verwendet werden, stammen aus organischen Materialien, aus Pflanzen – den sogenannten Färberpflanzen –, von Tieren und Mineralien. Die Pflanzenfarben werden aus den Blüten,

Färber beim Einfärben von Wolle

Blättern, Stengeln, Wurzeln, Hölzern, Schalen oder Rinden der Pflanzen gewonnen. Durch Trocknen haltbar gemachte Färberpflanzen oder farbstoffhaltige Pflanzenteile (zum Beispiel Wurzeln) nennt man Färbedrogen. Einige Farben werden von Tieren gewonnen, beispielsweise von Schildläusen und Schneckentieren. Als Rohprodukt kommen Farbstoffe auch im Mineralbereich vor – in Graphit, Kreide, Karneol, Ocker, Türkis, um nur einige zu nennen – und werden durch Mahlen gewonnen. Der überwiegende Teil der Farben wird aus Pflanzen gewonnen, und zwar durch Kochen oder Wässern frischer Pflanzen oder Drogen. Auf diese Weise entsteht das Färbebad.

Für die durch das Wollfett gehemmte Farbaufnahme und für die Haltbarkeit der Farben sind Beizmittel nötig. Dazu zählen Alaun, Chromsäure, Chromoxyd, Eisenoxyd, Zinnoxyd, Kieselsäure, Tonerde, Phosphate.

Ein Färbevorgang läuft etwa so ab: Vor dem Einfärben wird der Wolle das Fett entzogen, erst in einem Heißwas-

serbad, dann in einer Beizflüssigkeit, die die Fasern auflokkert und für die Farbaufnahme vorbereitet. Dann erfolgt der eigentliche Färbevorgang im Färbebad. Die Wolle wird erneut gekocht, bis sie den gewünschten Farbgrad erreicht hat. Anschließend wird sie in fließendem Wasser gespült und danach getrocknet.

Die Intensität der Farbe hängt von verschiedenen Faktoren ab. Einmal vom Fettgehalt der Wolle, der wiederum davon abhängt, wo das Schaf aufgewachsen ist – in den Bergen, unter extrem wechselnden Witterungsbedingungen zum Beispiel. Auch die chemische Beschaffenheit des Wassers, die Härte des Wassers, in dem die Färbemittel angesetzt werden, spielen dabei eine Rolle. Ebenso die Stärke des Garns. Handgesponnenes Garn hat eine ungleichmäßige Dicke und eine unregelmäßige Drehung. Beize und Farbstoffe dringen nicht gleichmäßig in die Wolle ein, was im allgemeinen zu dem als harmonisch empfundenen Farbenspiel innerhalb eines Farbtons führt.

Die eingefärbte Wolle liegt zum Trocknen aus

Nicht zuletzt spielt die Sonne eine Rolle, in die die Wollstränge nach dem Färben gelegt werden, und natürlich Kenntnisse und Geschicklichkeit des Färbers. Denn durch schlechtes Einfärben trocknet die Wolle aus und wird spröde. Noch schwieriger ist das Einfärben von Seide. Dieser Prozeß erfordert enorme Sorgfalt.

Gewinnung der einzelnen Naturfarbstoffe

Aus der Fülle der pflanzlichen, tierischen und mineralischen Grundstoffe seien hier einige angeführt, die zur Herstellung der Standardfarben dienten.

ROT/PFLANZLICH

Aus der Wurzel der Krapppflanze (*rubia tinctorium*) wurde meist die gebräuchlichste Farbe, das Rot, gewonnen. Die Wurzel wurde gewaschen, getrocknet und dann gemahlen. Krapp enthält etwa sechs Farbstoffe, unter anderem Purpurin, Pseudopurpurin und Alizarin. Zusätze zum Farbstoff (wie etwa Zitronensaft) und die Art der Beize, in der die Wolle vorbehandelt wurde, ergaben den jeweiligen Farbton.
— Aus den Blättern oder Blüten der Hennapflanze (*lawsonia alba*).

ROT/TIERISCH

— Aus der aus Mexiko stammenden Cochenille-Schildlaus. Die Weibchen der Schildlaus werden getrocknet und dann gemahlen.
— Aus der Kermesschildlaus (Färberschildlaus). Der gewonnene Farbstoff ergibt einen ganz anderen Rotton (Kermesrot, Karmesinrot) als der der Cochenille.
— Aus dem Saft der Purpurschnecke, der ein Blaurot ergibt.

GELB/PFLANZLICH

— Aus den noch unreifen Früchten des Kreuzdorns (*rhamnus petiolaris*) wird dieser Farbstoff gewonnen. Jedoch auch:

- Aus den Stengeln, Blüten und Blättern der Reseda-pflanze, auch Färberwau (*reseda luteola*) genannt.
- Aus den Schalen des Granatapfels.
- Aus der Safranpflanze (*crocus sativus*). Sie wurde früher in Persien zur Gewinnung von Farbstoffen kultiviert. Heute kommt sie sehr selten vor.

BLAU/PFLANZLICH

Aus der Indigopflanze (*indigofera tinctoria*) wurde der älteste und früher wichtigste Farbstoff gewonnen. Die Blätter liefern das Indigoblau. Der Indigostrauch wurde wegen des subtropischen Klimas, das diese Pflanze zum Gedeihen braucht, hauptsächlich in Indien angebaut.

- Aus dem Färberwaid (*isatis tinctoria*). Der Färberwaid ist vor allem in Osteuropa heimisch. Wie beim Indigo verwendet man hier ebenfalls die Blätter zur Gewinnung des blauen Farbstoffes.

Für beide Pflanzen gilt: Durch einen Fermentations- und Oxydationsprozeß entsteht der Küpenfarbstoff Indigo. Küpenfarbstoffe sind nicht wasserlöslich. In einer Lösung, der Küpe, werden die Farbstoffe durch einen chemischen Prozeß wasserlöslich gemacht und eignen sich zum Färben. Küpenfarbstoffe zählen wie die Beizenfarbstoffe zu den Naturfarbstoffen. Beizenfarbstoffe sind wasserlöslich. Die Beize wird benötigt, damit die Farbe auf der Wollfaser haften bleibt. Darüber hinaus gibt es auch noch Direktfarbstoffe, das heißt, diese färben direkt.

Für den besonderen dunklen Blauton bedurfte es eines komplizierten Gärungsverfahrens. Somit war das Blaufärben eine teure Angelegenheit. Wenn man das berücksichtigt, wird einem bewußt, wie verschwenderisch das beliebte Mitternachtsblau in Persien verwendet wurde.

Gelb, Rot und Blau zählen zu den Primärfarben, zu den Grundfarbstoffen. Die Sekundärfarben wie Orange, Grün und Violett entstehen durch Mischung. Orange durch Mischen von Rotfarbstoffen mit Gelbfarbstoffen, Grün durch Mischen von Blaufarbstoffen mit Gelbfarbstoffen, Violett durch Mischen von Blaufarbstoffen mit Rotfarbstoffen. Violett wurde allerdings selten verwendet.

Braun, als Tertiärfarbe, wurde vielfach durch Direktfärbung erzielt, und zwar mit aus Nußschalen oder Eichenrinde gewonnener Farbe. Häufig wurde aber auch naturbraune Wolle verarbeitet.

Schwarz wurde nur selten verwendet, da eine falsche Anwendung beim Färben die Wollfaser derart spröde machte, daß der Flor später ausfiel. Der schwarze Farbstoff wurde aus Galläpfeln oder einer Mischung von Eisenfeilspänen mit Granatapfelschalen gewonnen. Allgemein bevorzugte man jedoch die Wolle von schwarzen Schafen oder Kamelen.

Es gibt eine Fülle von Rezepten, anhand derer ganz bestimmte Farbtöne erzielt werden konnten. Die einzelnen Färber haben sie im Laufe der Jahrhunderte durch ständiges Ausprobieren herausgefunden. Die Welt der Farben ist eine Wissenschaft für sich, sich mit diesem Gebiet zu beschäftigen, hochinteressant. Doch muß sich dieses Buch darauf beschränken, nur einen kurzen Überblick zu geben.

Farben als Charakteristika und Datierungshilfen

Je mehr Kenntnisse über Farben man sich aneignet, desto größere Chancen bestehen, aufgrund von Farbstellungen Provenienz und Alter eines Teppichs einzuschätzen. Wie schon zu Beginn dieses Kapitels erwähnt, finden sich die charakteristischen Farben bestimmter Regionen und Landschaften auf ihren Teppichen wieder. Bestimmte Gebiete und bestimmte Volksstämme verwendeten ganz typische Farben und Farbkombinationen. So dominiert bei den Turkmenen das Rot im Teppich. In den anatolischen und kaukasischen Teppichen sind klare ungebrochene Farben auf größeren Flächen vorherrschend. In persischen Teppichen dagegen wurde meist auf Farbkontraste verzichtet. Die Perser bevorzugten sanftere Farbtöne, am liebsten in feinst abgestuften Farbnuancen. Chinesischen Teppichen sind Pastelltöne eigen, von pfirsichfarben, cremefarben bis zu zarten Grüntönen.

Bei älteren und alten Teppichen ist die Herkunftsbestimmung anhand von Farbstellungen noch ziemlich gut gesichert. Mit Einführung der synthetischen Farbstoffe verloren die althergebrachten Farbtraditionen an Bedeutung, so daß die Einschätzung eines Teppichs noch anderer Kriterien bedurfte.

Mit zunehmender Erfahrung, wenn man sich ein umfangreiches Teppichwissen erworben und auch viele Teppiche gesehen hat, ist man sogar in der Lage, noch genauere Gebietsbestimmungen zu treffen. Dann weiß man, daß für Isfahan ein klares Rot, für Khorassan ein bläuliches Rot, für die Afsharen rostrote Töne, für Uşak die Kombination von Rot und Gelb typisch waren.

Was die Datierung angeht, so sind beispielsweise Kenntnisse darüber nützlich, daß die synthetischen Farben in der zweiten Hälfte des 19. Jahrhunderts im Orient eingeführt wurden, daß Persien die Verwendung der synthetischen Farben zwischen 1903 und 1914 strikt verboten hat, daß die Cochenille-Schildlaus 1840 eingeführt wurde und ab diesem Zeitpunkt der daraus gewonnene Rotfarbstoff nachzuweisen ist. Zumindest helfen solche Informationen, gewisse Möglichkeiten auszuschließen.

Farbbeschreibungen

In Büchern und Broschüren finden wir auch immer wieder Angaben zu den Farben dort aufgeführter Teppiche. Es ist jedoch kein leichtes Unterfangen, eine gute Farbbeschreibung von einem Teppich abzugeben, da schon ein Teppich allein viele verschiedene Farben und Farbtöne aufweisen kann. Es ist schwierig, für jeden Farbton, jede Nuance und jeden Mischton die passende Bezeichnung zu finden, da es keine festgelegten Begriffe dafür gibt. Farben haben etwas mit unserem Empfinden zu tun, und Namensgebungen für bestimmte Farb- oder Mischtöne kommen oft aus unserem eigenen Empfindungsbereich. Wir wissen, was ein Rot oder ein Blau ist. Doch verbindet jeder eine individuell verschiedene Vorstellung mit einem Rot oder Blau. Der eine denkt vielleicht an ein leuchtendes Rot, der andere an ein warmes, gedämpftes Rot. Und die vielen verschiedenen Farbtöne einer einzigen Farbe allein, beispielsweise Rot, bieten die Möglichkeit vieler verschiedener beschreibender Namen: himbeerrot, tomatenrot, feuerrot, rosenrot, rostrot und so weiter.

Die Farbbeschreibungen von Teppichen beschränken sich im allgemeinen nur auf die Angabe der Grundtöne und allenfalls noch des Dunkel- oder Helligkeitsgrades, zum Beispiel hellrot oder dunkelblau. Oftmals wird auch die Farbstimmung angegeben, wie fröhlich, festlich oder vornehm. Aber auch diese Farbempfindungen sind wieder eine sehr subjektive Sache.

Die Farbsymbolik

Farben wurden nicht nur aus ästhetischen Gründen eingesetzt, ihnen kam auch eine symbolische Bedeutung zu. Diese ist von Kulturkreis zu Kulturkreis unterschiedlich und beruht auf bestimmten Gegebenheiten und Zusammenhängen, denen einzelne Farben zugeordnet wurden. Überdies änderte sich manche Bedeutung innerhalb der verschiedenen Epochen.

Im europäischen Bereich steht Schwarz für Trauer und Weiß für Unschuld. Aus der mittelalterlichen Malerei kennen wir den Goldgrund auf Gemälden – vor allem religiösen Inhalts. Das Gold symbolisierte die transzendente göttliche Allmacht. In Gemälden des 17. Jahrhunderts zum Beispiel fand sich häufig das Braun auf Hintergründen; es sollte das Chaos der irdischen Welt, welches es zu überwinden galt, symbolisieren. In China hingegen haben Schwarz und Weiß andere Bedeutungen als bei uns. Weiß ist dort die Farbe der Jenseitigen, der Trauer, Schwarz ist Farbe der Weisheit.

Auch die Farben eines Teppichs wurden nie willkürlich gewählt. Wie mit den Mustern, so verband sich auch mit den Farben eine symbolische Sinngebung. Mit der Farbgebung drückte der Knüpfer Hoffnungen, Ängste, Stimmungen aus, wollte er etwas sagen. Wenn auch heute vielfach rein ästhetische Erwägungen bei der Farbgebung eines Teppichs im Vordergrund stehen, so sind die Farbstellungen doch nach wie vor mit der symbolischen Bedeutung verknüpft. Dies trifft vor allem auf die Nomadenarbeiten oder Arbeiten aus den Knüpfdörfern zu.

Symbolische Zuordnung der einzelnen Farben

	Europa	**Orient**	**China**
Rot	Liebe	Freude Feuer Begeisterung männliches Prinzip	Höflichkeit Glück Sommer Süden Prinz 2. Grades
Blau	Treue	Macht, Stärke Ewigkeit Schutzfarbe gegen das Böse	Mond Nacht Frau Prinz 1. Grades
Grün	Hoffnung	heilige Farbe, Farbe des Propheten, bei Nomaden der Fars auch Wasser Frühling	Frühling Osten Herzensgüte
Gelb	Eifersucht	Lebenskraft Reichtum	Farbe des Kaisers Sonne Erdmitte

Weiß	Unschuld	Reinheit	Trauer
		Freude	Herbst
		Frieden	Westen
Schwarz	Trauer	Trauer	Weisheit
			Wasser
			Winter
			Norden
Orange		Frömmigkeit	
		Unterwerfung	
Violett			Heilkraft

Jeder von uns reagiert unterschiedlich auf Farben, manchmal unbewußt. Manch einer empfindet Grün als wohltuend und entspannend, Rot als belebend und aktivierend, Blau als beruhigend. Farben werden heutzutage ja auch verstärkt zu therapeutischen Zwecken eingesetzt, um bestimmte Heilprozesse zu unterstützen, da (aufgrund verschiedenster Forschungsergebnisse) bekannt ist, daß Farben unseren seelischen Bereich und das Unterbewußtsein positiv beeinflussen können.

Darum ist es wichtig, sich mit Dingen zu umgeben, die dem persönlichen Farbempfinden gerecht werden. Unter diesen Aspekten sollte auch ein Orientteppich ausgewählt werden. Hilfreich ist dabei, ihn nicht in der Umgebung des Teppichgeschäftes, sondern in den eigenen vier Wänden zu beurteilen. Denn das Erscheinungsbild ändert sich mit dem Hintergrund. Die Intensität einer Farbe wirkt sich auch auf die Proportionen eines Raumes aus. Helle Farben vergrößern den Raum, während kräftige dunkle ihn erheblich kleiner erscheinen lassen. Ebenso beeinflußt die Gesamtfarbwirkung unter Umständen unsere Stimmungslage. Ein hell gehaltener Raum kann anregend auf uns wirken, ein dunkel gehaltener Raum kann das Gefühl von Geborgenheit heben, aber auch düster und bedrückend wirken. Lustige bunte Farben können uns fröhlich ma-

Täbris-Manufakturteppich in Medaillonmusterung, Persien, 20. Jahrhundert, 105×160 cm

chen. All das ist eine sehr subjektive Sache, sollte aber nicht unterschätzt und unbedingt in die Kaufüberlegungen mit einbezogen werden.

Die meisten Teppichgeschäfte bieten den Kunden heute die Möglichkeit, einen Teppich einige Tage sozusagen »auf Probe« zu Hause auszulegen, um zu entscheiden, ob die Wahl richtig war. Davon sollte man Gebrauch machen.

Lichteinwirkung

Ein letztes Wort in diesem Abschnitt soll auf die Bedeutung von Lichtwirkung und Lichteinfall auf einen Teppich hinweisen. Teppiche brauchen Licht, damit Farben – speziell dunklere Farben – und Muster optimal zur Geltung kommen. Der Teppichflor zeigt eine bestimmte Richtung. Und je nachdem, wie der Teppich mit der Florrichtung zum Licht liegt, erscheinen Muster und Farben unterschiedlich. Der gegen das Licht geneigte Flor zum Beispiel läßt einen Teppich farbintensiver, vielleicht auch dunkler erscheinen als der mit dem Licht geneigte. Was die Muster anbelangt, so kann das eine oder andere Motiv je nach Lichteinfall optisch stärker ins Gewicht fallen. Deshalb ist es ratsam, sich einen Teppich bei verschiedenem Licht anzuschauen und ihn vielleicht auch einmal probeweise in verschiedene Richtungen zum Licht zu legen: Wie wirkt er im Tageslicht, im Kunstlicht, wie im Seitenlicht oder im Gegenlicht?

Generell kommt ein Teppich bei Licht immer besser zur Wirkung. Erstaunlicherweise leuchten Farben bei schwachem Licht oft mehr als bei vollem Licht. Am besten probiert man selbst aus, in welchem Licht man seinen Teppich sehen möchte. Auf jeden Fall erschließt uns wechselndes Licht immer wieder etwas Neues, was wir bis dahin vielleicht noch nicht auf unserem Teppich entdeckt haben.

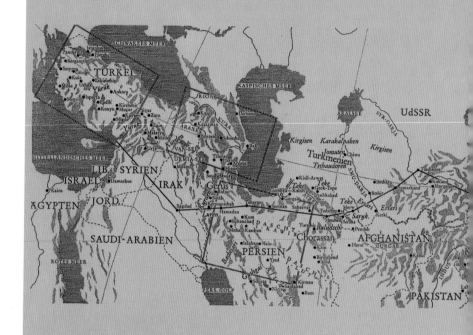

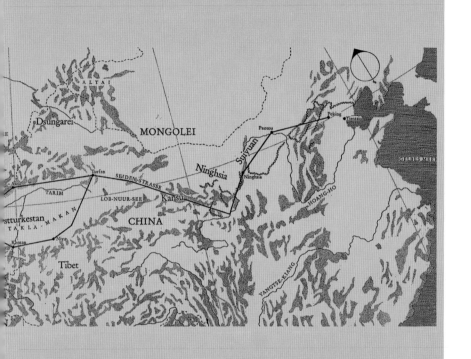

Der sogenannte Teppichgürtel

Herkunftsländer orientalischer Teppiche

Die Geschichte des Orientteppichs ist verbunden mit der Geschichte der Nomaden, denen die Erfindung der Teppichknüpfkunst zugeschrieben wird. Über ihr Leben, vom ständigen Umherziehen geprägt, gibt es kaum Belege, so daß fehlendes Wissen in Hinblick auf die Teppichgeschichte vielfach nur mit den wenigen vorhandenen Anhaltspunkten und anhand spärlicher Funde rekonstruiert werden kann.

Daß der Teppich sich von seinem Entstehungsgebiet – bei den Turkvölkern zwischen Altai und Kaukasus – bis nach Europa verbreiten konnte, dafür waren die Völkerwanderung, die Eroberungszüge der Araber und die damit verbundene Islamisierung über Persien bis nach Zentralasien, das Vordringen der seldschukischen Turkvölker bis nach Kleinasien und die Mongoleneinfälle ebenso entscheidend wie die Kreuzzüge.

Später spricht man vom sogenannten »Teppichgürtel«, der sich etwa über die Gebiete zwischen dem 30. und 45. Grad nördlicher Breite erstreckt. In diesen Zonen herrschten klimatische Bedingungen, die Teppiche als wärmenden Bodenschutz erforderlich machten. In südlicheren, zum Teil tropisch feuchten Gegenden verwendete man Matten, in nördlicheren Regionen mit riesigen Waldbeständen waren bevorzugt Felle in Gebrauch.

Der Orientteppich ist nicht ausschließlich das Produkt islamischer Kunst, sondern geht auf vorislamische Zeit zurück. In der Musterstellung sind viele charakteristische Teppichmotive verschiedensten Ursprungs. Stilistische Einflüsse gehen auf Skythen, Mongolen, Chinesen, auf altorientalischen, hellenistischen, griechischen Formenschatz zurück, um nur einige zu nennen. Formenelemente wurden aus diesen verschiedenen Quellen übernommen, verändert, ergänzt und in die islamische Kunstauffassung integriert.

TÜRKEI

Zur Geschichte des Teppichs in der Türkei

Alles spricht dafür, daß die Knüpfkunst mit dem Eindringen seldschukischer Turkvölker im 11. Jahrhundert von
Zentralasien nach Kleinasien gelangte. Die schon im
10. Jahrhundert von den Arabern zum Islam bekehrten
Seldschuken führten den Islam in Kleinasien als Religion
ein. Sie besaßen beachtliche Fertigkeiten auf dem Gebiet
der Kunst und des Kunstgewerbes, vor allem in der Teppichknüpfkunst.

1071 wurden die Byzantiner in Malazgirt (Manzigert) in
Ostanatolien von den vordringenden Seldschuken geschlagen, damit war der Weg ins Innere Kleinasiens frei.
Bis 1308 dauerte die Herrschaft der sogenannten Rum-
Seldschuken über Vorderasien. 1097 ernannten sie Konya
zur Hauptstadt und zum Sitz des rum-seldschukischen
Staates. Aus der Alâ-ed-dîn-Moschee in Konya stammen
auch die sogenannten »Seldschukenteppiche«, über die
schon im Kapitel »Frühe Zeugnisse der Knüpftechnik« berichtet wurde. Mit den Funden der Esrefoglu-Moschee
gehören diese Teppiche zu den ältesten türkischen Teppichen und erlauben eine ziemlich lückenlose Wiedergabe
türkischer Teppichgeschichte vom 13. Jahrhundert bis
heute.

Berichten zufolge waren »Konya-Teppiche« bereits in
viele Länder exportiert worden, so nach Ägypten und
Persien. Früh schon gelangten Teppiche auch nach Europa, wie Abbildungen auf Gemälden bezeugen.

Auf den Teppichen jener Zeit sind geometrische Mustereinheiten – Quadrate, Rhomben, Rauten, Hexagone – in
versetzter Reihung über das Innenfeld verteilt. Stilisierte
florale Motive, Sterne sowie geometrisierte Formen bilden
die Füllungen. Im Kontrast dazu stehen die Muster der

Hauptbordüren, wuchtig wirkende Hakenmotive, kufische Schriftzeichen oder Quadratformen. Die Farben betonen den Gegensatz von kleinteiliger und großteiliger Musterung: Ein helleres Blau steht neben einem dunklen Blau, ein helleres Rot neben einem dunklen. Auch bei den ergänzenden Farben findet sich der hellere neben dem dunkleren Ton.

Die Mongoleninvasion 1243 bedeutete das Ende der rum-seldschukischen Dynastie und den Zerfall des Reiches in einzelne Emirate. Noch bis 1307 duldeten die Mongolen die Rum-Seldschuken als Vasallen. Für den Konya-Teppich war damit zunächst erst einmal das Ende gekommen.

Auf die Mongolen folgten die Osmanen – nach einem Aufstand, den der Seldschuken-Vasall Osman, der Begründer der Dynastie der Osmanen, angezettelt hatte. Er machte Bursa (Brussa) zu seinem Hauptstützpunkt. Seine Nachfolger nahmen 1453 unter Mehmed II. (1451–1481) Konstantinopel ein. Sie vertrieben den oströmischen Kaiser und benannten Konstantinopel in Istanbul um. Mehmed II. wurde erster osmanischer Sultan, Istanbul zur Hauptstadt des osmanischen Reiches. Mehmed II. erhielt den Beinamen »der Eroberer«, denn er nahm nicht nur Konstantinopel, sondern 1459 Serbien, 1463 Bosnien und Albanien ein. Die Osmanen blieben weiterhin auf Eroberungskurs: 1517 besetzten sie unter Sultan Selim I. (1512–1520) Ägypten und Syrien, drangen bis nach Täbris in Persien vor und gelangten im Westen bis vor die Tore Wiens.

Inzwischen war die Teppichproduktion längst wieder aufgenommen worden. Bis zur Machtergreifung der Osmanen hatte es in Kleinasien eine spezielle Teppichgruppe, die sogenannten anatolischen »Tierteppiche« gegeben. Das Innenfeld dieser Teppiche weist verhältnismäßig große Quadrate beziehungsweise Oktogone auf, die im Grunde den Rahmen für die Füllung darstellen. Diese zeigt streng stilisierte Vögel oder andere Tierfiguren, überwiegend paarweise angeordnet. Da diese Art der Musterung große Ähnlichkeit mit kaukasischen und turkestanischen

Anatolischer Tier-Teppich, westliche Türkei, 16./17. Jahrhundert, 141×96 cm

Darstellungen aufweist, ist anzunehmen, daß sie von anderen Turkstämmen, die mit den Mongolen nach Kleinasien kamen, nach Anatolien mitgebracht wurde. Hierzu gehören auch die beliebten Darstellungen von Kämpfen zwischen Drache und Phönix. Das Motiv ist ostasiatischen Ursprungs und fand nicht ausschließlich in Anatolien Verwendung; in China stellte es das Wappen der Ming-Dynastie dar.

Unter den figurenfeindlich eingestellten Osmanen verschwinden diese Teppiche. Die geometrisch gemusterten Teppiche der frühosmanischen Zeit, bei denen sich drei Grundmustertypen unterscheiden lassen, bleiben über einen relativ langen Zeitraum unverändert. Der eine Mustertypus zeigt auf dem Innenfeld einen kleinteiligen Wechsel von Oktogonen und Rauten in versetzter Reihung, wobei die Rauten aus Arabeskenblattpaaren gebildet werden, die Konturen der Oktogone aus ineinander verschlungenen Bändern. Die Hauptbordüre besteht aus ineinander verflochtenen kufischen Schriftzeichen. Die dominierenden Farben sind Rot und Blau. Ein zweiter Typus entspricht im Grundaufbau dem ersten, die gesamte Anordnung der einzelnen Musterelemente wirkt jedoch wie ein Netzwerk von Arabeskenblättern, Ranken und Palmetten in streng geometrisierter Form, das das Innenfeld überzieht. In der Hauptbordüre finden sich neben den kufischen Schriftzeichen auch Wolkenbänder, Blütenranken oder an Kartuschen erinnernde Formen. Auffallend ist die Farbgebung des Teppichs: Das Muster steht in Gelb auf rotem Grund. Der dritte Typus erinnert in seiner Aufteilung an Tierteppiche. Er besteht aus der einfachen Reihung großer Quadrate, in die füllende Oktogone eingesetzt sind, die wiederum mit geometrischen Formen gefüllt wurden. In der Teppichgeschichte laufen diese Mustertypen unter der Bezeichnung »Holbein-« und »Lotto-Teppiche«, weil sie auf den Gemälden von Hans Holbein d. J. und des italienischen Malers Lorenzo Lotto erscheinen (siehe auch Seite 247 ff. »Teppiche auf europäischen Gemälden«).

Die Eroberungszüge der Osmanen blieben nicht ohne Auswirkung auf die Teppichherstellung. Die Einnahme Ägyptens hatte die Übernahme mamelukischer Hofmanufakturen zur Folge. Ägypten zählte lange Zeit zu den Importländern für Teppiche. Da klimatisch bedingt der Bedarf an Teppichen nicht sehr groß war, gab es zunächst auch keine eigenen Manufakturen. Wann schließlich die ersten Werkstätten eingerichtet wurden, ist nicht genau belegt. Im 15. Jahrhundert aber, während der Mamelu-

**Mameluken-
Teppich, Kairo,
Anfang 16.
Jahrhundert,
210×132 cm**

kenzeit, wurden Teppiche in Kairo hergestellt. Diese zuerst als »Damaskusteppiche« und später als »Mamelukenteppiche« bezeichneten Knüpfungen weisen eine sehr charakteristische Muster- und Farbgebung auf. Ein lebhaftes Rot, durchsetzt von hellem Blau, begleitet von kräftigem Grün und Gelb, bestimmen den Gesamteindruck und erzeugen eine ganz besondere Farbstimmung. Geometri-

**Stern-Uşak,
Türkei, um 1700,
251 × 145 cm**

sche Formen, von vegetabilen Motiven durchsetzt, gruppieren sich um ein beherrschendes zentrales Motiv. Farben und Formen in immer neuen Variationen durchdringen einander in der Weise, daß eine äußerst eigenwillige kaleidoskopartige Gesamtkomposition entsteht. In der Bordüre finden sich fein gezeichnete Pflanzenformen. Charakteristisch ist auch das Material, eine seidig glänzende Wolle.

Der eigentümliche mamelukische Stil in der Teppichproduktion wurde von den Osmanen zunächst aufrechter-
halten. Dann aber beeinflußte die von Persien ausgehende sogenannte Musterrevolutionierung – der Medaillonteppich und die Verwendung des Floralstils – die osmanische wie mamelukische Teppichgestaltung. Gegen Mitte
des 16. Jahrhunderts kam es in Anatolien vor allem in
Uşak, das sich inzwischen zu einem der bedeutendsten
Teppichzentren entwickelt hatte, unter dem Einfluß Persiens und Kairos zu einem beinahe abrupt zu nennenden
Stilwechsel: Medaillons traten an die Stelle der kleinteiligen Mustereinheiten. Berühmt wurden hier die »Medail-
lon-Uşaks« und die »Stern-Uşaks«. Diese Teppiche zeigen
ein unendliches aus Arabesken bestehendes Grundmuster, auf dem sich auf der Längsachse kreisförmige oder
sternförmige versetzt alternierende Medaillons befinden.
Die Farben sind immer Rot und Blau. Erwähnt werden
sollen auch die »Vogelteppiche« und »Kugelteppiche« dieser Periode. Das charakteristische Merkmal dieser beiden
Teppiche besteht darin, daß sie anstelle der rot eingefärbten Schußwolle helle, ungefärbte Schußwolle aufweisen.
Auf den Vogelteppichen finden sich – in rhythmischer
Anordnung über das ganze Innenfeld – vogelähnliche
geometrisierte Formen, die sich um eine Rosettenblüte
gruppieren. Die Kugelteppiche zeigen in unendlicher
Wiederholung ein an das chinesische Tschintamani erin-
nerndes Motiv: drei in einem Dreieck angeordnete Ku-
geln über zwei Wolkenbändern. Timur, der Mongolen-
herrscher, der dieses Zeichen zu seinem Brandzeichen
erwählt hatte, brachte es Anfang des 15. Jahrhunderts
nach Anatolien, wo es erstmalig als Muster auf einem
Brokat zur Fertigung eines Gewandes für Sultan Selim I.
verwendet wurde.

Inzwischen war Süleyman I., der Prächtige (1520 bis
1566), an der Macht, der geschickt das Ansehen der Osmanen zu nutzen wußte und dem Land zu Aufstieg und
Blüte verhalf. Er galt insbesondere als Förderer der Kunst,
des Kunstgewerbes und der Architektur und war maßgeb-
lich an der Entwicklung der Hofmanufakturen, zuerst in

Bursa, dann in Istanbul, beteiligt. Diese Manufakturen des 16. und 17. Jahrhunderts arbeiteten mehr oder weniger ausschließlich für den Bedarf bei Hofe und setzten sich vor allem mit den neuen von Persien kommenden Mustern auseinander.

In den Teppichen finden sich für türkische Arbeiten bis dahin fremde Motive: Palmetten, Rosetten, Spiralranken sowie Lanzettblätter in naturnaher Darstellung. Das Grundmuster der versetzten Reihung wird weitgehend beibehalten, doch auch das Medaillon als Motiv zur Mustergestaltung spielt eine wichtige Rolle. In Kairo wird diese Art gemusterter Teppiche, die in den von Osmanen gegründeten Manufakturen entstehen, unter dem Namen »Cairin-Teppiche« bekannt. Doch während in Persien die Möglichkeiten der neuen Musterelemente und Gestaltungsprinzipien ausgeschöpft und zum Höhepunkt geführt werden, bleiben die Teppiche Kleinasiens im großen und ganzen ihren herkömmlichen Mustern treu.

Nach Süleyman setzte langsam der Niedergang der Dynastie der Osmanen ein. Intrigen, maßlose Hofhaltung, die Kosten ständiger Kriegszüge, damit verbundene Steuererhöhungen, später starres Festhalten an Althergebrachtem und die Einstellung gegen notwendige Reformen und Neuerungen führten zu wachsender Unsicherheit und ernsten sozialen und wirtschaftlichen Auswirkungen innerhalb des Landes. Im 17. Jahrhundert zog noch einmal ein riesiges Heer auf Eroberung aus und stand 1683 vor den Toren Wiens. Doch die Schlacht um Wien wurde verloren, der Rückzug vom Balkangebiet eingeleitet. Die Mißstände innerhalb des Landes bestanden fort, nun aber noch verstärkt durch die fortschreitende Preisgabe einst eroberter Gebiete. Erneute Reformversuche unter Selim III. (1789–1807) und Mahmud II. (1808–1839) brachten zunächst noch keine großen Erfolge. In diese Periode fällt die Lale-devri, die Tulpenzeit unter Sultan Ahmed III. (1703–1730). Nur vordergründig hat diese Zeit etwas mit Tulpen zu tun, vielmehr wird sie als Vorläufer der Tanzimat-devri, der Reformzeit, angesehen.

Kunsthistorisch spielt die Lale-devri insofern eine Rolle,

als die Tulpe ein beliebtes und häufig verwendetes Motiv auf Teppichen, Textilien und Fayencen wurde. Ahmed III. schätzte die Tulpe überaus. Sie wurde bei Hofe kultiviert, und es war ein beliebter Zeitvertreib in höfischen Kreisen, Hunderte von Sorten dieser Blume zu züchten und Namen für sie zu finden. Durch den kaiserlichen Gesandten Österreichs, Ghislaine de Busbecq, war die Tulpe Ende

Das hier abgebildete Fragment gehört zu einem der bedeutendsten osmanischen Teppiche, um 1600, 120×103 cm

des 16. Jahrhunderts nach Europa gekommen, wo sie während des Barock als Blume des Barock eine wahre »Tulipomanie«, ein reguläres Tulpenfieber auslöste. Der europäische Barock, insbesondere der französische, beeinflußte auch die Türkei. Nicht nur, daß Mustergebungen – in Frankreich entstanden gerade die Teppiche der Savonnerie – in die eigene Teppichgestaltung übernommen wurden, die Hinwendung nach Europa bereitete letztendlich den Boden für die dringenden Reformen. Doch bis dahin verging noch eine geraume Zeit. Zu einschneidenden Reformen, die viele Bereiche wie Armee, Verwaltung, Schul- und Rechtswesen grundlegend modernisierten, kam es erst unter Sultan Abd-ul-Medjid (1839–1861). Diese Periode wurde mit Tanzimat-devri – Reformzeit – bezeichnet. Der Sultan hatte eine Schwäche für alles Französische. Nach Versailler Vorbild ließ er sich den Dolmabahçe-Palast bauen, trug einen französischen Gehrock statt Kaftan und leistete sich die Herausgabe einer französischen Zeitung, »Le Moniteur Ottoman«. Damit leitete er die Europäisierung ein.

Die Teppiche dieser Phase bezeichnete man als »Medjidi-Teppiche«. Die im Frankreich des Barock entstandenen und später weiterentwickelten Blumenmuster wurden während einer kurzen Periode, die man »türkischer Barock« nannte, in anatolische Teppiche aufgenommen. Für die Medjidi-Teppiche sind die französisch nachempfundenen Blumen oder Rosenbouquets mit drapierten Fahnen, Leuchtern oder Säulenmotiven in Pastellfarben wie Altrosé und Hellgrün, oft auf rotem Grund, typisch.

Das Ende des Osmanenreiches war nun nicht mehr aufzuhalten, zu groß waren die innenpolitischen Kontroversen. Die Teilnahme am Ersten Weltkrieg 1914 als Verbündeter Deutschlands – man sprach von der Türkei als dem »Kranken Mann am Bosporus« –, die Kapitulation, der »Friede von Sèvres«, bei dem das Osmanische Reich auf große Gebiete verzichten mußte (nur Istanbul und ein Teil Anatoliens sollten dem Reich verbleiben), führten zum Niedergang des Osmanischen Reiches. Es kam zu einer nationalen Erhebung unter General Kemal Pascha, zur Aufhebung des Sultanats (1922) und zur Ausrufung der Türkischen Republik (1923). Die nationale Einheit »Türkei« entstand erst durch den Untergang des Osmanischen Reiches. Kemal Pascha wurde als Staatsmann Kemal Atatürk (Vater aller Türken) berühmt.

Die Teppichherstellung hatte sich im Laufe der Zeit in

der Türkei zu einer wichtigen Erwerbs- und Einnahmequelle entwickelt. Da die Nachfrage in Europa beständig gewachsen war, wurden viele Produkte schon ausschließlich für den Export geknüpft.

Zu den klassischen anatolischen Teppichen, die zunehmend exportiert wurden, gehörten auch die Gebetsteppiche. Gebetsteppiche werden nicht nur in Anatolien hergestellt, alle teppicherzeugenden islamischen Länder fertigen Gebetsteppiche, doch nirgendwo gibt es eine solche Vielfalt in der Gestaltung wie in den Gebetsteppichen der osmanisch-anatolischen Produktion. Alle nur denkbaren Stilrichtungen finden sich hier, von der vereinfachten geometrischen Form bis zur kompliziertesten Anordnung einzelner Motive und Stilelemente. Nicht nur die berühmt gewordene Mihrabform (Gebetsnische) in allen erdenklichen Variationen kommt bei diesen Teppichen vor. Der Mihrab gilt zwar als Charakteristikum der Gebetsteppiche, doch ist der Gebetsteppich an sich schon wesentlich älter und wird nicht zwangsläufig durch die Wiedergabe eines Mihrab definiert. Vor dem Gebetsteppich stand die Forderung des Korans, der Mohammedaner solle sich »eine Stelle sauberen Bodens« suchen zur Erfüllung seiner täglichen Gebetspflicht. Die Nomadenteppiche beispielsweise stellten den Mihrab häufig in vereinfachter Linienführung dar.

Zu den Gebetsteppichen zählen übrigens auch die sogenannten »Siebenbürgen-Teppiche«. Diese Knüpfungen anatolischer Provenienz kamen im 16. und 17. Jahrhundert in größerer Menge in die Kirchen Siebenbürgens, einer Region Rumäniens, die damals unter osmanischer Herrschaft stand. Einer Legende zufolge schenkte Süleyman der Prächtige der Schwarzen Kirche in Kronstadt (Brasov) einen Teppich als Zeichen dafür, daß er die christliche Religion respektiere, woraufhin das Oberhaupt der Schwarzen Kirche bei den Froberern eine große Anzahl von Teppichen dieser Art bestellte. In dieser Kirche finden sich noch heute über hundert Exemplare.

Nicht nur in Manufakturen und in Dorfgemeinschaften wurde die Kunst des Teppichknüpfens weiter gepflegt, auch die Nomaden setzten ihre Tradition fort.

Gebetsteppich,
Türkei, Lâdik,
um 1800,
177×112 cm

Die Nomaden – Steppennomaden turkmenischen Ursprungs, von denen nur einige Gruppen seßhaft wurden – haben ihre nomadische Lebensweise bis heute beibehalten. Sie fertigten ihre Teppiche nicht wie in den Manufakturen nach Entwurf, sondern knüpften ihre überlieferten Muster, die auf turknomadische Darstellungen zurückgehen, aus der Erinnerung. Lange Zeit veränderten sich die Muster auf ihren Teppichen nur wenig. Das relativ kleine Musterrepertoire, aus sich wiederholenden geometrisierten Formenelementen bestehend, wurde vor allem durch die Kombination der verschiedenen Farben variiert. Erst im Laufe der Zeit kamen durch äußere Einflüsse andere Gestaltungselemente hinzu, vor allem bei den Stämmen, die seßhaft geworden waren.

Die Nomaden knüpften in erster Linie für den Eigenbedarf und nicht für den Verkauf. Es wurden zwar immer wieder einmal Teppiche auf den Märkten verkauft, doch vor allem dann, wenn wirtschaftliche Gründe dies erforderten. Eine größere Nachfrage nach Arbeiten von Nomadenstämmen kristallisierte sich erst in jüngster Zeit heraus. Während des 19. Jahrhunderts entstand ein zunehmender Handel mit Nomadenteppichen.

Dabei erwiesen sich die Auswirkungen westlicher Einflüsse nicht immer unbedingt als segensreich. Die Nomaden fühlten sich nicht mehr – wie einst – an ihre Tradition gebunden. Sie knüpften für den Verkauf, für einen anonymen Kunden. Muster wurden teilweise aus ihrem ursprünglichen Zusammenhang herausgerissen, mehr oder weniger mechanisch eingeknüpft, wurden sozusagen »seelenlos«. Mit der Industrialisierung, deren Auswirkungen sich auch im Orient bemerkbar machten, änderten sich die Lebensformen, die Produktionsformen. Leider ist mit dem technischen Fortschritt auch ein nicht mehr aufzuhaltender Verfall alter Kunstformen, tradierter Werte und überlieferten Wissens verbunden.

Zu den problematischen Einflüssen zählte unter anderem auch die Einführung der synthetischen Farben im Orient. Die Teppiche zeigten in vieler Hinsicht einen Qualitätsverlust. Heute gibt es in der Türkei Initiativen, die daran interessiert sind, daß Teppiche nach bestimmten Qualitätsmerkmalen geknüpft werden und in den Export kommen. Hier wäre die Sümerbank anzuführen, ein staatliches Textilhandelsunternehmen, das eigene, über das Land verteilte Knüpfbetriebe unterhält, mit Dorfkooperativen zusammenarbeitet, diesen in organisatorischen und finanziellen Belangen zur Seite steht und Knüpfschulen betreibt. Des weiteren das DOBAG-Projekt, das auf die Initiative der Textilabteilung der Kunstfakultät an der Marmara-Universität in Istanbul zurückgeht. Bei diesem Projekt geht es in erster Linie um die Wiederverwendung von Naturfarben und traditionellen Mustern. Mit diesem Anliegen hat man sich vor allem an die Dorfkooperativen gewandt, und zwar mit einem sehr beachtlichen Erfolg.

Die wichtigsten Provenienzen türkischer Teppiche

Knüpfteppich aus dem Bergama-Gebiet, Türkei, um 1870, 210×155 cm

Bergama, das Pergamon der Antike, ist eine westanatolische Stadt in der Provinz Izmir. Sie gab den Teppichen ihren Namen, die im östlichen und nordwestlichen Umkreis der Stadt hergestellt werden. Ihre Musterformen waren immer geometrisch und erinnern an kaukasische Arbeiten. Zwei Mustertypen lassen sich heute unterscheiden: Das Innenfeld ist entweder durch quadratische oder oktogonale Rahmenmotive unterteilt, die mit stilisierten Blüten gefüllt sind – ähnliche Blütenformen finden sich im übrigen Feld –, oder es ziehen sich florale Motive (Blüten oder Blätter), die eine Rautenform bilden, über das Innenfeld. Man bevorzugt gedämpfte Farben, vor allem dunklere Rottöne wie Rostrot oder Rotbraun. Als Material wird Wolle verwendet, die Knüpfdichte ist grob bis mittelfein, die Schußfäden sind rot gefärbt, der Flor ist relativ hoch.

Gebetsteppiche werden kaum hergestellt.

Eine Bergamaart läuft unter der Bezeichnung »Jakshibehdir«, die europäische Bezeichnung dafür ist »Köhlerteppich«. Das Charakteristikum dieser Teppiche ist ihre schwarzblaue oder dunkelrote Färbung, die an die Farbe von Holzkohle erinnert.

Ein sogenannter »Kiss-Bergama«, Westanatolien, um 1900, 105×100 cm. Kiss (türk. Kiz) ist der türkische Name für Mädchen oder Braut. Diese Teppiche wurden entweder als Geschenk zur Hochzeit gereicht oder von der Braut für die Mitgift selbst geknüpft.

Gördes, abgeleitet vom antiken Gordion, der Hauptstadt Phrygiens, liegt etwa 100 Kilometer nordöstlich von Izmir. Seit alters her wurden hier fast ausschließlich Gebetsteppiche – meist kleinen Formates – geknüpft. Charakteristisch für diese Teppiche war das häufig im Verhältnis zu den Bordüren kleine und schmale Nischenmotiv. Der Mihrab war vielfach unifarben. Blütenmotive wurden als Füllmuster, als Blütenleisten – die wie Säulen den häufig dreigeteilten Spitzbogen stützten – sowie als Eckenmotiv über den Nischen oder der Ampel eingesetzt. Die breiten, reich gegliederten Bordüren zeigten Rosetten, Palmetten und Blüten. Häufig fand auch die Paradiesbordüre (Cubukli) auf den Gördes-Gebetsteppichen Verwendung. Diese Art von Bordüre besteht aus sieben Streifen, meist rot im Wechsel mit cremefarben, die die sieben Stufen zum Paradies symbolisieren sollen. Oftmals fand sich aber auch

in den Bordüren eine Reihung von Riesennelken zwischen stilisierten Blättern.

Die Gördes-Gebetsteppiche, Erzeugnisse der Volkskunst, gehören zu den Klassikern der Gebetsteppiche und dienten den Manufakturen als Vorbild.

Während des türkisch-griechischen Krieges 1922 wurde Gördes zerstört. Nach dem Wiederaufbau konnte es seine einstige Bedeutung in der Teppichproduktion nicht wiedererlangen.

Hereke liegt etwa 60 Kilometer von Istanbul am Golf von Izmir, im äußersten Nordwesten der Türkei. Besonders

Gebetsteppich mit unifarbenem Mihrab und Blütenmotiven, Gördes, 18. Jahrhundert, 160×144 cm

fein geknüpfte Teppiche mit kleinteiligen Blüten und sehr heller Farbgebung (in den Grundfarben Elfenbein oder Cremegelb) entstanden in der Manufaktur, die 1890 von Sultan Hamid II. gegründet wurde. Ein eigener Stil entwickelte sich nicht. Die Mustergestaltung reichte von Kopien persischer und französischer Teppiche bis zu Motiven der Nomadenteppiche, die ergänzt und verfeinert meistens in Seide geknüpft wurden. Typisch sind auch Hereke in der Art der Mille-fleurs-Musterung, einem Streublumenmuster auf hellem Grund im unendlichen Rapport.

Alte Hereke sind sehr gefragt und erzielen hohe Preise.

An den häufig eingeknüpften Signaturen läßt sich das Datum der Entstehung ablesen.

Heute ist die ehemalige Hofmanufaktur ein Unternehmen der Sümerbank. Im Umkreis von Hereke werden Teppiche auch in häuslichen Betrieben gefertigt, die ebenfalls vielfach für die Sümerbank arbeiten. Nach wie vor bestimmen florale Motive, angelehnt an den älteren türkischen und persischen Stil sowie an das französische Rokoko, das Erscheinungsbild dieser Teppiche. Daneben entstehen aber auch Gebetsteppiche im sogenannten Osman-Muster. Diese Musterform geht auf das 16. Jahrhundert zurück und erinnert an die Art der Shah-Abbas-Muster. Der Mihrab, der eine barocke Giebelform zeigt, ist gefüllt mit gefiederten Lanzettblättern, Blütenformen und Palmetten in naturnaher Darstellungsweise.

Kayseri, das einstige Caesarea, ist Hauptstadt der Provinz Kayseri in Zentralanatolien. Ende des 19. Jahrhunderts wurde Kayseri durch seine Seidenteppiche bekannt. Die beste Qualität dieser Teppiche lief unter der Bezeichnung »Panderma«. In Kayseri wurde und wird alles geknüpft, was sich unter eigenem oder anderem Namen als Exportware gut verkaufen läßt. So vielfältig wie das Musterangebot ist das Qualitätsniveau. Es reicht von ausgeprägt fein geknüpften Seidenteppichen über Stücke aus Schappeseide bis zu groben Wollteppichen. Schappeseide ist kurzfädiger Rohseidenabfall, der als Knüpfgarn verwendet wird, vielfach vermischt mit synthetischem Seidengarn oder mercerisierter Baumwolle. Das Material läßt sich gut in feine Farbabstufungen einfärben. In der Musterung entwickelte Kayseri keinen eigenen Stil, knüpfte vielmehr nach älteren anatolischen oder persischen Mustervorlagen.

Heute gehört Kayseri zu den bedeutenderen Zentren türkischer Teppichherstellung. Nach wie vor werden hier vor allem Teppiche in Schappeseide geknüpft, die vielfach unter der Handelsbezeichnung »Kayseri-Flosch« zum

Verkauf kommen. Unter anderem wird dieses Material gerne für Gebetsteppiche und Reihengebetsteppiche verwendet. Teppiche dieser Art eignen sich jedoch besser als Wandbehang, als Bodenteppiche sind sie nicht strapazierfähig genug. Geknüpft wird vor allem in Auftragsarbeit und im Hausfleiß.

Konya, das Konicum der Antike, liegt am Fuße des Taurus inmitten der anatolischen Hochebene. Von 1097 bis 1307 war es die Hauptstadt der Rum-Seldschuken, von deren Epoche noch heute großartige Bauwerke zeugen. Konya hat die älteste Knüpftradition Anatoliens. Seit dem 13. Jahrhundert werden hier und in den umliegenden Dörfern, wie Karapinar, Kavac, Obruk, Tschapinar, Teppiche hergestellt. Aus Konya sind auch die sogenann-

Gebetsteppich in Seide auf Seide geknüpft, Kayseri, um 1970, 165×135 cm

Dieser Yatak-Betteppich aus Konya erinnert in seiner Musterung an die sogenannten großgemusterten »Holbein-Teppiche«. Um 1900, 160×195 cm

ten Seldschukenteppiche, frühe Zeugnisse der Knüpfkunst aus dem 13. Jahrhundert, erhalten.

Konya-Teppiche weisen eine mittelfeine Knüpfung, einen eher hohen Flor und ausgewogene Farbkompositionen auf. Bis heute wurde die geometrische Musterung, die
diese Teppiche prägt, mehr oder weniger unverändert
beibehalten. Auch Gebetsteppiche, meist mit einer breiten
Nischenform mit einfachem abgeflachtem Giebel und
vielfach Blütenstauden innerhalb der Nische, werden hier
geknüpft. Die Gebetsnische zeichnet sich häufig durch
einen warmen Rotton ohne jegliches Muster aus. Typisch
für Konya-Teppiche – sowohl für ältere als auch für neue –
ist die Verwendung warmer Rottöne. Als Knüpfmaterial
wird Wolle verwendet, der Schußfaden ist rot eingefärbt,
bei bäuerlichen Produkten jedoch aus ungefärbter Wolle.

Kula, zwischen Gördes und Uşak gelegen, gehört zu
den wichtigen Teppichzentren der Türkei. Von hier kommen ebenfalls die unter die Bezeichnung klassisch-anato-
lisch fallenden Gebetsteppiche, ein dem Gördes ähnlicher
Typ. Der Mihrab des Kula zeigt allerdings meist einen
vereinfachten, geradlinig geformten oder auch leicht ge-
stuften Giebel. Statt der einstigen Tragsäulen finden sich
jetzt rechts und links in der Gebetsnische Blütenleisten in
naturnaher oder geometrisierter Darstellung. Charakteristisch für den Kula-Teppich ist die Cubukli- oder Paradiesbordüre, es gibt jedoch auch Bordüren mit floralen Motiven. Die Farbgebung dieser Teppiche ist zurückhaltender,
bunte Farben werden vermieden. Als Knüpfmaterial wird
Wolle verwendet. Der Kula ist ein kurzfloriger Teppich mit
grober bis mittelfeiner Knüpfdichte.

Vor allem bekannt geworden sind die sogenannten
»Friedhofs-Kulas« (türkisch: Mäzarlik), die bei Bestattun-
gen benutzt wurden. Ihr Charakteristikum ist die Ausmu-
sterung des Mihrabfeldes mit einer stilisierten Moschee mit
Zypresse, Trauerweide oder kugelförmigem Baum. Dieses
Motiv erscheint vielfach variiert und steht in waagerechter
Abfolge in der Gebetsnische.

Lâdik, nordwestlich von Konya in Zentralanatolien gelegen, kann auf eine lange Knüpftradition zurückblicken. Berühmt vor allem sind die Gebetsteppiche, die seit dem Ende des 16. Jahrhunderts hier gefertigt werden. Typisch für diese Teppiche ist die Dreiteilung des Innenfeldes,

Aus Lâdik kommen nicht nur Gebetsteppiche. Die Abbildung zeigt einen Läufer. Um 1900

wobei das rotgrundige Gebetsfeld den mittleren Teil ausmacht, der untere Abschnitt eine Reihung stilisierter langstieliger Tulpen, der Lâdik-Tulpen, zeigt und der über dem Mihrab gelegene Teil mit ausschmückenden Motiven oder Symbolen gefüllt ist. Die Gestaltung des Mihrab ist vielfältig: Der Giebel kann dreigeteilt, aber auch abgetreppt sein. Daneben gibt es Gebetsteppiche gleicher Aufteilung, deren Mihrab durch die zur Mitte hin versetzten Säulen dreifach unterteilt ist. Diese Säulen- oder Kolonnen-Lâdiks finden sich seltener und sind sehr gesucht.

Die Bordüren weisen häufig geometrisierte Wellenranken mit stilisierten Blütenmotiven auf oder Kartuschen, gefüllt mit kleinen Blütenformen. Neben Rot, meist dominierende Farbe des Gebetsfeldes, werden Blau und Gelb verwendet. Als Knüpfmaterial dient Wolle, auch das Grundgewebe besteht überwiegend aus Wolle, zum Teil aber sind die Stücke auch auf Baumwollkette gearbeitet. Die Knüpfung der Lâdiks ist fein, der Flor niedrig bis mittelhoch.

Melas, einst das Mylasse der Antike, ist eine im Südwesten Anatoliens gelegene Stadt. Berühmt sind die Melas-Gebetsteppiche, die vor allem durch ihr Farbenspiel bezaubern. Anstelle der beiden üblichen Hauptfarben Blau und Rot, dominieren hier Gelb und Rot. Daneben findet sich jedoch eine Reihe weiterer, abgestufter Farbtöne, die die vielfältige Musterung unterstreichen. Charakteristisch für Melas-Gebetsteppiche ist die Einschnürung des Mihrab, um den herum sich die übrigen Muster und Bordüren aufbauen. Zeigt das Mittelfeld keine Nische, ist es oft in Streifen aufgeteilt oder trägt ein Medaillon. Häufig weist der Melas breite, vielstreifige Bordüren auf, die so viel Raum beanspruchen, daß das Mittelfeld ganz schmal erscheint. In der Mustergestaltung finden geometrisierte wie florale Motive Verwendung. Als Material findet Wolle Verwendung; die Knüpfung ist heute gegenüber früher von großer Feinheit.

Sivas, Provinzhauptstadt Ostanatoliens, gehört zu den bedeutsamen Herstellungszentren türkischer Teppiche, die dort in Manufakturen und städtischen Betrieben geknüpft werden. Dabei entstehen in den Manufakturen vor allem persisch anmutende Muster, während Teppiche aus den kleineren Betrieben einen rustikaleren Charakter mit geometrischer Musterstellung aufweisen. In den Bordüren

Melas-Gebetsteppich mit typisch eingeschnürtem Mihrab, um 1930, 135×220 cm

finden sich oftmals schön ausgearbeitete Nelkenmotive. In den Farben gibt es keine Spezialisierung, stärkere Kontraste sind jedoch typisch. Ein großer Teil der Teppiche stammt aus dem größten Staatsgefängnis der Türkei, das im 19. Jahrhundert in Sivas errichtet und dem eine große Teppichmanufaktur angeschlossen wurde. Diese Produkte werden über die Sümerbank vertrieben, sind aber leicht zu erkennen: Sie tragen vor dem oberen Abschluß eine Nummer und die Inschrift »Sivas C. E.« Diese Abkürzung steht für Cezaevi, das türkische Wort für Gefängnis. Als Knüpfmaterial wird hochwertige Wolle verwendet, die Knüpfung im Gördes-Knoten ausgeführt.

Eine Sivasart läuft unter der Bezeichnung »Kürd-Sivas«. Es sind Gebetsteppiche – geknüpft von den kurdischen Nomaden der Region um Sivas –, auf denen überwiegend das Friedhofsmotiv zu finden ist.

Uşak, in Westanatolien hatte mit die älteste und berühmteste Teppichtradition, die sich bis ins 13. Jahrhundert zurückverfolgen läßt. Bis ins 19. Jahrhundert hinein waren Knüpfungen aus Uşak sehr beliebt und stellten nach wie vor einen Hauptanteil der nach Europa exportierten Teppiche dar. In Museen oder Privatsammlungen finden sich viele guterhaltene antike und ältere Stücke, die Zeugnis der Musterentwicklung in den Uşaks ablegen. Über die verschiedenen Musterstellungen und Musterformen wurde ausführlicher bereits im Kapitel über die Geschichte des Teppichs in der Türkei (Seite 124 ff.) geschrieben. Uşaks in ihren verschiedenen Formen waren besonders häufig auf Gemälden europäischer Maler vertreten.

Gegen Ende des 19. Jahrhunderts ging die Produktion in Uşak aufgrund zunehmender persischer Konkurrenz zurück. Die Manufakturen von Uşak wurden zu Produzenten von Exportteppichen, die wenig mit den ursprünglichen Knüpfungen gemein haben.

NOMADENTEPPICHE

Yürük heißt übersetzt etwa Bergnomade, Wanderhirt, als Yürüken bezeichnet man ganz allgemein die umherziehenden Nomaden und Halbnomaden der Türkei. Als Teppichname bedeutet Yürük also, daß das Stück von Nomaden geknüpft wurde.

Die Teppiche der Yürüken – größtenteils Arbeiten für den Eigenbedarf, ein Teil geht jedoch auch in den Handel – zeigen eine einfache Musterung, bestehend aus großen geometrischen Motiven wie Rhomben, Rauten, Quadraten, Oktogonen, die in vielfältiger Abwandlung miteinan-

Vogelteppich, Uşak, Türkei, 17. Jahrhundert, 130×165 cm

der kombiniert sind. Die meist langflorigen Stücke bedingen vereinfachte Motive. In den Farben überwiegen leuchtend bunte Töne. Als Knüpfmaterial wird Wolle, meist von den eigenen Tieren, verwendet, die Knüpfung ist grob, aber fest.

Gelegentlich sind in die Nomadenteppiche längere Wollfäden oder Haarbüschel oder auch blaue Glasperlen zum Schutz vor dem bösen Blick eingeknüpft.

Knüpfteppich der Yürüken. Um 1920, 125×165 cm

Kurdischer Läufer, Anatolien, um 1920, 110×270 cm

Kürd ist die Bezeichnung für die Teppiche der anatolischen Kurden. Die Kurden, viehzüchtende Bergvölker, deren Geschichte sich bis in das erste Jahrtausend vor Christus verfolgen läßt, siedeln in den Grenzgebieten der Türkei, des Irans, Iraks, Syriens und Teilen des Kaukasus. Sie genießen einen guten Ruf als Teppichknüpfer. Ihre Produkte unterscheiden sich natürlich je nach ihrem Lebensraum. So weist ein anatolischer Kürd eine abweichende Musterstellung gegenüber einem persischen Kürd auf. In den anatolischen Kurdenteppichen überwiegen die geometrischen Muster. Die Mustergestaltung zeigt großzügige und kraftvolle Motive. Die Farbstellung ist im Vergleich mit den Teppichen der Yürüken zurückhaltender, im ganzen dunkler.

PERSIEN

Zur Geschichte des Teppichs in Persien

In Persien läßt sich die Geschichte des Teppichs nicht so weit und lückenlos zurückverfolgen wie in der Türkei. Wie der persische Teppich der Seldschukenzeit aussah – die Seldschuken fielen im 11. Jahrhundert auch in Persien ein –, ist nicht bekannt, denn es existieren bislang keine Funde, die darüber Auskunft geben könnten. Allenfalls belegen Abbildungen auf Miniaturen der mongolischen Epoche des 13. und 14. Jahrhunderts, daß Teppiche auch in Persien schon länger bekannt waren und verwendet wurden. Die kleinteilige geometrische Musterstellung, die auf den Teppichen dieser Darstellungen zu sehen ist, zeigt eine enge Verwandtschaft zu den geometrischen Mustern der kleinasiatischen Teppiche.

Persien, geographisch gesehen das Bindeglied zwischen Zentral- und Vorderasien, war stets zahlreichen Umwälzungen unterworfen und über Jahrhunderte und Generationen hinweg Schauplatz heftiger kriegerischer Auseinandersetzungen. Damit verbunden waren Schwankungen auf dem Gebiet der Kunst und des Kunsthandwerks einerseits, andererseits kamen die verschiedensten künstlerischen Einflüsse zum Tragen.

Die Anfänge der Geschichte der Perser, die zu Beginn des ersten Jahrtausends v. Chr. im heutigen Nordwest-Iran siedelten, liegt im mythischen Dunkel. Im 7./6. Jahrhundert v. Chr. unterstanden die Perser der Oberhoheit der Meder, bis König Kyros II. (559–529) aus der Dynastie der Achämeniden 549 das Mederreich unterwarf und ein Weltreich begründete, zu dem Lydien, Assyrien, Ionien, Babylonien und fast ganz Persien gehörte. Durch kluge Staatsführung konnte das Achämenidenreich lange zusammengehalten werden. Darius III. (336–330) schließ-

151

lich wurde von Alexander dem Großen von Makedonien (334–330) geschlagen. Erfolglos geführte Kriege gegen Griechenland, die schon unter Darius I. begonnen hatten, beschworen letztendlich den Niedergang des Reiches herauf.

226 n. Chr. folgte die Dynastie der Sassaniden, die nahezu 400 Jahre regierte und der erst durch die eindringenden Araber, die den Islam brachten, ein Ende gesetzt wurde (637–651 n. Chr.). 1037 übernahmen schließlich die Seldschuken mit Thugrul Bey die Herrschaft in Persien.

1218 fielen unter Dschingis Khan die Mongolen ein und Persien wurde dem von China bis zum Mittelmeer reichenden Mongolenreich einverleibt. Diese erste Mongolenherrschaft dauerte bis 1355. Mit Timur-Leng folgte die zweite Mongolenherrschaft. Unter den von 1369–1500 herrschenden Timuriden kommt es an den Höfen von Täbris und Herat zur Entfaltung von Kunst und Wissenschaft.

Die Erwähnung dieser geschichtlichen Daten – die hier nur kurz angerissen werden – ist insofern von Belang, als diese deutlich machen, daß arabische, türkische und mongolische Fremdherrschaft jahrhundertelang die Geschichte Persiens geprägt und das künstlerische Schaffen auf allen Gebieten beeinflußt hat. Die Perser – wie auch andere indogermanische Völker – wurden vor allem durch die Einfälle der Turkvölker und der Mongolen immer wieder mit einer ihnen völlig fremden Kultur konfrontiert. Auf diese Weise kamen die verschiedensten Stilelemente in das Land, wurden teilweise in die eigenen übernommen, verändert, ergänzt. Viele der Teppichmuster lassen sich auf diese ursprünglichen Einflüsse zurückführen.

Die eigentliche Teppichgeschichte setzt erst mit der Gründung der Safaviden-Dynastie Anfang des 16. Jahrhunderts ein. Und sogleich haben wir es mit einem Teppichtypus vollendetster Form in einer bis dahin unbekannten floralen Mustergestaltung zu tun. Es ist erstaunlich, daß bis zu diesem Zeitpunkt keine Funde nachzuweisen sind und die Entwicklungsgeschichte des persischen Teppichs

Medaillonteppich mit Tieren, Safavidenzeit, Persien, Ende 16. Jahrhundert, 427×225 cm

bis dahin nur anhand weniger Belege nachvollzogen werden kann. Wieder sind es Darstellungen von Teppichen auf Miniaturen, auf die wir uns dabei stützen. Bis etwa Mitte des 15. Jahrhunderts findet sich, wie anfangs erwähnt, der seldschukische Typ auf den Abbildungen. Doch dann treten komplizierte Ranken- und Blütensysteme, die sich auf ein zentrales Medaillon beziehen, an die Stelle geometrischer Muster und Motive.

Hier muß eingeflochten werden, daß Persien zu diesem Zeitpunkt schon auf eine längere Tradition in der Kunst des Buchschmucks und der Illustration, der Miniaturen zurückblicken konnte. Eine der frühesten Schulen für Miniaturmalereien war im späten 13. Jahrhundert in Täbris entstanden. Später folgte eine in Herat gegründete Schule, die sich besonders auf die Entwicklung der Teppichmuster auswirkte. Erstmals tauchte das Medaillon als Stilelement auf Bucheinbänden auf, möglicherweise als eine Form, die die Idee des buddhistischen Mandalas aufgriff. Wichtig in Herat wurde die Entwicklung zweier neuer Gestaltungselemente: einmal das Medaillon als zentrales Moment eines Entwurfs und zum anderen die Einführung floraler Linienführung anstelle der bis dahin streng geometrisch gehaltenen. Eine Darstellung Bihsads, eines der größten Künstler der Schule von Herat, zeigt schließlich einen Teppich im Medaillonmuster. Mit der Safaviden-Dynastie wird der Floralstil endgültig in die Teppichmuster aufgenommen.

Dynastische Streitigkeiten unter den Timuriden hatten den Safaviden den Weg an die Macht vorbereitet. Ismail I. (1501–1524), der Begründer der Safaviden-Dynastie, nahm 1501 Täbris ein, 1510 folgte Herat. Täbris wurde zur Residenz der Safaviden, Bihsad und andere Künstler in die nordpersische Stadt umgesiedelt. Es kam zur Gründung der ersten Hofmanufakturen für die Herstellung von Teppichen. Täbris ist die erste, die nach floralen Stilprinzipien arbeitet. Die dort Anfang des 16. Jahrhunderts entstandenen Teppiche zeigen eine hohe künstlerische und technische Qualität.

Doch schon 1514 ging Täbris wieder an die Osmanen

verloren. Sultan Selim I. zog gegen die Truppen Ismails I. und besiegte sie in Aserbeidschan.

Auf Ismail I. folgte sein Sohn Tahmasp (1524–1576). Ihm gelang es, mit dem osmanischen Sultan Süleyman »dem Prächtigen« 1555 Frieden zu schließen. Dennoch war seine Position nicht besonders stark. Zu viele militärische wie politische Angelegenheiten Persiens wurden von den Nomadenstämmen getragen.

Shah Abbas I., dem Großen, der 1587 den Thron bestieg, gelang es, das Land zentralstaatlich zu organisieren und zu wirtschaftlicher und kultureller Blüte zu führen. Die Hauptstadt wurde nach Isfahan verlegt, die Stadt auf Abbas' Geheiß auf das prächtigste ausgebaut. Herrliche Bauten wie die Königsmoschee (Madschid-i-Shah) entstanden, Teppichmanufakturen zur Herstellung von Teppichen aus »Seide und Gold«, die neben dem Bedarf bei Hofe auch als diplomatische Geschenke an andere Herrscherhäuser Verwendung fanden, wurden eingerichtet; die besten Künstler jener Zeit wurden gefördert und an den Hof berufen. Unter höfischer Leitung entwarfen sie Teppichmuster, Stoffmuster, Keramiken, Kalligraphien. Die Entwicklung in der Teppichgestaltung insbesondere strebte ihrem Höhepunkt zu.

Auf den Teppichen der Safavidenzeit überwiegen die Einflüsse aus der Buchkunst und der Miniaturmalerei, deren Themen auf die Teppiche übertragen werden. Es entstehen Jagdteppiche, Gartenteppiche, Medaillonteppiche. Für letztere ist das kreisförmige zentrale, wie zu einem Stern gefiederte Medaillon charakteristisch, auch die Wiederholung als Viertelmedaillon in den Ecken des Feldes. Solche Medaillons lassen an die prächtigen Kuppeln der Moscheen denken. Daneben finden sich aus mongolischer Zeit übernommene Motive wie Wolken und Wolkenbänder, die in die Teppichgestaltung aufgenommen werden. Kunstvolle Kompositionen in reicher Farbpalette werden entwickelt. Doch diese sogenannte »Revolutionierung der Muster« ließ sich nur mit der Erweiterung technischer Möglichkeiten realisieren. Ausschlaggebend für die Umsetzung der Ideen der Buchkunst und Miniaturmalerei in Teppichmuster war, daß die Arbeitsgänge in Entwurf und Ausführung aufgeteilt wurden. Jetzt knüpfte ein Knüpfer seine althergebrachten Muster nicht mehr aus dem Kopf, Miniaturmaler entwarfen Mustervorlagen, nach denen die Teppiche gefertigt wurden. Dies ermöglichte erst die Ausführung von geschwungenen, runden, kurvigen Linien. Der geometrische Stil konnte nun durch den floralen Stil ersetzt werden. Dabei spielte auch das Knüpfmaterial eine unterstützende Rolle. Seide, die nun häufig verwendet wurde, ermöglichte die Umsetzung der feinsten Muster. Eine Zeitlang wurde Seide nur in ein Grundgewebe eingeknüpft, das ebenfalls ganz aus Seide bestand. Später verwendete man dann vielfach Baumwolle für das Grundgewebe.

Aus der Zeit unter Shah Abbas stammen die sogenannten »Polenteppiche«, von polnischen Adeligen in Auftrag gegebene Knüpfungen. Vor allem in ihrer Gestaltung haben diese Teppiche dem enormen Prunkbedürfnis dieser Epoche Rechnung getragen. Die eingearbeiteten Gold- und Silberbroschierungen erscheinen zum Teil in solcher Üppigkeit, daß es im Grunde auf Kosten des Musters geht und die Formen nicht mehr so klar erkennbar sind. Damals bestand jedoch eine rege Nachfrage nach diesen luxuriösen Produkten. Einige dieser Stücke haben sich erhalten und befinden sich in europäischen oder amerikanischen Sammlungen. Auf der Weltausstellung 1878 in Paris waren Polenteppiche aus dem Besitz des Grafen Czartoryski ausgestellt.

Die Nachfolger Shah Abbas' I., d. Gr., konnten das zentralstaatliche Regierungssystem nicht mehr halten. Erneut kam es zur Erstarkung des Stammeswesens, Wirtschaftszweige wurden vernachlässigt, die Macht der Safaviden schwand. Das Niveau der Teppichherstellung konnte bis ins 17. Jahrhundert gehalten werden. Aber schon die übertriebene Prunkentfaltung, wie sie die späteren Polenteppiche mit ihrer überfeinerten, aufwendigen Gold- und Silberbroschierung deutlich werden ließen, war eine Dekadenzerscheinung. Der Zenit war überschritten, auch hier setzte langsam der Niedergang ein.

Auf den Fall der Safaviden folgte eine Zeit politischer

Sogenannter »Polenteppich«, Persien, Isfahan, Anfang 17. Jahrhundert, 200 × 140 cm

Unruhen, in der Kunst und Kunstgewerbe zum Stillstand kamen.

1722 eroberten Afghanenstämme Persien. Der Shah kapitulierte. Das bedeutete das Ende der Safaviden-Dynastie. Über 15 Jahre führten die Afghanen eine Schreckensherrschaft. Immer wieder aufflammende Aufstände gegen die Tyrannei der Afghanen wurden schließlich 1736 von dem turkmenischen Stammesführer Nadir zum Erfolg geführt. Die Afghanen wurden besiegt, Nadir bestieg den Thron und regierte als Nadir Shah bis 1747.

Ende des 18. Jahrhunderts gewannen die Qajaren, ein turkmenischer Stamm, die Herrschaft über Persien. Der erste Shah der Qajaren war der Eunuch Aga Muhammad (1794–1797), der mit unglaublicher Grausamkeit regierte. Unter ihm wurde Persien in den Grenzen des ehemaligen Safavidenreiches geeinigt, Teheran zur Residenz und Hauptstadt ernannt.

In den Wirren des 18. und 19. Jahrhunderts war die Teppichproduktion zurückgegangen, viele Zentren geschlossen worden, so zum Beispiel die Manufakturen in Isfahan. Dieses einst so blühende Teppichzentrum hatte schon die Einfälle der Afghanen nicht verkraftet und nun kam es für beinahe 200 Jahre zum Stillstand in der Teppichherstellung. Erst nach 1870 erfuhr die Teppichproduktion eine Wiederbelebung, viele alte Zentren wie Isfahan, Kirman, Keschan, Täbris wurden wiedereröffnet. Vor allem auch die Nachfrage aus Amerika führte später dazu, daß der Markt wieder in Schwung kam.

Der letzte Qajaren-Herrscher wurde zu Beginn des 20. Jahrhunderts von den Russen und den Briten entmachtet. Während des Ersten Weltkriegs nahm Persien eine neutrale Position ein, dennoch befanden sich britische, russische und osmanische Truppen auf persischem Gebiet.

1920 gelangte Reza Pahlavi, Befehlshaber der persischen Kasaken, an die Macht. Er wurde der Begründer der Pahlavi-Dynastie und bestieg 1925 als Shah Reza Pahlavi den Pfauenthron. 1941 dankte er zugunsten seines Sohnes Mohammad Reza Pahlavi ab.

1934 wird Persien in »Iran« umbenannt.

Die wichtigsten Provenienzen persischer Teppiche

Bidjar liegt in der Provinz Kirmanshah im Nordwesten des Irans. Berühmt waren die von seßhaften Kurden und Afsharen gefertigten Teppiche vor allem wegen der äußerst soliden Fertigung. Wolle von bester Qualität – auch Kamelhaar – wurde in ein äußerst haltbares Gewebe eingeknüpft. Für die kurdischen Bidjars verwendete man ein besonders dickes Schußgarn in der sogenannten Bidjarbindung, wodurch der Teppich eine beinahe brettartige Steife bekam. Es war schwierig, diese Teppiche zu falten und zu transportieren. Faltete man ihn nicht mit der Florseite nach außen, konnte er brechen. (Die heutigen Bidjars sind nicht mehr ganz so steif wie die früheren.)

Bidjar mit Herati-Muster im Innenfeld und Rosenbouquets in den Bordüren, 20. Jahrhundert, 135×242 cm

Als Muster ist das Herati-Muster in unendlichem Rapport beliebt. Durch unterschiedliche Anordnung ergeben sich im Innenfeld die verschiedensten Formen. Oft liegt ein Medaillon auf dem Herati-Muster auf, einmal klein und rund, dann wieder als großes Hexagon.

Als Grundfarbe ist Rot, aber auch Dunkelblau üblich, bei Verwendung von Kamelhaar auch die sanften Brauntöne.

Ferahan liegt zwischen Ghom und Kaschan im Zentraliran. Seine Blütephase erreichte der Ferahan-Teppich unter Nadir Shah, der Knüpfer und Entwerfer aus Herat nach Ferahan kommen ließ, die das Herati-Muster mitbrachten.

So findet sich auf den Ferahan-Teppichen vorwiegend das Herati-Muster – im Persischen »Mahi-to-hos« (»Fisch im Teich«) – als durchgehendes Muster im unendlichen Rapport. Im 19. Jahrhundert war diese Art Teppich in England sehr beliebt, weil er so gut zu den englischen Möbeln dieser Zeit paßte. Er wurde deshalb in großen Mengen importiert. Man nannte ihn »gentleman's carpet«.

Daneben gibt es aber auch andere Mustertypen, wie etwa solche mit Medaillonmuster – meist mit rautenförmigem Medaillon – oder Stücke im Boteh-Muster. Die Bordüren zeigen bevorzugt ein abgewandeltes Herati-Motiv, oft mit naturnah dargestellten angereihten Blütenformen auf moosgrünem Grund.

In der Farbgebung zeichnet sich der Ferahan durch eine reiche Farbpalette aus, wobei keine der Farben dominiert. Beliebt sind Elfenbein, ein tiefes Blau, Rottöne, vor allem Rostrot neben Gelb und Steingrün.

Das Grundgewebe besteht aus Baumwolle, als Knüpfmaterial wird Wolle verwendet. Der Flor ist meist niedrig, die Knüpfung mittelfein.

Ghom, etwa 150 Kilometer südlich von Teheran im Zentraliran gelegen, ist als schiitischer Wallfahrtsort berühmt. Hier befinden sich die Grabstätten Fatimas und Shah Abbas' d. Gr. Ghom kann sich zwar einer wechselvollen Geschichte rühmen, eine Teppichtradition aber hatte sich

Dieser Seiden-Ghom zeigt auf rotgrundigem Spiegel einen stilisierten Lebensbaum. 20 Jahrhundert, 105×165 cm

hier nicht etabliert. Erst 1930 siedelte Shah Reza Pahlavi hier Teppichknüpfer aus verschiedenen Teilen Persiens zur wirtschaftlichen Belebung des Ortes an. Da Ghom keine eigene Teppichtradition aufzuweisen hatte, brachten die Knüpfer ihre Muster mit, und so kamen die vielfältigsten Mustertypen zur Anwendung.

In Ghom finden sich sowohl Teppiche im Mir-i-Boteh-Muster, mit zentralem Medaillon, als auch im Vasenmuster; es werden Jagdteppiche sowie Gartenteppiche in

Feldereinteilung gefertigt, um nur die wichtigsten zu nennen. Die Bordüren weisen kombinierte oder abgewandelte Motive alter Bordürenmuster auf.

Auffallend ist die Farbgebung: Nuancierungen verschiedenster Farbtöne werden gerne auf einen sehr hellen beigen Grund gesetzt. Beliebt ist aber auch Rot als Farbe für den Fond.

Als Knüpfmaterial dienen Wolle und Seide, vielfach auch Wolle und Seide zusammen. Die Knüpfung ist besonders fein und exakt, der Flor niedrig. Aufgrund dieser Qualitätsmerkmale genießt der Ghom einen guten Ruf.

Hamadan mit rhombenförmigem Medaillon, um 1910, ca. 125×200 cm

Hamadan, einst Ekbatana, die Hauptstadt der Meder und Sommerresidenz der Achämeniden, liegt im Nordwesten Irans. Hamadan verfügt zwar über eine eigene Knüpftradition, ist aber, da es in einem größeren Knüpfgebiet liegt, heute vor allem Umschlagplatz für Teppiche aus der näheren und weiteren Umgebung.

Die früheren Hamadans zeigten vorwiegend geometrische Musterung mit einem rhombenförmigen Medaillon, meist auf mit kleinen Boteh-Motiven überzogenem Fond. Vielfach wiederholte sich das Medaillon auf der Längsachse (Stangenmedaillon). Stilisierte Blüten, Ranken und Boteh-Formen schmücken die Bordüren. Alle Farbstellungen sind möglich.

Bei Hamadans, die ganz oder teilweise in Kamelhaar geknüpft waren, bauten sich die lebhaften Muster auf einem Fond aus naturfarbener Kamelwolle in allen Braunnuancen von Hell- bis Dunkelbraun auf. Die Knüpfung, überwiegend im Gördes-Knoten, ist je nach Typus grob bis fein.

Heute gibt es staatliche Manufakturen in Hamadan, das sich inzwischen zur Industriestadt entwickelt hat; dort werden florale Motive bevorzugt.

Knüpfteppich aus dem Heris-Gebiet, Persien, 1920, 145×195 cm

Heris liegt etwa 100 Kilometer östlich von Täbris im Nordwesten Irans. Es gehört zu den wichtigen Zentren der

Teppichherstellung, so daß ein ganzes Knüpfgebiet seinen Namen trägt.

Ursprünglich sind unter der Bezeichnung Heris-Teppiche fest geknüpfte rustikale Bauernteppiche mit streng geometrischem Musterbild zu verstehen. Typisch ist ein das Innenfeld beherrschendes streng stilisiertes Mittelmedaillon mit ähnlich großzügig angelegten Vierteln in den Ecken. Die Füllmuster bestehen aus geometrisierten Formen. Die meist breiten Bordüren zeigen Palmetten, Lanzettblätter sowie Rankenmotive oder stilisierte Blütengebilde.

In der Farbgebung herrschen warme Rottöne vor, seltener findet sich Blau.

Neben diesen Teppichen mit Medaillongliederung gibt es auch den durchgemusterten Heris-Typ.

Strapazierfähige, robuste Wolle wird beim Heris in ein festes Baumwollgewebe eingeknüpft. Der Flor ist dick, was den Teppich im allgemeinen recht haltbar macht.

Es gibt jedoch auch Seidenheris. Selten und gesucht sind alte Seidenteppiche aus dem 18. und 19. Jahrhundert, meist mit Medaillon. Vereinzelt findet man auch Gebetsteppiche.

Isfahan, in Zentralpersien gelegen, blickt auf eine lange und bewegte Geschichte zurück. Unter Shah Abbas I., dem Großen, erlebte Isfahan den Höhepunkt seiner Teppichgeschichte. Der Teppich aus Isfahan wurde zum Inbegriff des klassischen persischen Teppichs. In seiner Ausführung war er technisch und künstlerisch perfekt. Als Muster brachte Isfahan Tier- und Jagdteppiche, Gartenteppiche und vor allem Medaillonteppiche hervor. Kunstvoll angeordnete Rankensysteme, Arabesken und Palmetten, daneben auf chinesische und mongolische Motive zurückgehende Formen, schmücken das Innenfeld der Teppiche.

Nach dem Einfall der Afghanen 1722 mußten die Hofmanufakturen ihre Arbeit einstellen. Teppichknüpfer wanderten ab, lange Zeit erholte sich Isfahan kaum von dieser Schreckenszeit. Erst im 19. Jahrhundert wurde die Teppichproduktion wieder aufgenommen.

Heute werden vor allem Nachbildungen aus der Zeit der Safaviden-Dynastie geknüpft. Beliebt sind Teppiche, deren Innenfeld mit einem komplizierten Mustersystem aus

Knüpfteppich aus Naïn im Isfahan-Gebiet, 20. Jahrhundert, 140×225 cm

Spiralranken, Arabesken, Blätter- und Blütenformen unter strenger Einhaltung der Symmetrie überzogen ist. Populär geworden sind Bildteppiche. Die Vielfalt ihrer Darstellungen reicht von ganzen Szenerien aus der Miniaturmalerei bis zu Herrscherportraits. Solche Motive erfordern eine enorm feine Knüpfung. Diese Teppiche werden in größerem Umfang exportiert und bevorzugt als Wandbehang verwendet.

Wie in der Innenfeldmusterung sind auch in den Bordüren die unterschiedlichsten Motive vertreten. Bei Isfahans gibt es eine Bordürenart, die sich zum Innenfeld hin öffnet.

Die Farbstellung der Isfahan-Teppiche zeigt wenig Rot, charakteristisch sind Elfenbein und Blau.

Als Knüpfmaterial dient Seide und Wolle. Die Knüpfung ist dicht und fein, der Flor niedrig. Bei den sehr feinen Teppichen besteht das Grundgewebe aus Seide, sonst auch aus Baumwolle oder mercerisierter Baumwolle.

Kashan, von der Gattin des legendären Harun-al-Rashid gegründet, so wird berichtet, liegt am Westrand der großen Salzwüste im Zentraliran und war schon früh ein bedeutendes Seidenindustriezentrum. Nach einer wechselvollen Geschichte erlebte es eine Blütezeit unter der Safaviden-Dynastie im 16. und 17. Jahrhundert. Auch hier wurden Manufakturen gegründet, Teppiche nach Vorbildern persischer Malerei und Buchkunst geknüpft. Berühmtheit erlangten die ungemein fein geknüpften Tier- und Jagdteppiche, häufig noch mit Gold- und Silberbroschierung. Zu den prunkvollsten zählt der »Wiener Jagdteppich«, der sich heute im Völkerkunde-Museum in Wien befindet. Um ein sternförmiges Medaillon gruppieren sich hier Reiter und Tierfiguren in beinahe symmetrischer Anordnung. In der Hauptbordüre sind Vogelformen, geflügelte Genien und Engelpaare zu sehen.

Auch Kashan erlebte wirtschaftlichen und kulturellen Aufstieg und Niedergang ähnlich wie Isfahan. Erst um 1890 wurde die Teppichknüpfung wieder aufgenommen. Die Muster blieben so gut wie unverändert. Am häufigsten sind der Medaillonteppich und der durchgemusterte Typus vertreten. Vielfach wird das Medaillon aus Arabesken mit Anhängern auf der Längsachse gebildet. Innenfeld, Medaillon und Eckstücke sind mit Blütenranken gefüllt. Die Anordnung der Motive bezieht sich aber nicht – wie beim Täbris – auf das Mittelmedaillon. Die Symmetrie ist aufgehoben, die Motive sind lose verteilt. Dies ist auch dann der Fall, wenn das Medaillon fehlt. In den Bordüren finden sich in wechselständiger Anordnung Palmetten, die durch Blüten- und Gabelranken miteinander verbunden sind.

Knüpfteppich aus Kashan, Persien, 20. Jahrhundert, 135 × 205 cm

In der Farbgebung herrschen Rot, Blau und helle Beigetöne vor. Als Knüpfmaterial wird noch vielfach Seide verwendet, aber auch Wolle oder Wolle mit Seide. Die Knüpfung ist fein. Vor allem die Verwendung von Seide erlaubt eine enorm feine Knüpfung und damit eine äußerst exakte Ausführung der Zeichnung. Der Kashan ist dicht und kurzgeschoren und sehr strapazierfähig.

Khorassan, eine Provinz im Nordosten Irans mit der Provinzhauptstadt Mashhad, steht als Sammelbezeichnung für Teppiche, die in dieser Gegend gefertigt werden. Die geographische Lage – im Norden grenzt Khorassan an

Turkestan, im Osten an Afghanistan – bedingte, daß hier die verschiedensten Stämme zusammentrafen und die Teppichmuster somit durch vielfältige Stileinflüsse geprägt wurden.

Ältere Khorassans sind vor allem in einer Musterstellung anzutreffen, die von großzügigen geometrischen Rapportmustern bestimmt wird. Häufige Verwendung fand das Herati-Muster und das Boteh im unendlichen Rapport sowie die Herati-Bordüre.

**Dieser eigenwillige Knüpfteppich wurde in einer Manufaktur in Mashhad, in der Provinz Khorassan, gefertigt. Sein Muster zeigt das Vasenmotiv auf rotem Grund.
20. Jahrhundert,
80 × 140 cm**

Heute werden Teppiche unter anderem in Mashhad, Birdjend, Kain, Gonobad, Dorochsch, Semnan in der Provinz Khorassan gefertigt. Nach wie vor sind Herati-Muster und Boteh beliebt, vor allem aber werden vielfach kreisförmige Medaillongliederungen, oft sechzehnstrahlige Medaillons auf einfarbigem oder von floralen Motiven überzogenem Grund, und weniger Rapportmuster eingesetzt. Allgemein weisen Khorassans häufig breite und vielstreifige Bordüren auf, oftmals mit Wellenranken und Blü-

**Kirman-Laver,
Persien,
um 1950,
48×75 cm**

tenformen besetzt. Charakteristisch sind auch die Farben dieser Teppiche: Rot und Blau überwiegen, wobei beide Farben ins Violette gehen.

Die Wolle der Khorassans ist fein, aber nicht sehr strapazierfähig, die Knüpfung ist mittelfein bis fein und vielfach im persischen Knoten ausgeführt. Doch wird hier oft auch der sogenannte Dschufti-Knoten eingesetzt, bei dem der Faden um vier statt um zwei Kettfäden gelegt wird.

Kirman, im dritten Jahrhundert von den Sassaniden an der alten Karawanenstraße gegründet, ist Provinzhauptstadt der gleichnamigen Provinz und liegt im Süden des Iran. In und um Kirman entstand schon früh eine ausgedehntere Teppichproduktion, die dann während des 19. Jahrhunderts stagnierte, in jüngster Zeit aber wieder auflebte.

Heute ist man bestrebt, an alte Traditionen anzuknüpfen und dem Kirman wieder seine frühere Bedeutung auf dem Teppich-Weltmarkt zu beschaffen.

In den älteren und neuen Manufakturen der Stadt wird heute in der Musterung jeder Kundenwunsch erfüllt, und so bietet Kirman ein umfangreiches Programm an Teppichtypen. Vom Vasenteppich nach dem Prinzip des unendlichen Rapports, über den Gartenteppich, Teppichen im Boteh-Muster, Gebetsteppichen bis zu figuralen Teppichen mit Tier- und Menschendarstellungen inklusive Portraits sind alle verfügbaren Muster vertreten.

Charakteristisch für antike Kirmans ist ein Muster meist floraler Art aus Blüten, gefiederten Lanzettblättern, Bäumen, Sträuchern, auch Tierfiguren, verbunden mit Arabesken- und Spiralranken, die das Innenfeld überziehen. Dieses Muster hat sich bis heute erhalten und wird in vielfältigster Abwandlung immer noch geknüpft. Infolge der Beeinflussung durch Europa wurde die Medaillongliederung aufgenommen, oft nur als zentrales Mittelmedaillon auf einfarbigem Grund. Entsprechend der Innenfeldmusterung finden sich auch in den Bordüren Motive vielfältigster Art.

Kirman-Teppiche haben stets eine reiche Farbpalette aufgewiesen. Bei neueren Stücken zeigt sich ein gewisser Trend zu Pastelltönen, bevorzugt Rosarot, Lindgrün, Elfenbein. Alte und antike Kirmans zeigen zumeist ein kräftiges rotes oder blau-rotes Kolorit.

Für die dichte und feste Knüpfung wird meist feine Wolle verwendet; der Flor ist niedrig.

Saruk im Westen des Iran gehört zum Knüpfgebiet von Arak (früher Sultanabad). Teppiche aus Saruk verdanken ihren Ruf vor allem der extrem feinen Knüpfung. Ältere Saruks gehören zu den besten persischen Arbeiten.

In der Musterstellung kommen Medaillonformen, auf einem Netz von Arabeskenranken, Blüten und Blättern ebenso zum Einsatz wie Herati- und Mir-i-Boteh-Motive. Die Botehs vor allem gehören zu den ältesten Motiven des Orients und werden in beinahe jeder Provinz Persiens, aber nicht nur in Persien, verwendet. Nirgendwo jedoch sind sie so stark vertreten wie im Arakgebiet. Diese im Boteh gemusterten Teppiche kommen heute unter der

Bezeichnung Saruk-Mir auf den Markt. In den Bordüren finden sich Herati-Muster oder Wellenranken mit Palmetten und Rosetten.

In der Farbstellung überwiegen helle Töne auf cremefarbenem Grund, doch gibt es auch Farbkompositionen auf rotem oder tiefblauem Fond.

Leider kam es hier – wie auch bei anderen Teppicharten – zur Aufgabe alter Mustertradition und zu Qualitätsverlust, was etwa gegen Ende des 19. Jahrhunderts mit der verstärkten Nachfrage aus Europa und Amerika einsetzte. Vor allem in den USA waren Saruks mit einem besonders hohen und dichten Flor – einem Charakteristikum dieser Teppiche – sowie mit Floralmotiven auf rotem Grund gefragt. Um den Geschmack der Kunden zu befriedigen, setzte die Anpassung und Uniformierung der Muster ein.

Saruk, Persien, Anfang 20. Jahrhundert, 125×205 cm

Die neuen Saruks werden aus vorzüglicher Wolle fein bis sehr fein geknüpft und überwiegend niedrig geschoren. Ältere und antike Stücke haben die gleiche Knotendichte und wurden ebenfalls in erstklassiger Schafwolle geknüpft. Teppiche dieser Provenienz verfügen über einen hohen Gebrauchswert und zählen zu den Spitzenprodukten persischer Teppichkultur.

Shiras, die Hauptstadt der Provinz Fars im Süden des Iran, ist ein altes Kultur- und Handelszentrum, in dem sich die Shiras-Teppichgeschichte bis ins 9. Jahrhundert zurückverfolgen läßt. Heute werden in der Stadt selbst keine Teppiche mehr geknüpft, sie ist Umschlagplatz der aus der Umgebung stammenden Knüpfungen, vor allem für die Nomadenteppiche der Gashgais, Kash-Kulis und so weiter. Im Handel laufen die Teppiche immer noch unter der Bezeichnung Shiras, in jüngster Zeit aber überwiegend unter dem Namen der einzelnen Stämme.

In der Musterung finden sich vor allem geometrische Motive, geometrisierte Vogel- und Pflanzenformen, stilisierte Blüten, Rosetten und Palmetten. Typisch für Shiras-Teppiche sind medaillonartige Gebilde, die unter anderem in Rautenform, als großes Hexagon, hintereinander gesetzt wie Stangenmedaillons sowie mit Haken besetzt vorkommen. Unter den Shiras-Teppichen gibt es eine große Vielfalt in der Musterung und Feldgliederung.

In den Farben überwiegen warme Töne. Die Muster stehen auf überwiegend blauem, seltener rotem oder elfenbeinfarbenem Grund. Manche Teppiche haben nicht mehr als zwei bis drei Farben, andere zeigen die ganze Farbpalette. Oft heben sich Füll- und Streumotive durch eine hellere Tongebung wie etwa gelb oder hellgrün von der Hauptfarbe ab.

Das Knüpfmaterial, meist seidig glänzende Wolle, wird unterschiedlich verarbeitet, je nach Stamm und Gegend verschieden. Es sind auch Stücke mit Kette und Schuß aus Ziegenhaar bekannt. Es gibt feine und grobe Knüpfungen in beiden Knotenarten. Der Flor wird mittelhoch bis hoch geschoren.

Senneh (heute Sanandadsch) ist die Hauptstadt der Provinz Kurdistan im Westen des Iran. Nach ihr wurde der Senneh-Knoten benannt, obwohl in dieser Provenienz eher im türkischen (Gördes-)Knoten geknüpft wird.

Die aus Senneh stammenden Teppiche stehen in dem Ruf, die feinstgeknüpften Stücke persischer Herkunft zu sein. Sie zeichnen sich in der Musterstellung durch die überwiegende Verwendung kleinteiliger Motive aus, vor allem der im 18. Jahrhundert entwickelten Herati-Muster. Ebenso ist das Boteh vertreten, das als versetzt gereihtes Motiv das Innenfeld überzieht. Auch medaillonartige Gebilde mit Eckfüllung auf durchgemustertem oder einfarbig rotem Grund sind als mustergestaltendes Element auf diesen Teppichen dargestellt. Ländliche, von seßhaft gewor-

Senneh im Boteh-Muster, West-Iran, 19. Jahrhundert

denen Kurden geknüpfte Produkte haben im allgemeinen eine großflächigere Musteranordnung.

Die Bordüren weisen wechselständig angeordnete, durch Ranken miteinander verbundene Palmetten oder stilisierte Blumen auf.

Charakteristisch für die für die Sennehs ist der große Farbenreichtum, wobei es stets gelingt, eine harmonische Gesamtwirkung zu erzielen. Insbesondere alte Sennehs repräsentieren das gelungene Zusammenspiel von Muster- und Farbstellung. Doch sie sind ziemlich selten und sehr teuer.

Senneh-Teppiche zeichnen sich durch eine überdurchschnittlich feine Knüpfung aus, die eine völlig exakte Musterung ermöglicht. Die Teppiche auf Baumwollgewebe sind häufig von dünner aber fester Beschaffenheit. Seidenteppiche sind oft auf Seide geknüpft. In der Knüpfung finden sich sowohl persische als auch türkische Knoten. Der Flor wird ganz flach geschoren. Typisch ist der »körnige« Charakter des Grundgewebes.

Serabend liegt im südlichen Ferahangebiet im Zentraliran. Die Serabends gehören zu den bekanntesten Stükken orientalischer Knüpfwerkstätten und zeichnen sich durch hohe Strapazierfähigkeit aus.

Das Hauptmuster der Serabends, das Mir-i-Boteh, erscheint als feldfüllendes, versetzt angereihtes Motiv vorwiegend auf rotem, blauem oder hellem Grund. Das gleiche Hauptmuster zeigen auch die sogenannten »Mirs«, die zu den Serabends gezählt werden und aus Mirabad stammen, sowie Ausführungen aus Saruk (unter Saruk-Mir im Handel).

Ein charakteristisches Merkmal der Serabends allerdings ist die im Persischen mit »Shekeri« bezeichnete Bordüre. Diese Shekeri-Bordüre zeigt ein Wellenrankenband mit kleinen in Rot gehaltenen Motiven in geometrisierter Form, auf blauem oder cremefarbenem Grund. Die Mirs hingegen haben mehrstreifige (oft bis zu zehn) Bordüren in reicher Musterung. Bei diesen Teppichen fällt das Boteh-Motiv im Innenfeld häufig so klein aus, daß es die Bezeichnung Flohmuster erhielt.

Als Knüpfmaterial wird Wolle im türkischen Knoten mittelfein bis grob in ein Baumwollgrundgewebe eingeknüpft. Die Florhöhe differiert von niedrig bis hoch.

Serabend im typischen Mir-i-Boteh-Muster auf rotem Grund, 1940, 125×200 cm

Täbris, Hauptstadt der Provinz Aserbeidschan im Nordwesten des Iran, war und ist das Zentrum der Teppichmanufakturen. Wie aus Berichten genuesischer Kaufleute hervorgeht, muß es dort bereits im 13. Jahrhundert Teppichmanufakturen gegeben haben. Zu der Zeit war Aserbeidschan mit Täbris noch ein turkmenischer Staat.

Unter der Safaviden-Dynastie erlebte Täbris eine Blütezeit der Teppichproduktion. Es wurden Hofmanufakturen gegründet und eine unglaubliche Fülle an Musterelementen, eine einzigartige Mannigfaltigkeit in der Gestaltung entwickelte sich. Jede nur denkbare Musterform in der reichsten Farbstellung wurde in den Manufakturen von Täbris realisiert. Es wurden Teppiche im unendlichen Rapportmuster, mit Mittelmedaillon, Kartuschenteppiche, Jagd- und Tierteppiche, Garten- und Baumteppiche geknüpft.

Der berühmteste Teppich aus dieser Periode ist der »Holy Carpet«, der in der Moschee von Ardebil, einer Stadt in Aserbeidschan, gefunden wurde und die Datierung 1540 trägt. Er ist wohl in Täbris gefertigt worden. Das dominierende Motiv dieses Teppichs ist ein sechzehnzakkiges Sternmedaillon in heller Farbstellung auf dunklem Grund. Der »Holy Carpet« ist von riesigem Ausmaß, er mißt etwa 11,5 x 5,5 m. Der Teppich besticht durch eine derart hohe künstlerische und technische Qualität, daß daraus auf eine schon lange bestehende Knüpftradition in Täbris geschlossen werden kann. Der »Holy Carpet« hängt heute im Victoria and Albert Museum in London. Es existiert übrigens ein zweiter, gleicher Teppich, bei dem allerdings die Bordüren fehlen; diese Teppiche wurden nämlich als Paar gefertigt. Der zweite befindet sich in Malibu, im Paul Getty Museum in Kalifornien.

Unter der Regierungszeit Nadir Shahs im 18. Jahrhundert wurden auch in Täbris weitgehend die Herati-Muster geknüpft. Mit dem Einfluß der Europäer dominierte in der Musterung dann die Medaillongliederung in zahlreichen Abwandlungen.

Heute weisen die Teppiche wieder eine umfangreichere Musterstellung auf. Viele der alten Muster werden nachgeknüpft, neue Musterelemente entwickelt, das heißt alte abgewandelt in dem Bestreben, sie dem heutigen Geschmack anzupassen. Dabei kommt man nicht immer zu befriedigenden Ergebnissen. Manche Muster wirken überladen, oder die Proportionen in der Feldverteilung sind unharmonisch, oder die Motive passen nicht so gut zueinander. Nach wie vor bewähren sich Medaillons als ein beliebtes Gestaltungselement. Medaillon und Ecken liegen jetzt vielfach auf einem unifarbenen (Spiegelfeld) Feld. Neben der häufig verwendeten Herati-Bordüre werden Kartuschen, Achtpässe oder Arabeskenranken als Motive eingesetzt.

Im Fond dominieren die Farben Rot, ein kräftiges Blau oder Creme, das oftmals als Kontrastfarbe eingesetzt wird. Muster werden in allen Farben geknüpft.

Knüpfmaterial ist Wolle, aber auch Seide. Zum Knüpfen wird speziell in Täbris ein Knüpfhaken benutzt (ein Messer mit einem Häkchen, mit dem die Wollfäden durchgezogen werden können). Das Grundgewebe, früher meist aus Wolle, besteht heute vorwiegend aus Baumwolle. Seiden-

176

Täbris (Khoy), Dorfteppich, Anfang 20. Jahrhundert, 135×210 cm (links)

Veramin, Dorfteppich, Anfang 20. Jahrhundert, 140×235 cm (rechts)

teppiche gibt es ganz aus Seide oder auch mit Baumwollkette. Die Knüpfung im türkischen oder persischen Knoten ist mittelfein, der Flor glatt und niedrig.

Täbris ist Handelsplatz für Teppiche verschiedenster Provenienzen aus der Umgebung. Zu Beginn des Jahrhunderts, als sich die Qualität der Teppiche überall verschlechterte und synthetische Farben eingesetzt wurden, gründete der Berliner Heinrich Jacoby in Täbris die PETAG, die Persische Teppich-Gesellschaft AG. Sie setzte sich für die Verwendung natürlicher Farbstoffe und den Gebrauch von Mustern getreu den stilistischen Prinzipien der klassischen Vorbilder ein. Die PETAG gründete eigene Knüpfwerkstätten und leistete einen erheblichen Beitrag zur Rückgewinnung des legendären Rufes der Teppichstadt Täbris.

Veramin, etwa 50 Kilometer südöstlich von Teheran gelegen, hat sich erst in jüngster Zeit zu einem wichtigen teppichproduzierenden Zentrum entwickelt.

Aus Veramin stammen vor allem Teppiche mit einem kleinteiligen, aus Blüten, Blättern, Palmetten und Rosetten bestehenden Rapportmuster, das als Minah-Khaneh-Motiv bezeichnet wird.

Als Fondfarben sind ein mittleres, schönes Blau, ein warmes, dunkles Rot oder ein helles Creme beliebt. Als Schmuckfarben werden Beige, Braun und Rot sowie Mischfarben daraus verwendet.

Bei Teppichen aus Veramin wird Wolle in ein Baumwollgrundgewebe geknüpft. Die Knüpfung in persischem Knoten ist sehr fein, der Flor niedrig, beinahe flach.

NOMADENTEPPICHE

Afshari Die Afshari, ursprünglich ein turkmenischer Stamm, siedeln seit Ende des 16. Jahrhunderts zwischen Shiras und Kirman. Sie leben als viehzüchtende Nomaden, Halbnomaden und Bauern.

Ihre Teppiche weisen überwiegend großzügig angelegte geometrische Muster mit kleinen geometrisierten Formelementen als Füllmotive auf. Oftmals bestehen die Füllmotive aus winzig kleinen Botehs in stilisierter Darstellung. Die einfachen Bordüren sind unterschiedlich breit und ebenfalls aus geometrischen Formen gestaltet.

Typisch für die Farbgebung der Afsharis sind die Grundfarben Blaurot, Rot und ein Elfenbeinton, die mit den vielfarbigen Mustern harmonieren.

Die Knüpfung – meist im Gördes-Knoten – ist nicht sehr fest, die verwendete Wolle im allgemeinen weich. Kette und Schuß der heutigen Teppiche sind aus Baumwolle, wobei die Kettfäden weiß, die Schußfäden rot und blau gefärbt sind. Der Flor wird mittelhoch bis hoch geschoren.

Hauptsächlich werden Teppiche in den Gebieten um die Gebirgssiedlungen Shahr Babak, Sirjan, Dahaj und in und um Neyriz am Neyriz-See gefertigt. Im Handel findet man die Bezeichnungen »Shiras-Afshari« und »Kirman-Afshari«, je nach dem Haupthandelsplatz, wobei die Shiras-Afshari im allgemeinen eine gröbere Qualität aufweisen.

Knüpfteppich von Afshar-Stämmen um Neyriz am Neyriz-See, Anfang 20. Jahrhundert, 140×170 cm

Bachtiari Die Bachtiaren leben in den Bergen der Provinz Isfahan. Bei ihnen werden Teppiche nicht mehr in erster Linie von den Nomaden, sondern von den ansässig gewordenen Stämmen geknüpft.

In der Musterung zeigen manche Bachtiaris den Einfluß Isfahans, andere sind eher von geometrischen Elementen durchsetzt, haben weniger fließende Linien. Typisch ist der sogenannte »Felder-Bachtiari«. Er wird zum Typus der Gartenteppiche gerechnet und zeigt die Einteilung in Feldermuster in der Quadrierung oder Rautung. Als Füllmotive finden sich stilisierte Blütenformen, Blütensträucher oder Bäume. Ein weiterer Typus ist der mit Medaillons und Eckfeldern versehene Medaillon-Teppich aus Saman.

Die Bordüren erscheinen oft weißgrundig und zeigen Blüten- und Sternformen mit Wellenranken.

Die Bachtiaren lieben klare Farben, so wird Rot – bis zum Rosa –, Gelb, Grün und Indigoblau geknüpft. Bei den Felder-Teppichen verarbeitet man häufig Braun zur Konturierung der Felder. Es werden noch überwiegend Naturfarben verwendet.

Die Wolle ist von fester, beinahe spröder Qualität. Die Knüpfung erfolgt in türkischem Knoten in ein Grundgewe-

Schilder-Bachtiar, Persien, um 1950, 130×205 cm

be aus Baumwolle. Die Knüpfqualität ist grob bis fein, der Flor mittelhoch bis hoch.

Die feinsten Teppiche kommen aus einem Dorf westlich von Shahr Kurd (Stadt der Kurden), aus Tshahal Shotur. Diese Teppiche werden im Handel als »Bibibaff«, zu deutsch »Knüpfung der Frauen« oder »Knüpfung der Großmütter«, bezeichnet. Damit soll die feine Knüpfqualität zum Ausdruck gebracht werden.

Gabbeh ist die Bezeichnung für eine bestimmte Art von Nomadenteppichen aus der südpersischen Provinz Fars. Sie werden nicht nur von den Gashgais geknüpft, sondern auch von den anderen Nomadenstämmen dieser Region. Gabbehs zu charakterisieren, ist schwierig. Es heißt über

Dieser Gabbeh in sparsam geometrischer Musterung wird in den Farben von dem naturbelassenen Material bestimmt. Persien, 1920, 120 × 180 cm

sie, daß alles möglich ist, sowohl in der Mustergebung wie in der Farbstellung. Grob gesehen lassen sich zwei Typen unterscheiden: Einmal die Gabbehs mit eher sparsamer geometrischer Musterung, bei denen Kette und Schuß aus Ziegenhaar bestehen, seltener aus Wolle. Die Knüpfung erfolgt in grober, ungefärbter Wolle. Die Farben werden von dem naturbelassenen Material bestimmt, erdige Farbtöne – Weiß, Grau, Braun, Graubraun, Schwarz, meist auf hellem Grund – übernehmen die Musterzeichnung. Zum anderen die Teppiche, die leuchtende bunte Farben zeigen – Rot, Grün, Orange – und in ihrer unglaublichen Vielfalt an Mustern beispielsweise auch unregelmäßige Muster aufweisen, in denen sich geometrisierte Blütenformen und Tierfiguren sowie vertikal verlaufende Zickzacklinien finden, um nur einiges zu nennen.

Sie sind im türkischen Knoten geknüpft und haben einen langen Flor.

In Manufakturen werden häufiger Kopien dieser Nomadenteppiche angefertigt, wobei Kette und Schuß dann oftmals aus Baumwolle gearbeitet sind.

Gashgai Die Gashgais stammen von den Turkvölkern ab und kamen etwa um das 13./14. Jahrhundert aus dem Kaukasus nach Persien. Dort nomadisieren sie im Shirasgebiet im Süden Persiens bis hinauf in die Provinz Isfahan. Den Sommer verbringen die Gashgais in den Berggebieten, im Winter ziehen sie mit ihren Viehherden in die Ebenen. Jeder der zu den Stammesgruppen der Gashgais zählenden Stämme wie Bolli, Darishuli, Hebatlu, Kash-Guli, Kuhi, Namadi, Turki – und unter diesen wieder jede Familie – knüpft seit Jahrhunderten tradierte Muster. So erklärt sich der Formenreichtum und die Farbenvielfalt der Gashgai-Teppiche.

In der Musterstellung kommt eine nahezu unübersehbare Fülle von Formen und Mustern zum Tragen, wobei geometrisierte oder stilisierte Formenelemente überwiegen. Das Innenfeld ist vielfach in Schrägstreifen gegliedert, oder es zeigt eine Aufteilung in Rauten, oder drei übereinanderstehende Rauten bilden das Hauptmuster. An Füllmotiven finden sich geometrische Gebilde, stilisierte Blüten- und Blattformen, das Boteh, Tiere wie Vögel, Hähne, Hunde. Für die Bordüren charakteristische Motive sind das Weinglas- und Eichenblattmotiv, häufig einfache Schrägstreifen und bei älteren Teppichen das sogenannte Ashkalimuster. Es zeigt eine Reihung von hakenbesetzten Rauten mit einer stark stilisierten Blütenform als Kern.

In den Farben – auch heute werden meist noch Naturfarbstoffe verwendet – überwiegt neben einem dunklen Blau und Elfenbeintönen ein vitales Rot.

Die Teppichschöpfungen der Gashgais erfreuen sich überdies eines guten Rufes in bezug auf ihre Qualität. Kette und Schuß werden aus Wolle oder Ziegenhaar gearbeitet. Geknüpft wird in Wolle überwiegend im türkischen, aber auch im persischen Knoten, und zwar von mittelfein bis fein. Der Flor wird flach geschoren.

Kash-Guli Die Kash-Guli, ein Nebenstamm der Gashgai, leben in der Provinz Fars.

In ihren Teppichen überziehen Botehs in verschiedenster Abwandlung das Innenfeld. Neben diesem Motiv knüpfen die Kash-Guli aber auch die sogenannten »Löwenteppiche«, die von der großflächigen Darstellung stilisierter Löwen bestimmt werden. Das Löwenmotiv ist ein sehr altes und schon sehr früh verwendetes Motiv in der darstellenden Kunst. Es symbolisiert Macht, Stärke, Herrschaft, Königswürde. Auf Teppichen wiedergegeben, kommt ihm möglicherweise die Funktion von Schutz oder Abwehr zu.

In der Farbstellung sind die Teppiche der Kash-Guli bevorzugt in Rot und goldfarbenen Tönen gehalten.

Als Knüpfmaterial wird Wolle verwendet. Kette und Schuß sind aus Wolle oder Ziegenhaar. Die Knüpfung im türkischen Knoten ist fein.

Löwenteppich der Kash-Guli

Kurden Mit den Luren gehören die Kurden zu den ältesten Volksstämmen. Ihre Herkunft ist nicht eindeutig geklärt. Sie siedeln heute in den Grenzgebieten des Irak und Iran, von Syrien, der Türkei und des Kaukasus. Im Iran liegt ihr Schwarmgebiet in der Westprovinz Kurdistan.

Ein großer Teil der Kurden arbeitet als Teppichknüpfer, die sich schon sehr früh einen ausgesprochen guten Ruf hinsichtlich der Qualität und Ausführung ihrer Arbeiten erworben haben. Stilistisch gesehen gibt es keine einheitlichen Charakteristika für diese Teppiche. Das liegt an der großen Ausdehnung kurdischer Besiedlungen und der damit verbundenen jeweiligen Zugehörigkeit zu einem anderen Land. Teppichmuster und Farbgebung sowie auch Qualität sind nach Region verschieden, selbst innerhalb Persiens.

Allgemein kann man sagen, daß kurdische Teppiche bevorzugt großzügige Musteranordnungen und eine überwiegend geometrische Musterung zeigen. Unter persischem Einfuß entstehen auch einfache florale Muster. Die Farben weisen meist wärmere Töne auf. In der Ausführung reicht das Spektrum von allerfeinster Knüpfung – wie zum Beispiel bei den Sennehs, die Weltruf erlangten und

Kurdenteppich mit Blumenmuster im Innenfeld, um 1900, 140 × 190 cm

zu den Kurdenteppichen gerechnet werden – bis zu den grob geknüpften, hochflorigen Teppichen der Yürüken. Geknüpft wird im türkischen Knoten.

Unter die persischen Provenienzen fallen der Bidjar, Senneh, Soukboulagh, Kolyai, Koltuk, Geru sowie der Ghutschan.

Luren Ethnisch mit den Kurden und den Bachtiaren verwandt, leben die Luren überwiegend im mittleren Zagrosgebirge und im südlichen Khuzestan im Südwesten des Iran.

Ihre Teppiche ähneln in vielem den kurdischen Erzeugnissen, zeichnen sich ebenfalls durch eine Vorliebe für großzügige flächige Muster aus. In der Ausmusterung kommen sich wiederholende Rautenformen, Stangenpolygone, die hakenbesetzte Raute, daneben das Felder- beziehungsweise Gartenmuster vor. Als Füllmotive erscheinen geometrische Formenelemente, stilisierte Blumen, Sterne, Rosetten, manchmal auch Tierfiguren. In den Bordüren finden sich vielfach intermittierende Wellenranken mit geometrisierten Rosetten.

Der Teppichfond erscheint häufig in einem tiefen Blau. Hauptfarben sind neben Elfenbeintönen Blau und Rot, ein helles Blau, manchmal ein Grün neben einem Orange.

Luren-Teppich in typischer Musterung, 1930, 58×65 cm

Kette und Schuß werden aus Wolle oder Ziegenhaar oder Wolle und Ziegenhaar gemischt gefertigt. Die Knüpfwolle zeigt einen leichten Glanz, meist wird im türkischen Knoten geknüpft, gelegentlich aber auch im persischen. Der Flor ist hoch geschoren.

TURKESTAN

Zur Geschichte des turkmenischen Teppichs

Von jeher waren die Turkmenen als kriegslustiges Nomadenvolk, das in ständiger Auseinandersetzung mit seinen Nachbarstämmen lag, berüchtigt und gefürchtet. Ihre Schwarmgebiete erstreckten sich vom Kaspischen Meer bis zum Wüstengebiet des einstigen Turkestan, einer unzugänglichen und unwirtlichen Region.

Über die Geschichte der Turkmenen ist kaum etwas bekannt, da es nur sehr wenige schriftliche Aufzeichnungen darüber gibt. Auf ihren ständigen Wanderzügen haben sich ihre Stammeseinheiten permanent neu formiert. Als einer ihrer am stärksten ausgebildeten Wesenszüge kann ein enormer Unabhängigkeitsdrang und starker Individualismus genannt werden. Niemals haben sich die Turkmenen zu einer politischen oder militärischen Einheit zusammengeschlossen. Neben kriegerischen Auseinandersetzungen, politischen Ereignissen waren klimatische Veränderungen sowie die Abhängigkeit von Wasservorkommen Gründe für ihre ständige Wanderschaft. All das, ihre Lebensweise, ihr Wanderleben und ihr eigenwilliger Charakter, erschwerten eine lückenlose Aufzeichnung ihrer Geschichte.

Ihre ursprüngliche Heimat wird im Altaigebirge vermutet. Von dort aus zogen sie im 10. Jahrhundert über den Fluß Amu Darja bis zum Kaspischen Meer. Die Turkmenen setzen sich aus einer Vielzahl von Stammesföderationen zusammen, die sich einst aus dem heterogenen Verband der Oghusen rekrutierten. Zu diesen Stammesföderationen zählen als Hauptgruppen die Saloren, Saryken, Yomuden, Tekke, Ersari und verschiedene Untergruppen wie die Tschaudoren, Kisil Ayak und Arabatschi, die sich etwa um 1600 gebildet haben.

Nomadenstämme stellten für die einzelnen Regierungen immer wieder potentielle Unruheherde und somit eine Bedrohung dar. Da sie kaum greifbar und damit nicht beherrschbar waren, konnte man ihnen schwer beikommen. Ein Mittel, dessen man sich öfter bediente, um sie unter Kontrolle zu bringen, war die Zwangsumsiedelung. Schon Nadir Shah (persischer Herrscher von 1736 bis 1747) wendete dieses Mittel an, indem er Turkmenenstämme in den Steppen Chorassans und Westpersiens ansiedelte.

Nach der kommunistischen Revolution wurde das Gebiet der Turkmenen im Jahre 1920 der ehemaligen Sowjetunion einverleibt und 1924 die Turkmenisch Sozialistische Sowjetrepublik gegründet. Nach dieser Zeit wurden viele Nomaden auf Druck der Regierung hin seßhaft. Heute leben Turkmenen nicht nur in der ehemaligen Sowjetunion, sondern ein Teil von ihnen auch in Afghanistan und in den nördlichen Steppengebieten des Iran.

Berühmt geworden sind die Turkmenen vor allem durch ihre Teppiche, die von den Frauen auf horizontalen Knüpfstühlen gefertigt werden. Bei uns wurden turkmenische Teppiche erst im 19. Jahrhundert bekannt, zu abgeschieden lagen die Gebiete der Turkmenen, kein Reisender wagte sich dorthin. Bis zur Eroberung Zentralasiens durch die Russen im vorigen Jahrhundert war ein solches Unternehmen eine extrem gefährliche Angelegenheit.

Als die meisten Turkmenen unter dem Druck des russischen Zaren gezwungen wurden, seßhaft zu werden, konnten sie vieles entbehren, was sie für das Nomadenleben benötigt hatten. Damit rückte die Teppichherstellung in den Vordergrund, und nach und nach wurde immer stärker für den Handel produziert.

Die charakteristischen Muster turkmenischer Teppiche konnten sich lange unbeeinflußt halten. Erst nach den politischen Ereignissen und der Eingliederung in die ehemalige Sowjetunion in den zwanziger Jahren machten sich zunehmend Einflüsse von außen bemerkbar. Vor allem kam es zu einer gewissen Einflußnahme durch den Staat, indem er die Einrichtung großer Werkstätten organisierte, in denen sich eine reguläre Teppichproduktion entwickeln konnte. Die sowjetische Planwirtschaft erfaßte auch die Nomadengebiete Innerasiens. Der Verfall tradierter Muster setzte auch hier ein, die Folge: eine Nivellierung in der Teppichgestaltung. Die Produkte der Manufakturen waren nur noch rein äußerlich Stammesarbeiten. Die Nomaden, aus ihrer ursprünglichen Lebensweise herausgerissen, verloren mehr und mehr den Bezug zu ihren Mustern. Vielfach wurde nur noch eine bloße Form nachgeknüpft. Den meisten dieser späteren Produkte fehlt die Kraft, die unverwechselbare Lebendigkeit.

Das herkömmliche Muster des gesamten Turkmenenbereiches stellen achteckige oder vieleckige Motive dar, die »Göl« oder »Gül« genannt werden. Man unterscheidet zwischen dem Göl als primärem Motiv und dem Gül als sekundärem Motiv beziehungsweise dem Hauptgöl und dem Nebengül, wobei die Nebengüls verkleinerte Hauptgöls oder kreuz- oder sternförmige Gebilde sein können. Das ganze Teppichinnenfeld besteht aus Reihen von Hauptgöls, alternierend mit Reihen von Nebengüls. Die Einteilung in Haupt- und Nebenbordüren entfällt. Die Bordürenumrandung besteht im allgemeinen aus vielen gleichrangigen schmalen Borten in geometrischer Musterung.

Die Göls sind ein Phänomen, mit dem man sich intensiv beschäftigt hat, um ihren Ursprung und ihre Bedeutung herauszufinden. Sie besitzen wohl stammesspezifische Bedeutung, jedenfalls hat jeder Stamm sein eigenes Göl. Wurde bei kriegerischen Auseinandersetzungen ein Stamm von einem anderen besiegt, so mußte der Besiegte das Göl des Siegers in seine Teppiche übernehmen. Göls auf den Teppichen waren das Zeichen von Selbständigkeit. Ein besiegter Stamm hatte seine Selbständigkeit verloren und kam unter die Oberhoheit des siegreichen Stammes. Die Übernahme und Verwendung der Göls zwischen Siegern und Besiegten unterlag komplizierten, aber festen Spielregeln. So wurde das Göl des besiegten Stammes zum Nebengül des siegreichen Stammes. Das Göl wurde nun zum Gül, dem nicht mehr seine ursprüngliche

Bedeutung zukam, sondern nur noch eine rein ornamentale. In diesem Zusammenhang spielen die Taschen (Tschowals) der Nomaden eine wichtige Rolle. Auf die Taschen zum Beispiel durfte der unterlegene Stamm sein Göl übertragen, also weiterknüpfen.

Über Herkunft und Symbolwert der Göls gehen die Auffassungen der Experten auseinander. Aus ethymologischer Sicht wird das Wort Göl von den einen mit dem persischen Wort »Gol« oder dem »Gul« aus dem Sanskrit in Verbindung gebracht, was übersetzt »Blume« heißt. Die anderen führen es auf das alte türkische Wort »Göl« = »Familie, Sippe« zurück. Es gibt Teppichexperten, die den Ursprung der Göls in Vogelformen sehen, deren Darstellung in vorislamischer Zeit in Asien gebräuchlich und mit einer religiösen oder totemistischen Bedeutung verknüpft war. Man glaubte an tierhafte Ahnen. Man war überzeugt, mit der Darstellung der Göls als Ausdruck totemistischer Beziehung Schutz vor bösen Einflüssen, vor Unheil, eine günstige Beeinflussung des eigenen Schicksals zu erlangen. Es gibt auch die Auslegung, daß die Göls und die Art und Weise ihrer Ornamentierung etwas mit den Bewässerungsanlagen zu tun haben, von denen die Turkmenen ja besonders abhängig waren. Nach dieser Auffassung sind die Göls und die Art ihrer Anordnung auf dem Teppichfeld Ausdrucksformen für Bewässerungssysteme. Andere denken an eine aus seldschukischen Ornamenten abgewandelte Form oder an eine Entlehnung aus dem byzantinischen Kunstbereich. Doch stellen die Göls vielleicht in erster Linie heraldische Motive eines jeden Stammes dar.

Die auf den turkmenischen Teppichen verwendeten Göls und Güls unterscheiden sich durch charakteristische Merkmale in der Form und in der Innenzeichnung voneinander und können aufgrund dieser Kriterien den einzelnen Stämmen zugeordnet werden. Dennoch ist eine Zuschreibung allein im Hinblick auf die Göls problematisch, denn nachdem es vermehrt zur Fertigung von Teppichen für den Handel kam, wurden einst stammesspezifische Muster unter den Sippen und Stämmen ausgetauscht oder Göls untergegangener Gruppen von anderen Stämmen weitergeknüpft. Zudem gibt es Nachknüpfungen in den Manufakturen, so zum Beispiel in Pakistan, die damit keine Stammesarbeiten mehr darstellen.

Ein weiteres Charakteristikum der Turkmenenteppiche ist ihre Farbe. Sie zeigen durchgehend die Grundfarbe Rot, das sowohl ins Bräunliche als auch ins Bläuliche tendieren kann. Alle anderen Farben fügen sich in das Rot ein.

Die wichtigsten Turkmenenstämme und ihre charakteristischen Göls und Güls

Saloren
Von allen Turkmenenstämmen läßt sich die Geschichte der Saloren am weitesten zurückverfolgen. Unter den sogenannten »Stein-Saloren«, zu denen um die Mitte des 16. Jahrhunderts die Tekke, Saryken, Yomuden und Ersari gehörten, nahmen die Saloren die führende Stellung ein. Sie bildeten aber keinen festen Stammesverband. Im 18. Jahrhundert bewohnten sie die Oase Merw und genossen großes Ansehen und Respekt. Ihre ständigen Auseinandersetzungen, vor allem mit den Tekke, führten

Salor-Göl

Salor-Nebengül

schließlich dazu, daß sie die Oase Merw verlassen mußten und in der Nähe von Pendeh Zuflucht suchten. Viele von ihnen wurden in den Stamm der siegreichen Tekke aufgenommen. 1831 unterlagen sie in einer kriegerischen Auseinandersetzung gegen die Perser und wurden in alle Richtungen zersprengt. Ein Teil von ihnen wanderte nach Afghanistan, wo sie sich den Ersari und Beschiren anschlossen.

Das Salor-Göl ist das bekannteste Stammeszeichen der Turkmenen. Es zeigt ein in die Breite gezogenes Oktogon mit einer Innenzeichnung aus kleinen geometrischen Formen. Typisch für den Salor ist vielfach auch ein mit Doppelhaken besetztes Göl. Zwischen den Reihen der Hauptgöls befinden sich die kleineren Nebengüls, die in ihrem inneren Kern dem Hauptgöl ähneln

Jeder Turkmenenstamm knüpft in bevorzugten Grundfarben, wobei das Rot die Hauptfarbe darstellt, jeder Stamm aber wieder seinen ganz charakteristischen Rotton hat. Bei den Saloren geht das Rot des Fonds schon in ein dunkles Violett über, das fast schwarz wirken kann. Generell sind diese Teppiche in der Farbgebung etwas düsterer gehalten.

Für Grundgewebe und Knüpfung – im persischen Knoten – wird Wolle, für die Göleinknüpfungen oft auch Seide verwendet. Der Flor ist sehr niedrig.

Tekke

Die Tekke gehören zu den bekanntesten der Turkmenenstämme. Innerhalb der Tekke lassen sich als stärkste Stammesgruppen die Achal Tekke und Merw Tekke unterscheiden.

Bis zum 18. Jahrhundert blieb ihr Siedlungs- und Wandergebiet relativ unverändert, sie lebten von Viehzucht und gelegentlichem Ackerbau. Mit ihren im 18. Jahrhundert einsetzenden Eroberungszügen war eine länger andauernde Periode immer wieder aufflammender kriegerischer Auseinandersetzungen und sich verändernder Machtverhältnisse verbunden. Besonders heftige Kämpfe tobten Ende des letzten Jahrhunderts gegen die Russen, als russische Armeen begannen, Turkmenien zu erobern. Nach einem ersten Sieg der Tekke gelang es jedoch dem zaristischen Rußland, den südlichen Teil Turkmeniens zu annektieren. Viele Tekke flohen daraufhin in den Norden Afghanistans und in nordöstliche Gebiete des Iran.

Neben den Yomuden zählen die Teppiche vom Stamm der Tekke zu den feinsten Knüpfereien der Turkmenen. Ihre Mustergestaltung, die sich im Laufe der Zeit kaum geändert hat, zeigt das typische viergeteilte Tekke-Göl. In den Zwischenräumen der auf dem Innenfeld gereihten Göls be-

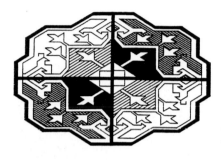
Tekke-Göl

Tekke-Nebengül

finden sich kreuzartige Nebengüls. Göls und Nebengüls sitzen in einem Gitternetz aus senkrechten und waagerechten dunkelfarbenen Linien. Das Muster der Bordüren, die sich farblich nicht vom Innenfeld abheben, besteht meist aus einfachen geometrischen Formen, in neueren Teppichen vielfach aus kleinen hakenbesetzten Rauten.

Das charakteristische Rot des Fonds variiert bei den Tekke von einem intensiven warmen Rot bis fast zum Hellrot. Die Motive sind in Blau und Naturweiß, manchmal in Grün oder auch in Rosatönen gehalten. Gelb kommt selten vor. Bei älteren Teppichen sind die viergeteilten Abschnitte der Hauptgöls abwechselnd dunkel- und mittelblau. Im 19. Jahrhundert waren die Farbtöne insgesamt reicher; heute beschränkt man sich meist auf drei bis vier Farben.

Ein Charakteristikum aller Tekke ist die sogenannte »Schürze«. Eine solche Schürze – häufig in einer sehr schönen Musterung aus Rautenmotiven mit Pfeilspitzumrahmung – steht als Zwischenstück vor dem eigentlichen Kelimabschluß.

Feine seidige Wolle wird im persischen Knoten in ein Grundgewebe aus Wolle eingeknüpft. Der Flor ist niedrig.
Im Handel erscheinen die Teppiche der Tekke unter der Sammelbezeichnung »Buchara«. Buchara, als Marktzentrum für die Erzeugnisse des gesamten turkmenischen Nomadengebietes, wird schon seit längerer Zeit als Name für das Tekke-Muster benutzt.

Tekke-Torba,
1880, 35×25 cm

Saryken
Im 16. Jahrhundert gehörten die Saryken ebenfalls zum Verband der »Stein-Saloren« und bewohnten die Gebiete um die Balkhangebirge. Etwa Mitte des 18. Jahrhunderts drangen sie in den Osten Turkmeniens und ins Khanat Buchara vor. Zusammen mit den Tekke vertrieben sie im 19. Jahrhundert die Saloren aus Merw, sie selbst wurden von den Tekke aus der Oase Murghab vertrieben. Zwischen 1929 und 1939 zogen große Gruppen nach Afghanistan, wo sie sich im Heratgebiet niederließen.
Das typische Göl der Saryken besteht aus einem Stufenpolygon in einer einfachen, klaren, geometrischen Gestaltung. Auf dem Innenfeld sind die Hauptgöls in alternierender Reihung mit den Nebengüls angeordnet.

Saryk-Göl

Das für Turkmenen-Teppiche typische Rot zeigt bei den Saryken eine Färbung ins Blaue, die Motive erscheinen in Blau bis Schwarz, vielfach in hellem Rot und Orangerot.

Die Teppiche der Saryken – ebenfalls im Gördes-Knoten – sind nicht so fein geknüpft wie die der Saloren, auch der Flor ist höher. Göleinknüpfungen werden häufig in Seide ausgeführt. Die Musterung der Bordüren besteht überwiegend aus kleinen geometrischen Motiven.

Yomuden

Die Yomuden leben in einem Gebiet, das sich vom Kaspischen Meer bis an die persische Grenze und östlich bis zum Gebiet der Achal Tekke erstreckt. Neben den Tekke gehören ihre Arbeiten zu den feinsten turkmenischen Knüpfungen.

Die bekanntesten Hauptgöls der Yomuden sind das Kepse-Göl und das Dyrnak-Göl. Das Kepse-Göl zeigt eine langgezogene Rautenform, die nach außen in treppenför-

Saryk-Torba, um 1800, 100×38 cm

mig gegliederte Abschnitte aufgeteilt ist. Das Dyrnak-Göl dagegen ist kompakter, es besteht aus einer hakenbesetzten Rautenform mit geometrisierten Motiven in der Innenzeichnung. Interessant ist noch ein weiteres Göl der Yomuden, das Tauk-Nuska-Göl. Es zeigt ein Oktogon mit einem Mittelteil und geometrisierten Tierfiguren (wahrscheinlich Hühner, tauk = Huhn) in der Innenzeichnung. Hauptgöls, mit Nebengüls alternierend, gliedern das Innenfeld des Teppichs. Die Bordüren mit geometrischer Musterung sowie das Innenfeld zeigen eine unterschiedliche Farbgebung.

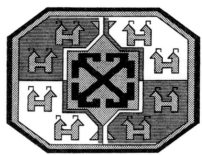

Yomud Tauk-Nuska-Göl

Das Rot dieser Teppiche geht ins Violettbraun. In den Motiven wird Dunkelblau mit Rottönen und Orange kombiniert. Auffallend ist die großzügige Verwendung von Weiß, vor allem in den Bordüren. Ein Kontrast, der manchmal unruhig wirken kann.

Als Knüpfmaterial wird Wolle verwendet, Seide oder Baumwolle nur selten. Die Knüpfung, in beiden Knotenarten, ist mittelfein, der Flor mittelhoch.

Ersari

Die Ersari, zu denen auch die Beschir gezählt werden, waren zahlenmäßig der größte Turkmenenstamm. Im Laufe der Geschichte zogen sie aus ihren ursprünglichen Gebieten um die großen Balkhangebirge über den Amu Darja bis nach Afghanistan. Heute leben sie, seßhaft geworden, im Norden von Afghanistan. Ihre Teppiche werden im Handel vielfach unter dem Sammelnamen »Afghan« angeboten.

Ersari Gülli-Göl

Die Göls und Güls der Ersari haben sich häufig verändert und zeigen eine ungeheure Formenvielfalt. Ebenso zeichnen sich die Teppiche der Ersari durch einen großen Reichtum an Mustern und Motiven aus. Allgemein sind die Musterelemente nicht so streng geometrisch gehalten, sondern muten vielfach beinahe floral an. Ein Beispiel dafür stellt das Ersari-Gülli-Göl dar. Die kleinen Füllmotive dieses Zeichens lassen an Blütenformen denken.

Ersari-Hauptteppich, um 1900, 245×199 cm

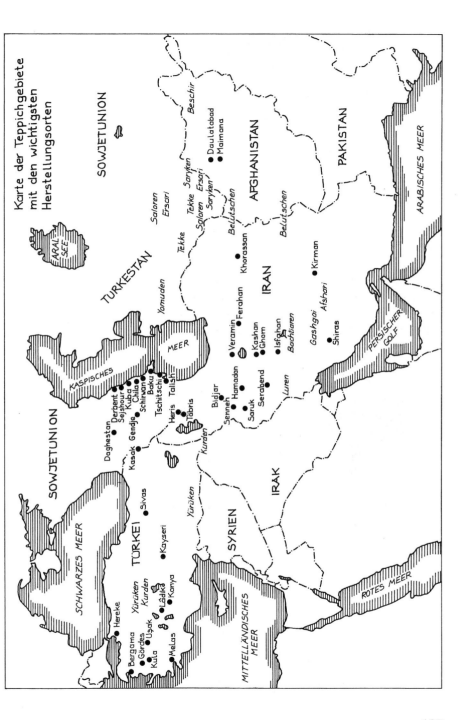

Die Fondfarbe der Ersari ist ein freundliches Ziegelrot, die Musterfarbe Gelb wird großzügig verwendet, auch Blau ist beliebt. Die Teppiche haben eine lebensfrohe Ausstrahlung.

In ein starkes Grundgewebe aus Baumwolle wird Wolle geknüpft. Die Knüpfung – bevorzugt im persischen, aber auch im türkischen Knoten – ist unterschiedlich: von fein bis grob. Ebenso variiert die Florhöhe von mittelhoch bis hoch.

Bekannt sind auch die »Wolkenband-Beschirs«, benannt nach der zu den Ersari zählenden Stammesgruppe Beschir. Das Mittelfeld dieser Teppiche ist ausgefüllt mit dem Wolkenbandmotiv auf dunkelfarbigem Grund.

Die Kisil-Ayak, ebenfalls ein Unterstamm der Ersari, leben heute zum Teil in Afghanistan. Ihre Teppichprodukte kommen als »Kisil-Ayak« auf den Markt, unterscheiden sich aber kaum von denen des Hauptstammes. Die Kisil-Ayak besitzen auch kein eigenes Stammesgöl. Da sie über geraume Zeit mit den Saloren und Saryken in Merw und Pendeh lebten, haben sie deren Muster übernommen und abgewandelt.

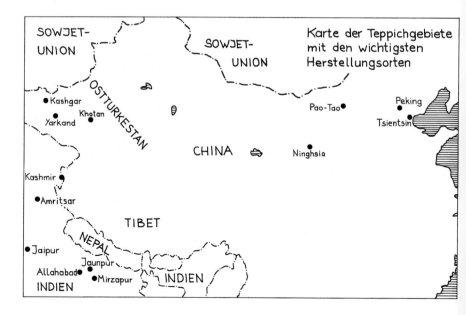

KAUKASIEN

Zur Geschichte des kaukasischen Teppichs

Kaukasien, zur ehemaligen Sowjetunion gehörend, erstreckt sich vom Schwarzen bis zum Kaspischen Meer. Der Kaukasus, eine weite Gebirgslandschaft mit Höhen bis zu 5000 Meter, teilt das Land Nordkaukasien und Transkaukasien. Stets lebten hier die verschiedensten Volksgruppen nebeneinander, von turkmongolischer über indoiranischer, indogermanischer bis altkaukasischer Herkunft. Man zählt etwa 350 Volksstämme und 150 verschiedene Mundarten. 800 v. Chr. stießen indogermanische Kimmerier und Skythen in den transkaukasischen Raum, 600 v. Chr. unterwarfen die Meder das Land. Darauf folgten später die Armenier. Nach den Armeniern kamen schließlich die Parther und Sassaniden. Das Christentum fand Eingang in Kaukasien, wurde aber im 8. Jahrhundert durch den Islam verdrängt. Die Krimtartaren fielen in das Land ein, gefolgt von den Mongolen im 13. Jahrhundert. Im 15. Jahrhundert dringen die Perser vor, 1590 die Türken: Armenien, Transkaukasien und Aserbeidschan werden Teile des Türkenreiches. Die kostbaren Teppiche vor allem sind es, die die Türken auf ihren Beutezügen begeistern. Als im 18. Jahrhundert Nadir Shah erneut den südöstlichen Teil Kaukasiens erobert, wird die Region in 15 Khanate aufgeteilt, deren Khane Beauftragte der persischen Zentralverwaltung waren.

Kaukasien blickt auf eine wechselvolle Geschichte zurück, eine Geschichte voll endloser Kriege, Freiheitskämpfe und Beutezüge. Bis zum 19. Jahrhundert war es nie ein einheitlicher Staat. Erst Rußland machte aus Kaukasien ein einheitliches Staatsgebilde. Rußland, das schon unter Katharina II. (1762–1796) bestrebt war, seine Macht über den Kaukasus hinaus bis nach Persien und in die Türkei auszudehnen, eroberte in zwei Kriegen zu Beginn des 19. Jahrhunderts den südöstlichen Teil Kaukasiens und Teile Armeniens. 1864 fiel der Kaukasus trotz heftigsten Widerstandes verschiedener kaukasischer Stämme, beispielsweise der Tscherkessen, gänzlich an Rußland. 1921 schließlich wurde Kaukasien in die sowjetischen Unionsrepubliken eingegliedert.

Teppiche wurden im Kaukasus schon früh hergestellt. Die Teppichforschung vermutet, daß die Knüpfkunst von Armeniern oder Turkvölkern in den Kaukasus gebracht wurde. Die frühest bekannten Stücke sind die sogenannten »Drachen-« und »Tierkampfteppiche« aus dem 15. bis 17. Jahrhundert, die man zunächst für anatolische Arbeiten hielt, da sie eine gewisse Ähnlichkeit mit den Drachen- und Phönixteppichen Anatoliens aufweisen. Die ältesten Exemplare dieser Teppiche zeigen eine von breiten, stark gezackten Lanzettblättern gebildete, rautenförmige Aufteilung. In die Rauten eingefügt sind Tierfiguren, ineinander verschlungene Wesen, Drache und Phönix im Kampf. Dabei befinden sich die Tierfiguren in heraldischer Gegenüberstellung – eine sehr alte Ausdrucksform mythischer Kunst des asiatischen Raumes, ebenso wie Tiermotive auf die Kunst der Skythen zurückgehen. Die stets paarweise Darstellung von Drache und Phönix symbolisiert die beiden gegensätzlichen Kräfte, die in der Natur herrschen, und die es ins Gleichgewicht zu bringen gilt. Die Drachen- und Tierkampfszenen werden zunächst in naturnaher Darstellung geknüpft, erstarren aber im Laufe der Zeit zu geometrischen Gebilden, bis sie schließlich nur noch die Form eines langgezogenen S zeigen. Allmählich lassen die Teppichmuster – wofür sicher der persische Einfluß zunehmend von Bedeutung ist – einen Übergang von Tierkampfdarstellungen zu floralen Motiven erkennen. Die rautenförmige Aufteilung wird beibehalten.

Die Eroberung des südöstlichen Kaukasien durch Nadir Shah im 18. Jahrhundert sorgte für weitere Veränderungen. In Persien steckten die Hofmanufakturen in der Krise, ihr Niedergang war nicht mehr aufzuhalten. Im Kaukasus, wo Werkstätten zur Erzeugung von Teppichen neu entstanden, wurden Muster aus Persien übernommen, diese jedoch auf typisch kaukasische Art stilisiert und geometrisiert. Fast kann man sagen, daß sich ein neuer Teppichtypus dabei entwickelt hat, der in der Teppichgeschichte gerne mit kaukasisch-nordwestpersischer Teppich be-

Drachen-Teppich, Schirwan-Gebiet, Ende 18. Jahrhundert, 296×158 cm

zeichnet wird. Das Innenfeld dieser Teppiche weist eine reihenförmig aufsteigende Musterung auf. Das Medaillon wird als Motiv in die Mustergestaltung aufgenommen: vertikal gereiht oder als Stufenpolygon auf floralem Grundmuster. Danach werden die Ornamente wieder reicher, alte Muster aufgegriffen, neue hinzugenommen, die Möglichkeiten der Veränderung, Abwandlung, Kombination genutzt. Im 19. Jahrhundert erhalten die Bordüren eine breitere Form, die Bordürenranken lösen sich in einzelne geometrische Elemente auf.

In die Zeit um etwa 1800 fällt die Hochblüte der Tep-

201

picherzeugung. In dieser Periode erscheint auch ein für die kaukasische Musterstellung ungewöhnlicher Teppichtypus, die sogenannten »Rosenteppiche«. Rosen, Rosenbouquets oder Blumensträuße in verschiedenster Ausführung, häufig in einem ovalen Mittelmedaillon, zieren das Innenfeld und erreichen um die Mitte des 19. Jahrhunderts in völlig überladenem Dekor ihren Höhepunkt. Die Entstehung dieser Rosenteppiche wurde durch den russischen Offiziersadel initiiert, der seine nach französischer Manier eingerichteten Wohnungen in Petersburg und Moskau mit Teppichen nach Art der Savonnerie und Aubussons ausstatten wollte.

Mit dem 19. Jahrhundert begann aber auch im Kaukasus die allmähliche Musterzersetzung und Musterverschleppung. Bedingt durch die geographisch abgeschlossene Lage des Kaukasus blieben die herkunftsbedingten Eigenheiten in der Teppichgestaltung hier sehr lange erhalten. Vor allem mit der Eingliederung in die Sowjetunion und der Einflußnahme des Staates auf die Teppichproduktion gingen auch im Kaukasus – wie überall – zahlreiche traditionelle Musterstellungen verloren.

Nach Europa kamen kaukasische Teppiche in größeren Mengen erst seit Mitte des 18. Jahrhunderts. Diese Teppiche sind Erzeugnisse echter Volkskunst, zumindest kann man sie bis etwa 1930, bevor nachhaltige Veränderungen durch die neue politische Situation einsetzten, als solche bezeichnen. Allen kaukasischen Teppichen gemeinsam ist ihre geradlinige, streng geometrische Musterung sowie eine ausgeprägte Farbenfreudigkeit, ohne daß die Teppiche dabei bunt erscheinen.

Heute stellt die Teppichherstellung einen Haupterwerbszweig des Kaukasus dar. Kaukasische Teppiche werden nicht nach Volksgruppen, sondern nach Gebieten unterschieden. Obwohl die meisten Orte von den Sowjets umbenannt wurden, blieben für die Teppiche die alten Bezeichnungen erhalten. Die meisten Stücke werden über die Novo Export – die zentrale Verkaufsstelle aller Teppichprodukte der ehemaligen Sowjetunion – vertrieben.

Die wichtigsten Provenienzen kaukasischer Teppiche

Baku-Gebiet

Baku, die Hauptstadt der Aserbeidschanischen SSR, liegt im Südosten des Kaukasus am Kaspischen Meer. Durch die Entwicklung zur Industriemetropole – Baku wurde Zentrum der Ölindustrie – ging die Teppichherstellung stark zurück. Alte Bakus sind sehr selten.

Die Teppiche aus dem Gebiet von Baku sind geometrisch gemustert, vielfach in der Form von Stufenpolygonen. In der Farbgebung überwiegen Blau, Gelb und Braun; Weiß und Rot kommen als Ergänzung hinzu.

Die Kette besteht aus brauner Wolle, der Schuß aus Wolle, gelegentlich auch aus einem Wolle-/Baumwollgemisch. Die Knüpfung erfolgt im türkischen Knoten, als Knüpfmaterial wird Wolle verwendet. Der Flor ist niedrig bis mittelhoch.

Chila, westlich von Baku gelegen, gehört zum Baku-Gebiet. Typisch für die Ausmusterung der Chila-Teppiche sind Botehs in allen Variationen, die das Innenfeld überziehen. In den Bordüren finden sich stilisierte Nelken und Blütenranken oder nebeneinanderliegende Schrägstreifen (die als Barbierstangenmuster bezeichnet werden).

Pastelltöne bestimmen die Farbstellung dieser Teppiche, wobei die Konturen der Motive in Braun oder Schwarz gezeichnet sind.

Aus dieser Gegend kommen auch Gebetsteppiche mit dem für den Kaukasus typischen Balkengiebel.

Daghestan-Gebiet

In dieser Region mit der Hafenstadt Derbent am Kaspischen Meer lebt eine Vielzahl verschiedener Volksstämme – Lesgier, Tscherkessen, Agulen, Kümüken und andere –, für die die Teppichherstellung eine der wichtigen Einnahmequellen darstellt.

Typisch für die zahlreichen Gebetsteppiche aus dieser Gegend ist der Mihrab mit exakt ausgeführten geometrischen Blumengebilden oder kleinteiliger geometrischer Musteranordnung und der Bordüre mit Doppel-S-Motiv. Auch Sternmedaillons sind als Muster beliebt. Bei manchen Stücken fällt das im Verhältnis zur Bordürenumrahmung schmale Mittelfeld auf. Auf der besonders breiten Hauptbordüre findet sich häufig das Blatt- und Weinglasmotiv.

Bei Gebetsteppichen ist der Fond in der Regel weiß, insgesamt sind die Farben der Daghestan-Teppiche heiter und freundlich.

Kette und Schuß sind aus Wolle, als Knüpfmaterial wird ebenfalls Wolle verwendet. Die Knüpfung ist mittel bis fein und wird im türkischen Knoten ausgeführt. Der Flor ist mittel bis hoch.

Die Novo Export vertreibt Daghestan-Teppiche unter der Bezeichnung »Derbent« oder »Mikrach«.

Gendje-Gebiet

Im Südkaukasus, zwischen Kasak, Karabagh und Schirwan, liegt Gendje, eine ehemals wichtige Karawanenstation. Heute heißt die Stadt Kirovabad, sie ist Sammel- und Handelsplatz für die Teppiche, die in diesem Gebiet geknüpft und unter dem alten Namen »Gendje« vertrieben werden. Es gibt keinen einheitlichen Teppichtypus. Generell gilt, daß die Gendje in der Musterstellung dem Kasak ähnlich, im Gegensatz zu diesem jedoch kleinteiliger gemustert und stärker gegliedert sowie in den Farben heller und vielseitiger sind. Ein beliebtes Muster ist das Sternmotiv in allen Größen oder auch Schrägstreifen mit Botehs.

Das wohl älteste Gendje-Muster, ein hakenbesetztes Stufenpolygon, wird in einer ziemlich komplizierten Musteranordnung geknüpft. Die meist weißgrundige Hauptbordüre zeigt aneinandergereihte Oktogone mit kleinen geometrisierten Füllmotiven. Für die schmalen Bordüren ist das reziproke Zinnenmuster typisch.

Knüpfteppich Kaukasus, Gendje-Gebiet, Mitte 19. Jahrhundert, 259×112 cm

Die Qualität der Gendje-Teppiche kann ganz unterschiedliche Qualitätsmerkmale aufweisen. Allgemein sind Kette und Schuß aus Wolle (die Kette kann auch aus Ziegenhaar sein), und es wird in Wolle geknüpft. Die Knüpfqualität im türkischen Knoten reicht von fein bis grob. Der Flor wird mittel bis hoch geschoren.

Karabagh-Gebiet

Die Provinz Karabagh (kara bagh bedeutet schwarzer Garten) mit der Hauptstadt Schuscha liegt im südlichen Kaukasien und gehört zur ehemaligen aserbeidschanischen SSR. In diesem Gebiet werden Teppiche geknüpft, die stark von persischer Musterung beeinflußt sind. Statt überwiegend geometrischer Musterstellung ist hier mehr der Floralstil vertreten. Neben kaukasischen Mustertypen finden sich Elemente persischer Teppichgestaltung wie beispielsweise das Herati-Muster. In den Bordüren überwiegen geometrisierte Blüten- und Blattformen.

Die vorherrschende Grundfarbe der Karabagh-Teppiche ist ein Cochenillerot, das auch die Bezeichnung »Karabagh-Rot« trägt. Es tendiert ins Violette und ist ein typisches Erkennungsmerkmal für Karabagh-Provenienzen. Als weitere wichtige Farbe findet Blau Verwendung.

Kette und Schuß bestehen aus Wolle, des öfteren aber auch aus Baumwolle. Für die Knüpfung im Gördes-Knoten wird Wolle verwendet. Die Knüpfqualität ist meist fein, der Flor oft sehr kurz geschoren.

Einzelne Provenienzen des Karabagh-Gebietes

Channik
Typisches Merkmal für Teppiche aus Channik sind kleine Boteh-Formen oder Rosetten auf tiefdunklem Grund.

Chondzoresk
Dieser Teppichtypus aus Chondzoresk wird als »Wolkenband-Kasak« bezeichnet, da das Innenfeld häufig übereinanderstehende achteckige Medaillons mit Wolkenbandformen als Füllmotive aufweist. Die Mitte der Medaillons

205

Kleiner Wolkenband-Kasak, Gebetsteppich aus Chondzoresk, Karabagh-Gebiet

wird jeweils von einem kleinen Quadrat gebildet, in dem meist das Swastika-Motiv sitzt. Eine Bordüre mit dem S-Motiv oder dem Blatt- und Weinglas-Motiv umrahmt das Feld.

Schuscha
Schuscha-Teppiche sind die am stärksten von Persien beeinflußten Stücke. In ihrer feinen und sparsam gesetzten Musterung zeigen sie vor allem das Boteh-Motiv, oftmals Schrägstreifen mit Botehs. Besonders reizvoll ist ihre

Farbstellung, typisch für Schuscha-Teppiche der häufig cochenillerote Grund.

Tschelaberd

Aus Tschelaberd kommen – obwohl es sich dabei nicht um Kasaks handelt – die sogenannten »Adler-Kasaks«. Auf rotem Grund befinden sich zwei strahlenförmig ausgelegte, medaillonartig geformte Blütenformen. Diese vertikal angeordneten geometrisierten Riesenblüten füllen nahezu das ganze Innenfeld. Sie setzen sich zusammen aus einem kreisförmigen roten, von vier kleinen gelben Rosetten besetzten Zentrum, einem blauen Kreuz und einem weißen, rautenförmigen, in Strahlen auslaufenden Gebilde, in dem rundherum gestielte Schwertlilien dominieren. Dieses Muster erinnert in seiner großangelegten Gliederung an den Stil der kaukasischen Drachenteppiche.

Das Blütengebilde ließ an stilisierte Adler mit ausgebreiteten Schwingen, an in Kreisform angeordnete Schwerter, an ein Sonnenrad sowie an eine Wappenform denken, weshalb diese Teppiche »Adler-Kasak«, »Schwerter-Kasak« oder auch »Sonnen-« oder »Wappen-Kasak« genannt wurden. Die Bordüren sind hellgrundig, sie zeigen stilisierte, meist rote und blaue Sterne und Ranken.

Die Kette besteht aus ungefärbter Wolle, der Schuß häufig aus rotgefärbter Wolle. Die Knüpfung aus Wolle – im türkischen Knoten – ist mittelfein, der Flor mittelhoch bis hoch.

Kasak-Gebiet

Diese Region, ein bedeutendes Zentrum der kaukasischen Teppichknüpferei, liegt im Südwesten des Kaukasus und gehört zur ehemaligen aserbeidschanischen und armenischen SSR. Bis gegen Ende des 19. Jahrhunderts wurden alle Teppiche aus diesem Gebiet unter dem Namen Kasak geführt. Inzwischen ist es der Teppichforschung gelungen, sie genauer zu klassifizieren, zum Teil nach ihrer speziellen Musterstellung oder nach dem Ort ihrer Herkunft.

Die Teppiche der Kasaken gelten als die typischsten Vertreter kaukasischer Knüpfungen. Sie zeigen allgemein eine großzügige geometrische Musterung. Die klare, großflächig angelegte Farbstellung basiert auf den Grundfarben Blau, Rot, Elfenbein oder Braun, die Muster werden überwiegend in Rot, Gelb, Blau, Grün oder Weiß gehalten. Die Kette besteht aus naturfarbener, der Schuß aus rotgefärbter Wolle. Die Knüpfung im Gördes-Knoten, ebenfalls in Wolle, ist dicht. Je nach Gebiet ist der Flor unterschiedlich hoch.

Einzelne Provenienzen des Kasak-Gebietes

Bordjalou
Das Innenfeld der Teppiche aus Bordjalou wird meist von Quadraten, Hexagonen oder Oktogonen bestimmt, die einzeln oder mehrfach vertikal angeordnet sein können. Diese Muster sind im allgemeinen mit bunten geometrischen Formen oder stilisierten Blüten gefüllt. Als typisch für die Bordüren dieser Teppiche gilt das reziproke Zinnenmotiv, weiß auf dunklem Grund oder rot auf dunklem Grund. In der gesamten Farbstellung taucht manchmal ein sehr spezielles bläuliches Grün auf.

Karaklis
Im Muster zeigt der Karaklis stilisierte Blumen- und Vogelformen.

Lambalo
Auffallend am Lambalo ist das im Verhältnis zu den Bordüren oft ziemlich klein gehaltene Mittelstück. Es scheint, als dominiere die überaus breite Hauptbordüre mit geometrisierten großen Blütenformen. Das Innenfeld, oftmals unifarben, wird manchmal – wenn auch sparsam – mit einzelnen etwas grob anmutenden Rosetten gemustert.

Lori-Pambak
Die Musterung der Teppiche aus Lori-Pambak ist sparsam und einfach gehalten. Große geometrisierte Medaillonformen beherrschen das meist unifarbene Innenfeld. Gele-

Knüpfteppich Kaukasus, Kasak-Gebiet, Anfang 19. Jahrhundert, 239×163 cm

gentlich sind im Fond geometrische Motive und sternförmige Gebilde verstreut. Die schmalen Bordüren sind mit Rankenmotiven und Rosetten ausgemustert. Wenige und eher dunkle, sonst für das Kasak-Gebiet unübliche Farben sind typisch für diese Teppiche.

Schulaver
Typisch für den Schulaver ist die vertikale Anordnung sich wiederholender Hexagone im Innenfeld, deren Füllmotive aus geometrischen Formen bestehen. Die Hauptbordüre zeigt vielfach den Doppelhaken.

Kuba-Gebiet
Kuba, das in der Nähe des Kaspischen Meeres liegt, gehört zu den größten Teppichzentren des Kaukasus. Die Teppiche aus diesem Gebiet gehören zu den gesuchtesten Stücken und die alten zu den kostbarsten Knüpfungen.

Die Muster dieser Teppiche, in der Zeichnung oftmals von Persien beeinflußt, haben eine große Vielfalt aufzuweisen: Musterformen mit Medaillongliederung, Muster im fortlaufenden Rapport, Muster aus geometrisierten Ranken und Blüten, Palmetten und Rosetten, um nur einige zu nennen. In den Bordüren älterer Teppiche findet sich häufig das Kufi-Flechtbandmotiv.

Die vielfarbigen Muster in feinst abgestimmten Farbkombinationen stehen oft auf dunkelblauem oder dunkelrotem Grund.

Die Kette besteht aus naturweißer oder bräunlicher Wolle, der Schuß aus Wolle, heute vielfach aus Baumwolle. Knüpfmaterial ist Wolle, die feine Knüpfung erfolgt im türkischen Knoten. Der Flor ist niedrig.

Einzelne Provenienzen des Kuba-Gebietes

Konagkend
Zwei Mustertypen sind charakteristisch für diese Teppiche: Bei dem einen wird das Innenfeld von einem aus stilisierten Blütenformen bestehenden Rapportmuster überzogen. Bei dem anderen zeigt das Innenfeld ein Mittel-

Dieser Knüpfteppich aus Konagkend, Kuba-Gebiet, zeigt ein Hakenrautenmuster auf dem Innenfeld und die Kufi-Bordüre. Ende 19. Jahrhundert

medaillon, das aus einem Hexagon oder Oktogon gebildet wird. Häufig werden diese Teppiche von der Kufi-Bordüre eingerahmt. Die Farben sind blaß gehalten, helle Blautöne, weiche Brauntöne und ein zartes Gelb überwiegen.

Perepedil

In den Perepedil-Teppichen ist das meist hellgrundige Innenfeld (in den neueren Teppichen ist der Grund öfter blau oder rot) dicht mit einem stilisierten Muster überzogen, in dem das sogenannte Widderkopfmuster dominiert. Dieses Muster erinnert an den gehörnten Kopf eines Widders, geht aber wohl ursprünglich auf Blüten- und Spiralrankenmotive in stark stilisierter Darstellung zurück. Zwischen den Widderkopfmotiven sind vegetabile und florale Formen, Sternmotive, Tierfiguren sowie manchmal auch Menschenfiguren angeordnet. Charakteristisch für die Bordüren dieser Teppiche ist das Blatt- und Weinglas-Motiv oder die Reihung von Rauten und Sternmotiven.

Ein weiterer Teppichtypus aus Perepedil weist das Herati-Muster auf.

Sejshour

Die Sejshour-Teppiche zeigen im hellgrundigen Innenfeld mehrere auf der Längsachse angeordnete Kreuze mit schräggestellten Balken, die als »Balken-« oder »Andreaskreuze« bezeichnet werden. Typisch für diese seltenen Stücke sind das »Laufender-Hund«-Motiv auf der Außenbordüre sowie die rosafarbene Innenbordüre. Charakteristisch für Sejshours sind Farben wie Rosarot, Gelb, Blau, Weiß und Rottöne in verschiedenen Kombinationen.

Tschitschi

Meist auf dunklem Grund befinden sich in den Tschitschi-Teppichen unter anderem hakenbesetzte Stufenpolygone als Musterung des Innenfeldes. Das häufig schmale Feld wird von sechs bis acht Bordürenstreifen umrahmt. In der Hauptbordüre wechseln aus Ranken gebildete Schrägstreifen mit Rosetten. Diese Bordürenmusterung wird auch »Tschitschi« genannt, man spricht von Tschitschi-Bordüre. In der Farbstellung fällt oftmals ein schönes Grün auf, das in einem angenehmen Kontrast zum dunkelfarbenen, häufig tiefblauen Grund steht.

Schirwan-Gebiet

Im westlichen Kaukasus, zwischen Karabagh und Daghestan, liegt die Provinz Schirwan, die zur ehemaligen aserbeidschanischen SSR gehört. Mit dem Namen Schirwan verbindet sich seit langem beste Teppichqualität. Im 19. Jahrhundert liefen alle Teppiche dieses Gebietes unter der Sammelbezeichnung Schirwan, heute werden sie nach dem Ort ihrer Herkunft, in der Regel mit dem Zusatz Schirwan, benannt.

Ältere Schirwan-Teppiche zeigen persisch beeinflußte Rankenmuster mit Palmetten, Blattgabelranken oder Rosetten und Arabeskenformen in geometrischer Darstellung.

Läufer, Schirwan-Gebiet, Ende 19. Jahrhundert, 347×108 cm (links)

Lenkoran-Läufer, Talish-Gebiet. Das Muster dieses Teppichs wird der Stadt Lenkoran zugeordnet. Charakteristisch sind die Medaillons, die aus vier eingerollten Blättern gebildet werden. Um 1900, 249×116 cm (rechts)

Die heute gefertigten Stücke aus diesem Gebiet haben keine besonderen Charakteristika. Die Musterformen sind vielseitig. Es gibt vertikale Reihungen von Stufenpolygonen, sternförmige Medaillonformen – häufig mehrfach auf der Längsachse angeordnet –, feine Rautung mit stilisierten Blütenmotiven als Füllung, Rapportmuster, bestehend aus Kreuz- und Blütenformen mit Tierfiguren sowie gelegentlich Menschenfiguren. Alle Muster werden flächig aufgefaßt und erscheinen in äußerst exakter Wiedergabe. Die Farbpalette dieser Teppiche ist sehr reichhaltig, bevorzugt werden klare Farben eingesetzt.

Die Kette besteht aus brauner Wolle, der Schuß ebenso aus Wolle, wobei in jüngster Zeit auch häufiger Baumwolle verwendet wird. Knüpfmaterial ist Wolle, die Knüpfung sehr fein und akkurat im türkischen Knoten. Der Flor wird niedrig geschoren.

Marasali
Marasali, das zum Schirwan-Gebiet gezählt wird, produziert vor allem Gebetsteppiche, deren Charakteristikum ein nur angedeuteter Mihrab auf blauem Grund darstellt. Das Gebetsfeld ist mit versetzt angeordneten Botehs gefüllt.

Talish-Gebiet
Der südlichste am Kaspischen Meer gelegene Distrikt gehört zur ehemaligen aserbeidschanischen SSR. Der charakteristische Teppich aus dem Talish-Gebiet zeigt meist ein sehr schmales, langgezogenes Innenfeld auf dunkelblauem Grund, übersät von winzig kleinen bunten Sternchen in vertikaler Anordnung. Umrandet wird dieses Feld von mehreren Bordüren, wobei vor allem die weißgrundige Hauptbordüre mit ihren hellfarbigen – hellblauen, zartgrünen, rotfarbenen –, kompakteren sternförmigen Rosetten auffällt. Zwischen diesen Rosetten liegen kleinere Blütenformen, die, zu vieren angeordnet, jeweils ein kleines Quadrat bilden.

Als Knüpfmaterial werden Wolle, Ziegenhaar oder Kamelhaar verwendet und im Gördes-Knoten geknüpft.

CHINA

Zur Geschichte des chinesischen Teppichs

Für das religiöse und kunsthistorische Verständnis Chinas
sind zwei Menschen von entscheidender Bedeutung: Konfuzius und Laotse. Konfuzius (551–479 v. Chr.) war zunächst Gouverneur von Tschungtu, bevor er sich auf Wanderschaft begab, um seine Lehren zu verbreiten. Das zentrale Thema seiner Ideen waren die Bewahrung der Überlieferung (Ahnenkult) und die Erlangung der Tugenden, zu
denen er unter anderem Höflichkeit, Herzensgüte, Nach-
sichtigkeit und ernstes Bemühen rechnete. Laotse (die
genauen Lebensdaten stehen nicht fest, möglicherweise
wurde er um 480 v. Chr. geboren) ging es um die Aufhebung der Grenzen der wandelbaren Welt, darum, diese zu
überschreiten, um zum vollkommenen Sein zu gelangen,
um die Einkehr in der Stille, die Überwindung von Selbst-
sucht und Betriebsamkeit, um Freiheit durch heiteren
Gleichmut. Seine Lehre enthielt uralte schamanische Elemente. Konfuzius und Laotse waren keine Religionsstifter
im eigentlichen Sinne, doch beider Lehren wurden in
China als Religion ausgeübt: der Konfuzianismus und der
Taoismus. Dies ist wichtig zu wissen, da die Kunst und
Kultur Chinas nur auf dem Hintergrund dieser beiden
Religionen wirklich verständlich werden.

Einen weiteren Faktor zum chinesischen Kunstverständ-
nis stellen die Lehren des Buddhismus dar, die von indischen Mönchen nach China gebracht wurden.

Streng genommen gehört China nicht zum Orient. Teppiche aus China werden allgemein als »chinesische Teppiche« bezeichnet.

Trotz der verschiedensten Volksstämme (und den damit
einhergehenden Einflüssen), mit denen das Land in Berührung kam, erlangte die Teppichknüpfkunst in China

nie die Bedeutung wie in den Ländern des Orients. Eine Rolle mag dabei gespielt haben, daß in den Lebensgewohnheiten der Chinesen sowie in ihrer gegenüber der islamischen Welt gänzlich anderen Kunstauffassung die Voraussetzungen für die Verbreitung der Teppichknüpfkunst fehlten. Die Lebensweise der Chinesen maß einem Teppich von vornherein einen anderen Stellenwert bei als im Orient, wo er ja praktisch Möbel ersetzte. Doch wesentlich ausschlaggebender ist sicher die Rolle, die gestalterische Überlegungen in der bildenden Kunst Chinas spielten, nämlich die Bedeutung des ornamentalen Entwurfs. Ohne den geistigen Hintergrund der Lehren des Konfuzius, Laotses sowie des Buddhismus ist das, was die Chinesen als Auftrag ihrer Kunst ansahen, kaum zu verstehen. Die geistige Durchdringung, meditative Sammlung, Vollkommenheit – auch in der technischen Ausführung – waren die angestrebten Ziele. Wichtig in diesem Zusammenhang ist die Symbolsprache, die ein sehr komplexes System darstellt und ohne den geistigen und religiösen Hintergrund völlig unverständlich bliebe.

Klassischer Peking-Teppich, um 1840, 250 × 300 cm

Im Teppich sahen die Chinesen nicht das gegebene Instrument, um derartige Ansprüche zum Ausdruck zu bringen. Schon die begrenzten Möglichkeiten der Knüpftechnik vereitelten die Umsetzung bildnerischer Elemente in die angestrebte vollkommene Darstellung. Meisterschaft ließ sich beispielsweise in der Malerei mit der Pinseltechnik erreichen.

Die typischen Bodenbeläge Chinas bestanden lange Zeit über aus Matten und Filzteppichen. Die Filzteppiche waren zunächst einfach gemustert, die Muster entstanden durch farbige Applikationen. Eine größere Anzahl floral gemusterter Filzteppiche aus dem China des 8. Jahrhunderts werden im Kaiserlichen Schatz von Shoso-in, in Nara, in Japan aufbewahrt.

Unter dem Einfluß der Mongolen im 13. Jahrhundert entstanden kunstvollere Muster, prächtige Stücke wurden gefertigt. Während Filzteppiche mehrfach dokumentiert sind, gibt es über Knüpfteppiche keinerlei Berichte (zumindest sind bislang keine bekannt), nicht einmal Marco

Polo, der die Konya-Teppiche Anatoliens gelobt hatte, erwähnt in seinen Reiseberichten etwas über chinesische Knüpfteppiche.

Ihre »Geburtsstunde« ist nicht genau zu bestimmen, wird jedoch verhältnismäßig spät vermutet. Wahrscheinlich wurden Teppiche zuerst in Ninghsia gefertigt, das durch seine geographische Lage mehr dem Einfluß Zentral-

217

asiens unterlag. Interessant ist ein Bericht des Jesuitenpaters Gerbillon, der 1696 während des Aufenthaltes des Mandschu-Kaisers Kanghsi (1662–1722) in Ninghsia entstand. Darin ist von Bodenteppichen die Rede, die in Ninghsia nach türkischer Art gefertigt worden waren. Möglicherweise hatte die Knüpfkunst über Ostturkestan Eingang in diese nördliche Provinz gefunden und war dort bereits zu einem länger zurückliegenden Zeitpunkt aufgegriffen worden. Der Kaiser, der solche Teppiche als Geschenk erhielt, begann sich für die Fertigung dieser Stücke zu interessieren.

Kaiser Kien-Lung (1735–1795) schließlich, der der Kunst sehr zugetan war, förderte chinesische Teppichknüpfereien. Seit dieser Zeit sind Teppiche aus China belegt, und hier setzt die eigentliche chinesische Teppichgeschichte ein.

Im Gegensatz zu anderen teppicherzeugenden Ländern kann China keine lange Tradition in der Teppichgeschichte vorweisen, in der die Entwicklung einer eigenständigen Musterung stattgefunden hätte. Als man in China mit dem Knüpfen von Teppichen begann, wählte man Motive aus der Natur, aus der Mythologie, verwendete Sinnbilder, die ihren Ursprung in der Religion haben, im Konfuzianismus, im Taoismus und im Buddhismus. Ein komplexes Mustersystem entstand, wobei Anzahl, Form und Farbe der Motive, Kombination und Stellung zueinander eine wichtige Rolle für die symbolische Bedeutung spielten. Der Bezug der Kunst zum religiös Mythologischen ist hier viel stärker ausgeprägt als in der islamischen Kunst. Eine weitere Eigenheit ist die Vieldeutigkeit der dargestellten Motive. Dies steht im Zusammenhang mit der chinesischen Sprache, in der einzelnen Wörtern nur durch feine Nuancierung in der Aussprache unterschiedliche Bedeutung zukommt. P'ing zum Beispiel heißt Vase, p'ing heißt aber auch Frieden. Der abstrakte Begriff Frieden kann durch die Darstellung einer Vase zum Ausdruck kommen. Oder fu, fu bedeutet Fledermaus, aber auch Glück. Im allgemeinen geht es bei der Abbildung einer Vase oder Fledermaus nicht um den Gegenstand oder das Tier, sondern um die damit ver-

Die Abbildung zeigt einen kleinen Knüpfteppich, der als Thronsitz diente, Ninghsia, 1880, 65 × 90 cm

knüpfte symbolische Bedeutung. Des weiteren spielen die Feinheiten in der Darstellung eine Rolle. Hat die Vase einen langen Hals, dann ist langer Friede gemeint. Ist sie auf einem Tisch zusammen mit einem Zepter zu sehen, wird etwa der Wunsch ausgedrückt: »Du mögest Ruhe und Frieden nach Deinen Wünschen finden.« Vor dem Hinter-

grund solcher Sinn-Spielereien ist chinesische Ornamentik zu verstehen. Darstellungen auf Teppichen werden nur verständlich, wenn man diese komplexen Interpretationsmöglichkeiten kennt.

Ebenso unterliegen die Farben der symbolischen Bedeutung. Anders als im Orient gibt es nie bunte Teppiche, die Farbgebung beschränkt sich meist auf wenige Farben.

In den Anfängen waren die Formate der Teppiche überwiegend klein. Sie dienten als Sitzkissen, als Decken über Möbel und Truhen, als Wandbehänge. Bodenteppiche wurden meist nur in buddhistischen Tempeln ausgelegt oder waren der kaiserlichen Familie oder dem Adel vorbehalten. Im 18. Jahrhundert wurden Säulenteppiche, meist paarweise und mit der Darstellung des Drachenmotivs, geknüpft. Diese Art Teppiche wurde zur Verkleidung von Säulen in Tempeln und Palästen angefertigt.

Erstaunlich ist, daß trotz der schon so lange betriebenen Seidenraupenzucht, und damit von Seide als Rohmaterial, chinesische Seidenteppiche äußerst selten sind. Sie wurden wohl ausschließlich am kaiserlichen Hof verwendet, meist als Wandteppiche, bei großen zeremoniellen Anlässen auch als Bodenteppiche.

Pao-Tao, China, um 1900, 129 × 69 cm

Gelb als Farbe des Kaisers und die Darstellung des Drachens als Zeichen kaiserlicher Macht finden sich vielfach in den frühen Teppichen. Im 19. Jahrhundert erscheinen erstmals blaugrundige Teppiche. Das Alter früher Teppiche einzuschätzen, ist ein schwieriges Unterfangen. Da die Muster chinesischer Teppiche relativ konstant blieben, bieten sie keine große Hilfe bei der Datierung von Teppichen.

Erst mit Beginn des 20. Jahrhunderts begann die westliche Welt sich für chinesische Teppiche zu interessieren – wobei Amerika den Anfang machte. Allmählich entwickelte sich eine exportorientierte Produktion. Teppiche, die bis dahin überwiegend in Großfamilien oder Dorfgemeinschaften geknüpft worden waren, entstanden nun in staatlichen Manufakturen. Heute gelangen Teppiche über staatliche Vertriebsstellen in den Handel. Die neuen chinesischen Teppiche bleiben der Tradition verbunden. Man unterscheidet vier Mustertypen:

1. Peking – mit klassischen chinesischen Mustern.

2. Aesthetik – mit floralen Motiven nach dem Vorbild französischer Aubussons.

3. Floral – mit floralen Motiven, Blumen- oder Bambuszeichnungen, überwiegend in den Ecken.

4. Ton-in-Ton – mit traditionellen Mustern und Motiven, die nach der Fertigstellung mit einer elektrischen Schere reliefartig aus dem Flor herausgearbeitet werden.

Eine weitere Gruppe stellt der **Antik Finished** dar. Diese Art Teppiche ist nach alten Vorbildern nachgeknüpft und wird nach der Fertigstellung einer sogenannten Antik-Wäsche unterzogen, die ihm die Patina eines alten Teppichs verleiht.

Übrigens durften während der Kulturrevolution (1966–69) bestimmte Motive, die an die alte Kultur Chinas erinnerten, nicht weiterverwendet werden. Dazu gehörten in erster Linie die Drachenmotive. Drachen waren vielfach auf Teppichen dargestellt, die Pao-Tao, nach der Hauptstadt der Provinz Suiyuan, genannt wurden. Ebenso zeigen Pao-Taos zahlreiche Bildmotive und ganze Szenerien aus chinesischen Legenden. Nach erneuter politischer Veränderung und der Öffnung Chinas zum Westen wurden die alten Motive aber wieder aufgenommen und bestimmen heute wieder das Erscheinungsbild chinesischer Teppiche.

Was die Qualität chinesischer Teppiche anbetrifft, bedient man sich bei den Bezeichnungen englischer Begriffe. So unterscheidet man bei der Knüpfung zwischen

»70 lines« = 70 Knüpfreihen auf etwa 30 cm,

»90 lines« = 90 Knüpfreihen auf etwa 30 cm,

»120 lines« = 120 Knüpfreihen auf etwa 30 cm.

Geknüpft wird überwiegend Wolle auf Baumwolle, und zwar im persischen Knoten. Die Florhöhen liegen zwischen 3/8 und 5/8 inch, was etwa 10 bis 16 mm entspricht. Zu den hauptsächlichen Knüpfgebieten zählen Kansu, Kanton, Ninghsia, Pao-Tao, Peking, Tsientsin.

Bei den neueren chinesischen Erzeugnissen haben sich aufgrund der steigenden Nachfrage vor allem Pastelltöne durchgesetzt.

Muster und Symbole auf chinesischen Teppichen

Im folgenden finden Sie eine Zusammenstellung der wichtigsten Muster und Symbole, die sich unterscheiden lassen in Motive aus dem Konfuzianismus, Motive aus dem Taoismus und Motive aus dem Buddhismus.

1. Motive aus dem Konfuzianismus

Der Drache (lung)
Der Drache, eines der ältesten chinesischen Motive, gehört der Überlieferung nach zu den »vier überirdischen Wesen«. Er ist Sinnbild des Yang, der männlichen, zeugenden Kraft, das Prinzip des Hellen. Es lassen sich unterscheiden der Himmelsdrache (t'ien lung), der Erddrache (ti-lung), der Geisterdrache (shên-lung) und der schatzhütende Drache (fu ts'ang lung).

Drache

Je nach der Art der Darstellung kommt dem Drachen jeweils eine andere Bedeutung zu. Erscheint er zum Beispiel in Blau/Blaugrün, symbolisiert er die Beherrschung des Ostens, des Sonnenaufgangs, des Frühlings, des Regens. Zeigt seine Kralle fünf Zehen, steht er als Symbol des Kaisers und dessen Macht. Diese Darstellung war auch nur auf Gegenständen und Teppichen erlaubt, die für die kaiserliche Familie gefertigt wurden. Oft sieht man den Drachen mit einer Perle. Der Drache, das Symbol für den Kaiser, strebt nach der Perle, Sinnbild der Vollkommenheit. Doch symbolisiert die Perle auch die wunscherfüllende Perle. Der Drache mit der wunscherfüllenden Perle ist häufig auf Säulenteppichen zu finden. Im Zusammenhang mit dem Drachen sind meist auch Wolken und Wasser oder Berge und Felsen dargestellt. Typisch und häufig ist auch die Verbindung von Drache und Phönix, einmal als Symbol des Kaiserpaares, des Yin-und-Yang-Prinzips, zum anderen als Symbol für Glück, Unsterblichkeit und Unendlichkeit. Zusammen mit dem Sagenvogel Fênghuang bringt er Segen.

Der Donner (lun)
Er ist vielfach als fortlaufendes Donnermuster (lei-wên) auf Bordüren zu finden, oder er wird als Rad mit Blitzen oder lodernden Flammen umgeben dargestellt.

 Donnermuster

Das Wolkenmuster (yün-wên)
Es wird ebenfalls bevorzugt in Bordüren verwendet (Wolkenköpfchen-Bordüre). Das Wolkenmuster ist schon früh eines der beliebtesten Motive in China und kommt in vielen Variationen vor. Gerne wird es als Füllmotiv auf Teppichen eingesetzt, manchmal als einzelne Glückswolke oder in Form von Wolkenbändern, die ein einzelnes Motiv umgeben. Wolken wollen oft darauf hinweisen, daß eine dargestellte Szenerie dem Irdischen enthoben wird.

 Wolkenbordüre

Das Wasser (shui-wên)
Wasser wird in der Darstellung auf den Teppichen durch

einige charakteristische Linien wiedergegeben, die je nach Ausführung ruhiges oder bewegtes Wasser bedeuten. Als Muster ist es häufig in Verbindung mit dem Drachen oder auf Bordüren zu finden. Das »Meereswogen und Flußschaum«-Motiv, das als Leben spendendes Motiv zu verstehen ist, wird ebenfalls vor allem auf Bordüren verwendet.

Ruhiges Wasser

Zepter der höchsten Himmelsgottheit

Das Zepter (ju-i)
Der obere Teil des Zepters der höchsten Himmelsgottheit zeigt eine Wolke. Das Zepter soll ausdrücken: »Möge alles glücken, was du dir erwünschst und erhoffst.«

Die acht Trigramme
Um das kreisförmige Yin-Yang-Symbol sind in acht Segmenten jeweils drei Linien angeordnet, und zwar abwechselnd einmal in ganzer Länge, dann wieder unterbrochen. Sie erinnern an die Orakelzeichen des I Ging, einem Buch der Weisheiten, mit dessen Hilfe und einem bestimmten Legesystem von Münzen und Stäben Aufschluß über die Zukunft erlangt werden kann. Die Linien bedeuten im Uhrzeigersinn gelesen, beginnend mit

Die acht Trigramme

1 = Himmel,   3 = Erde,   5 = Wasser, 7 = Donner,
2 = Dampf,   4 = Berge,   6 = Feuer,   8 = Wind.
    Wolke

2. Motive aus dem Taoismus

Die acht Genien (pa-pao)
Diese Symbole stammen aus Legenden, die sich um die Schüler Laotses, des Begründers des Taoismus, ranken. Als unsichtbare Genien werden sie durch einzelne Attribute vertreten. Diesen Attributen kommt folgende Bedeutung zu:

Fächer – belebt die Toten;
Kalebasse – Trank der Unsterblichkeit;
Schwert – hat übernatürliche Kraft, besiegt die Dämonen;
Kastagnetten/Bambusklapper – besänftigen;
Bambusflöte – bringt Wunder zustande;
Blumenkorb – übernatürliche Kräfte;
Bambus – Weissagung;
Lotosblume – Reinheit, ewiges Leben.

Der Phönix (fêng-huang)
Der Phönix, mythischer Sagenvogel, steht für das weibliche, gebärende Prinzip, das Dunkle, für Yin. Als König der Gefiederten ist sein Kopf dem eines Fasans ähnlich, sein Schwanz dem des Fisches, der Leib dem eines Drachen. Im Taoismus gilt er als Vermittler zwischen den Genien und den Lebenden. Er wird paarweise oder einzeln dargestellt, paarweise vor allem mit dem Drachen. Er versinnbildlicht unter anderem glückliche Ereignisse, Wohlwollen und Güte sowie kosmische Doppelkräfte, körperliche Vereinigung von Mann und Frau.

Phönix

Der Kranich (hsien hao)
Der Kranich ist Sinnbild für Unsterblichkeit, hohes Alter, langes Leben. Kommt er in einer Landschaft vor, gilt der Wunsch hundertfach, in Verbindung mit einem Swastika-Motiv verzehntausendfacht sich der Wunsch. Oft sind Kranich, Hirsch und Kiefer zusammen dargestellt.

Kranich

Der Hirsch (lu)
Der Hirsch ist – wie der Kranich – Symbol für Langlebigkeit. Er steht aber auch für Beförderung und hohes Einkommen. Man sieht ihn oft in Verbindung mit dem Pilz der Unsterblichkeit, der der Legende nach alle 400 Jahre auf dem Gipfel eines hohen Berges wächst.

3. Motive aus dem Buddhismus

Die acht buddhistischen Embleme (pa chi hsiang)
Auf Teppichen finden sich die buddhistischen Symbole in

einzelner Darstellung oder zusammen. Zu ihnen gehören:
das Rad – Reinkarnation, Rad des Lebens, Rad der Welt, Rad des Gesetzes;
die Muschel – Buddhas Lehre, die verkündet wird; ruft zum Gebet;
der Schirm – Reinheit, Würde, Autorität;
Baldachin – Schutz, Würde;
Lotosblume – Reinheit, Vollkommenheit;
Vase – Urne für die Reliquien buddhistischer Heiliger;
Fische – Überfluß, Liebe zwischen Mann und Frau;
unendlicher Knoten – Unendlichkeit, Ewigkeit, unaufhörliches Schicksal.

Der Fo-Hund (shih-tsu)
Der Fo-Hund, ein Fabeltier, gilt als heiliges Tier Buddhas und als Wächter und Beschützer geheiligter buddhistischer Heiligtümer. Das weibliche Tier wird mit einem Jungen, das männliche Tier mit einer Kugel unter der Pfote dargestellt.

Fo-Hund

4. Sonstige Motive

Die acht Kostbarkeiten (pa-pao)
Zu den acht Kostbarkeiten zählen:
die Perle – Reichtum, erfüllt Wünsche;
Geld/die Lochmünze (yen ch'ien) – wird als Amulett getragen gegen böse Einflüsse;
Raute – Fähigkeiten;
Bücher – Bildung, Kultur;
Spiegel oder Bild – Schönheit, Kunstsinn;
Klangstein aus Jade – Segen;
Trinkhörner/Rhinozerosbecher – Kraft;
Wermutblatt – Gesundheit, hohes Alter.

Die vier Sinnbilder feiner Bildung
(ch'in ch'i-shu-hua)
Zu diesen Symbolen gehören:
die Harfe – Musik;

das Schachbrett – Wissenschaft, Mathematik;
Bücher und Schreibpinsel – Literatur;
zusammengerollte Tuschzeichnungen – Malerei, Schriftkunst.

Die vierzehn Kleinodien (su-shih pao)
Zu den vierzehn Kleinodien gehören: die wunscherfüllende Perle; die Glückswolke; der Goldschuh; der Dreifuß; das Bananenblatt; der Goldbarren; die Lochmünze (auch Käsch-Münze); der Klangstern; zusammengerollte Bilder; Bücher; das Ahornblatt; Pilz der Langlebigkeit; das Wermutblatt; der Rhinozerosbecher.

Die Fledermaus (fu)
Die Fledermaus symbolisiert Glück, eine rote Fledermaus bedeutet großes Glück. Die Fledermaus wird auch oft mit anderen Symbolen kombiniert, beispielsweise mit einem Pfirsich. In diesem Fall bedeutet sie Glück und langes Leben. Fünf Fledermäuse stehen für langes Leben, Reichtum, Gesundheit, Tugend und glückliches Ende.

Fledermaus

Die Swastika (wan-tsu)
Die Swastika symbolisiert Glück und ist ein uraltes, häufig verwendetes Motiv. Steht die Swastika in Verbindung mit anderen Symbolen, so sind die Bedeutungen dieser Symbole zehntausendfach verstärkt gemeint. Das Swastika-Motiv erscheint als Einzelmotiv, als durchlaufendes Muster im Innenfeld des Teppichs, in Kreisform, innerhalb eines Quadrates oder als fortlaufendes Motiv in den Bordüren. Als fortlaufendes Motiv soll es auch endloses Glück ausdrücken.

Das Shou
Das Shou, ebenfalls ein sehr altes Motiv, wird vielfach auf Teppichen verwendet. Es stellt einen Glückskreis dar und steht für langes Leben und Unendlichkeit.

Neben diesen vorstehend aufgeführten Motiven und Symbolen gibt es noch viele weitere, die hier nicht alle Berücksichtigung finden können.

Schrift-Shou

OSTTURKESTAN

Zur Geschichte des Teppichs in Ostturkestan

Teppiche aus Ostturkestan, heute die chinesische Provinz Sinkiang, dürfen trotz der Zugehörigkeit dieser Region zu China nicht zum chinesischen Kunsthandwerk gerechnet werden. Dieses Gebiet, eine von Gebirgen umschlossene Hochebene, hat eine völlig eigene Teppichgeschichte durchlaufen. Bedingt durch die klimatischen Verhältnisse – extreme Trockenheit und große Temperaturschwankungen – entstanden größere Siedlungen nur in den Oasen an den wenigen Flußläufen. Hierher kamen Jahrhunderte vor Christus vom Westen turanische Ackerbausiedler indogermanischer Abstammung und später Turknomaden. Die bekanntesten Oasen wurden Khotan, Kashgar und Yarkand. Vor allem Khotan entwickelte sich schon bald aufgrund seiner günstigen Lage an der für den Handel wichtigen Seidenstraße (die von China in das Oxustal und von da nach Indien und in den Westen führte) zu einem wichtigen Kulturzentrum.

Zunächst waren allgemein Filzteppiche in Gebrauch, aber auch Knüpfteppiche müssen schon bekannt gewesen sein. Funde von Florteppichfragmenten aus dem 3. Jahrhundert n. Chr., die unter textilen Grabbeigaben im östlichen Teil des Tarimbeckens – Lou-Lan am Lopnor – entdeckt wurden, belegen dies.

Ostturkestan kam im Laufe der Zeit mit den verschiedensten, durch die geschichtlichen Ereignisse bedingten Einflüssen in Berührung: mit chinesischen, tibetischen, mongolischen, mit dem Buddhismus und dem Islam. Strategisch gesehen war Ostturkestan für China immer von Bedeutung. Durch seine geographische Lage betrachtete es China als seine Außenprovinz, die in erster Linie Schutz

vor den ständig von Westen her einfallenden Nomadenstämmen, vor der Mongolei, der Mandschurei und Tibet
bedeutete. Ansonsten tolerierte China das eigenständige
religiöse und kulturelle Leben in den Oasengebieten. Chinas Interesse galt nicht so sehr den Teppichen, die in
Ostturkestan schon in größerer Zahl gefertigt wurden, als
vielmehr den reichen Jadevorkommen.

Bevor der Islam sich im 9. Jahrhundert mit der Unter-
werfung des Landes durch Ostturkstämme in Ostturkestan
ausbreitete, war der Buddhismus die herrschende Religion gewesen. Von Indien kommend hatte sich der Buddhismus rasch überall in Zentralasien verbreitet und mit
ihm insbesondere auch Einflüsse der indischen Kunst. Vor
allem die Gandhara-Kunst – eine Mischung von indischer
Kunst mit hellenistisch-römischen Elementen – aus dem
nordwestlichen Grenzgebiet Indiens, dem Gandharaland,
beeinflußte ostturkestanische Teppichmuster.

Mit dem Vordringen des Islam zwischen 950 und 1000
n. Chr. richtete sich die Aufmerksamkeit Ostturkestans vor
allem auf den Westen und auf Städte wie Samarkand,
Herat und Buchara. In dieser Zeit spielte im Zusammenhang mit Teppichen vor allem Kashgar eine besondere
Rolle, da es für islamische Herrscher (Herat erlebte damals
unter den Timuriden gerade seine Glanzzeit) herrliche
Teppiche – vielfach mit Gold- und Silberbroschierungen –
produzierte.

1218 fielen auch in Ostturkestan die Mongolen ein. In
die zweite Hälfte des 15. Jahrhunderts fällt Abu-Bekrs Versuch, Ostturkestan politisch zu einigen. Der Versuch schei-
tert jedoch – wie später im 19. Jahrhundert auch das Bemühen von Yaqub-Beg, einem anderen islamischen Füh-
rer. Angesichts der isolierten Lage sowie der schwierigen
klimatischen Verhältnisse fehlten die Voraussetzungen für
einen unabhängigen Staat Ostturkestan. 1757 schließlich
wurde Ostturkestan endgültig vom mandschurisch regierten China besetzt und dem chinesischen Reich angeglie-
dert.

Teppiche aus Ostturkestan sind erst relativ spät in Europa zu einem Begriff geworden. Mit dazu beigetragen hat

230

**Khotan,
Ostturkestan,
um 1930,
294 × 173 cm**

sicherlich auch, daß ostturkestanische Teppiche unter den Namen westturkestanischer oder chinesischer Handelsplätze wie »Samarkand« und »Kansu« auf den Markt kamen.

Muster und Symbole auf ostturkestanischen Teppichen

Die Mustergeschichte ostturkestanischer Teppiche ist eng mit den geschichtlichen Ereignissen und den dadurch bedingten Einflüssen verbunden. Folgende Mustertypen können unterschieden werden:

Das Vasen-Granatapfelmuster

Es gehört zum Musterschatz der Völker Asiens und zu den ältesten Flächenornamenten überhaupt. Aus kleinen Vasen oder Vasenpaaren steigen Granatapfelbäume, deren Zweige, Blüten, Blätter und Früchte in kunstvoller Anordnung das Innenfeld überziehen. Das Granatapfel-Motiv, Symbol der Fruchtbarkeit, setzte sich in allen Kulturen schnell als dekoratives Element durch und erfreute sich großer Beliebtheit.

Das Medaillonmuster

Am verbreitetsten ist das Medaillonmuster auf den Khotan-Teppichen. Meist zeigt es drei blaue ovale Scheiben auf überwiegend rotem Grund. In den Ecken finden sich oftmals Rosetten oder kleine Vierecke mit Rosetten-Güls. Die Innenfüllung der Medaillons besteht im allgemeinen aus Kreuzblüten, Rosetten oder auch Wolkenwirbeln.

Das Kassetten-Gül-Muster

Charakteristisch für dieses Muster ist die Anordnung einzelner Rosetten-Güls innerhalb von Kassetten, die in zwei oder vier Quadratreihen oder in einfach versetzter Reihung das Innenfeld überziehen. Typisch für diese Art Teppiche ist auch, daß sie vielfach aus ungefärbter Wolle gefertigt sind und daher Brauntöne, Elfenbein und Schwarz in der Farbstellung überwiegen.

Das Herat-Blütenmuster

Während der islamischen Periode der Timuriden-Herrschaft in Herat wurden ostturkestanische Teppichmuster vom Herat-Stil beeinflußt. Das Muster zeigt die typische Arabesken-Aufteilung mit Blütenfüllung.

Darstellung chinesischer Symbole

Nachdem Ostturkestan 1757 chinesische Provinz wurde, nahm der Einfluß Chinas auf die Musterstellung ostturkestanischer Teppiche zu. Es wurden die verschiedensten

Yarkand, Ostturkestan, Teppich mit Granatapfelmotiv, um 1900, 260 × 150 cm

chinesischen Symbole, wie zum Beispiel das Wasser-Berg-Motiv oder der Drache, übernommen. Besonders häufig wird das Yün T'sai T'ou, das Wolkenkragen-Motiv, verwendet: als Einzelmotiv, in reziproker Farbgebung in einem Medaillon oder in den Bordüren, als Eckfüllung sowie als das Mittelfeld überziehende »Wolkengitter«.

Reihengebetsteppiche
Ein weiterer ostturkestanischer Teppichtypus ist der Reihengebetsteppich, der unter Yaqub-Beg erstmals in Ostturkestan gefertigt wurde. Die klassische Musterung dieser Teppiche zeigt in jeder Gebetsnische aus einer Vase mit Blütenzweigen, Blättern und Granatäpfeln aufsteigende Bäumchen.

Als Bordürenmuster treten gereihte Rosetten auf, Wellenranken, das T-Motiv mit Lotosranken sowie das Wasser-Gischt- oder das Berg- und Gischtwellen-Motiv; mit dem 19. Jahrhundert zunehmend auch die Swastika-Mäander-Bordüre.

In der Farbgebung unterscheiden sich die ostturkestanischen von den kaukasischen Teppichen. Wenngleich auch hier Farben in großer Vielfalt eingesetzt werden, wirken die Teppiche aus Ostturkestan insgesamt ruhiger. Hochwertige Wolle von Hochlandschafen, die sehr weich ist, wird im Senneh-Knoten in ein Grundgewebe aus Baumwolle eingeknüpft. Die Knüpfdichte reicht von fein bis grob, nur bei den selteneren Seidenteppichen ist sie feiner.

Zu den Hauptprovenienzen Ostturkestans gehören heute Khotan, Kashgar und Yarkand. Alle hier beschriebenen Mustertypen kommen in unterschiedlicher Ausführung in diesen Provenienzen vor.

INDIEN

Zur Geschichte des indischen Teppichs

Auch wenn Indien im Laufe seiner Geschichte über einen längeren Zeitraum stark von Persien beeinflußt und mit der persischen Geschichte verbunden war, so hat es doch keine wirklich eigene Teppichtradition entwickelt. Aufgrund des tropischen und subtropischen Klimas war im Grunde auch nie der Bedarf für wärmende Bodenbeläge wie Teppiche gegeben. Frühe indische Bodenbeläge waren einfache Gewebe, Matten aus gepreßter Wolle, sogenannte »Namdas«.

Die eigentliche Teppichknüpfkunst gelangte mit der Gründung der mongolischen Herrscherdynastie der Großmoguln Anfang des 16. Jahrhunderts nach Indien. Zunächst wurden Teppiche aus Persien und aus dem osmanischen Reich eingeführt. Das Interesse galt den in den dortigen Hofmanufakturen gefertigten Stücken, die in ihrer herrlichen Ausführung der Vorstellung von Pracht und Luxus der Mogulherrscher und Fürsten entsprachen.

Unter Shah Akbar (1556–1605), der persische Knüpfer aus Isfahan nach Indien holte, wurden um 1600 die ersten kaiserlichen Manufakturen in Lahore und Agra eingerichtet. Die dort geknüpften Teppiche waren überaus prächtig und äußerst fein gearbeitet, oftmals aus Seide mit Silber- und Goldbroschierungen, und wurden zum Teil weltberühmt. Antike und ältere indische Teppiche sind heute kaum noch zu finden.

Muster auf indischen Teppichen

Als Vorbild dienten die klassischen persischen Muster, sie wurden nachgeknüpft, allmählich aber nach eigenen Vorstellungen verändert. Vor allem unter Shah Dschahangir (1605–1627) entwickelte sich der unverkennbare indische Musterstil. Typisch für diese indischen Muster waren Pflanzenmotive, Tier- und Fabelfiguren, Bäume, Sträucher und Vögel in naturalistischer Darstellung, häufig in asymmetrischer Anordnung auf unifarbenem Grund. Der ganze Reichtum indischer Vegetation in detailliertester Wiedergabe – Pflanzen wurden in allen Einzelheiten mit Blatt, Blüte, Knospe, Wurzel minuziös dargestellt – fand Eingang in die Teppichmuster. Plastische, bildhafte Elemente beherrschten das Musterbild und waren damit im strengen Sinne in ihrer Darstellungsweise teppichfremd.

In den Bordüren fanden sich überwiegend naturnah gezeichnete Bäume, Sträucher und Blumen oder Blütenranken mit Motiven von Palmetten und Vogelfiguren. Doch all diese Elemente zeigten nie eine wirklich klare Gliederung oder Musterordnung.

In den Farben waren indische Teppiche insgesamt heller als persische. Bei den einzelnen Motiven wurde mit Farbschattierungen gearbeitet, was sie plastischer erscheinen ließ. Das Knüpfmaterial bestand aus Wolle, Kette und Schuß aus Baumwolle. Die Knüpfung erfolgte im persischen Knoten.

Heute produziert Indien vor allem Teppiche für den Export, sie stellen eine wichtige Einnahmequelle für einen Teil der Bevölkerung dar. Überwiegend entstehen diese Knüpfungen in Heimarbeit oder kleineren Handwerksbetrieben. Die Lieferung von Material und Mustervorlagen erfolgt im allgemeinen durch einen Auftraggeber. Zum Teil werden Teppiche auch in den Gefängnissen geknüpft.

Die Muster bestehen überwiegend aus Kopien persischer Muster. Eigene indische Muster haben sich seit der Mogulherrschaft nicht weiterentwickelt. Was die Ausführung und die Qualität der Teppiche angeht, so finden sich in den indischen Nachknüpfungen vielfach ausgesprochen feine Arbeiten. Neben dem Senneh-Knoten findet hier auch häufig der Dschufti-Knoten Verwendung.

Zu den Hauptknüpfgebieten in Indien zählen Jaunpur, Allahabad, Mirzapur, Kashmir, Jaipur, Amritsar.

Früher Mogul-Spiralranken-Teppich, Indien, um 1600, 765 × 239 cm

TIBET

Zur Geschichte des tibetischen Teppichs

Tibetische Teppiche waren bis zur jüngsten Zeit bei uns kaum bekannt, obwohl in Tibet bereits seit Jahrhunderten Teppiche geknüpft werden. Vermutlich kam die Teppichkunst mit reisenden Händlern über die Seidenstraße nach Tibet, das mit seinen 2 Millionen qm Fläche zum größten Hochland der Erde zählt. Bei dem überwiegend rauhen Klima und den krassen Temperaturgegensätzen (die durchschnittliche Höhe Tibets liegt bei 4.500 bis 5.000 m) fanden Teppiche schnell Verwendung als Schutz gegen die Kälte. Sie dienten in erster Linie als Sitz- oder Schlafunterlagen. Doch erfüllten die Knüpfarbeiten auch noch andere Zwecke: als Sitz- und Thronteppiche für den Dalai Lama und in den Tempeln, als Säulenteppiche in paarweiser Ausführung, als Satteldecken sowie als Geschenke bei Hochzeiten oder anderen festlichen Anlässen. Überwiegend als Kälteschutz verwendet, zeichneten tibetische Teppiche sich durch besonders hohen und dichten Flor aus.

Muster und Symbole auf tibetischen Teppichen

In den Mustern war zunächst der Einfluß Chinas und Ostturkestans unverkennbar. Die Tibeter übernahmen die fremden Symbole, setzten die Motive aber in ihre eigene Formensprache um. Von Bedeutung ist dabei die Einführung des Buddhismus unter der Herrschaft von König Song-tsen gam po (617–698), denn mit dem Buddhismus gelangten buddhistische Symbolzeichen in die Teppiche.

Tibetische Teppiche in traditioneller Musterung weisen

**Knüpfteppich,
Tibet, 1973,
145 × 190 cm**

eine Vielfalt verschiedenster Motive auf: neben den buddhistischen und lamaistischen Darstellungen auch taoistische und chinesische. Dazu zählen unter anderem: Drache, Phönix und Schneelöwe, Wolken- und Donnermotive, Lotosblume und Swastika, Mandalas, Endlosknoten und die drei Medaillons – Symbol der drei buddhistischen Lotossitze.

1950 lösten der Einmarsch chinesischer Truppen nach Tibet und die Annektierung des Landes durch das kommunistische China eine Massenflucht der Tibeter nach Nepal und Nordindien aus. Um den tibetischen Flüchtlingen eine Integration in das Wirtschaftsleben ihrer Gastländer zu ermöglichen und Einnahmequellen sicherzustellen, förderte die Schweizer Entwicklungshilfe Teppichwerkstätten. Für Absatzmöglichkeiten in Europa sorgte der Schweizer Teppichimporteur Jo Iten-Maritz. Das zuneh-

Knüpfteppich, Tibet, Schigatse-Khaden, um 1920, 76 × 174 cm. Auf der Längsachse im Innenfeld dieses Teppichs liegen auf hellem Grund drei große Lotosblüten. Der obere und untere Rand zeigt das Fels-Wolken-Wasser-Motiv

mende Interesse an tibetischen Teppichen führte insofern zu neuen Musterideen und neuer Farbgebung, als die Knüpfer neben dem eigenen traditionellen Musterschatz den Geschmack der Europäer miteinbezogen.

Unter den heute geknüpften Erzeugnissen finden sich viele Teppiche in geometrischer, farblich aufeinander abgestimmter Musterstellung, die bisweilen an die moderne Malerei erinnert. Das Farbspektrum reicht von sanften Pastelltönen bis zu beinahe poppig zu nennenden Farbkompositionen. Neben diesen abstrakt gemusterten Teppichen sind die Bordürenteppiche beliebt. Das Charakteristikum dieser Produkte ist im allgemeinen ein unifarbener Fond, eingefaßt von breiten Bordüren, die häufig mit verschiedenen geometrischen Motiven ausgemustert sind. In ihrer Schlichtheit und hellen Farbgebung passen diese Teppiche zu beinahe jeder Wohnungseinrichtung. Neben diesen modern gemusterten Stücken wird seit kurzem aber auch wieder verstärkt alte Musterpflege nach traditionellen Vorbildern betrieben.

Eine Besonderheit tibetischer Teppiche soll noch erwähnt werden, die Verwendung des sogenannten Tibet-Knotens. Die Knoten sind hier nicht einzeln, sondern in einer Knotenkette geknüpft. Grundlage ist der persische Knoten. Auf einem vertikalen Knüpfstuhl wird Knoten für Knoten über zwei Kettfäden und einen Eisenstab von 30 bis 80 cm Länge und 1 bis 3 cm Stärke geknüpft und der Schuß zusammen mit den Knüpfreihen mittels eines Holzhammers heruntergeschlagen. Mit einem Messer werden dann die Schlingen aufgeschnitten. Wenn ein Teppich fertig und der Flor noch einmal nachgeschoren ist, erhalten die Muster meist einen Reliefschnitt, um sie besser zur Geltung kommen zu lassen. Durch dieses Verfahren werden die Tibet-Teppiche besonders fest und strapazierfähig. Natürlich hat auch die von Hand versponnene Wolle der Hochlandschafe, die von Sherpas oft unter schwierigen Bedingungen über die Pässe des Himalaya gebracht werden, ihren Anteil an der guten Qualität der Teppiche.

Knüpfunternehmen gibt es unter anderem in Kathmandu, Pokhara, Chialsa und Chandragiri (letzteres in Indien).

AFGHANISTAN

Musterstellung und Provenienzen afghanischer Teppiche

Afghanistan, ein von Hochgebirgsketten durchzogenes Land mit rauhem Klima und großen Temperaturschwankungen, war infolge wichtiger Pässe und der Seidenstraße, die durch das Land führte, bis in die jüngste Zeit stets ein umstrittenes Gebiet und Anlaß zu kriegerischen Auseinandersetzungen zwischen rivalisierenden Gruppen.

Afghanische Teppiche werden den zentralasiatischen Teppichen zugerechnet und von Nomadenstämmen, vor allem von Angehörigen der Turkmenenstämme geknüpft, oder in Heimarbeit oder in kleineren Handwerksbetrieben angesiedelter Bauern gefertigt.

Die typischen Muster zeigen symmetrisch angeordnete Oktogone (Göls), alternierend mit kleineren Rautenarabesken, Sternformen oder Polygonen. Dominierende Farbe ist Rot in allen Schattierungen. Hellblau, Grün, Orange neben Schwarz und Weiß finden sich meist in sparsamer Verwendung in den Ornamenten. Die Bordüren sind mit geometrischen oder floralen Motiven ausgefüllt.

Das Knüpfmaterial stammt von Ziegen und Schafen. Ziegenhaar wird für Kette und Schuß verwendet, für den Flor von Hand versponnene Schafwolle. Berühmt sind die Karakulschafe, deren Breitschwanzfelle auch einen wichtigen Exportartikel darstellen. Geknüpft wird vor allem auf horizontalen Webstühlen, sowohl im Gördes- als auch im Senneh-Knoten.

Zu den wichtigsten Provenienzen zählen der Afghan-Belutsch, der Afghan-Mauri, der Afghan-Beschir und der Afghan-Daulatabad.

Die Belutschen gehören zu den Nomadenstämmen, deren Wandergebiet im Grenzgebiet von Afghanistan

Afghan-Belutsch, Gebetsteppich, Afghanistan, 1960, 100 × 125 cm

liegt. Da sie ständig umherziehen, stellen sie überwiegend Teppiche im Brückenformat her, meist in geometrischer Musterstellung. Ihre Muster und Motive weisen eine große Variationsvielfalt auf: von reihenförmig angeordneten stilisierten Blüten-, Blatt- oder Sternformen bis zu angereihten geometrischen Formen. Unter den Arbeiten der Belutschen finden sich viele Gebetsteppiche. Charakteristisch sind die dunkel gehaltenen Farben, von sattem Lila, tiefem Blau, Rot oder Braun bis Schwarz.

Der Afghan-Mauri zählt zu den feinsten Teppichen, die in Afghanistan geknüpft werden. Diese Knüpfungen werden in der Provinz Herat und im Maimana-Gebiet von Tekke-Turkmenen gefertigt, die in der Gegend seßhaft geworden sind. Das charakteristische Muster ist das sogenannte »Buchara«-Muster, aneinandergereihte Göls auf einem schönen roten Grund. Haupt- und Nebenbordüren sind mit kleinen Quadraten, Hexagonen, Rauten oder anderen geometrischen Formen ausgefüllt. Der Afghan-Mauri ist sehr fein geknüpft.

Der Afghan-Beschir wird von den Beschir-Nomaden im nordöstlichen Teil von Afghanistan hergestellt. Charakteristisch für diese Teppiche sind stilisierte Blumenmuster in reihenförmiger Anordnung. Die Grundfarbe ist Rot mit dunkleren Rottönen, Gelb dominiert in den Ornamenten.

Der Afghan-Daulatabad wird in der Gegend von Daulatabad und Maimana hergestellt. Neben dem »Buchara«-Muster wird hier auch ein dem kaukasischen Kasak ähnliches Muster geknüpft, vielfach auf blauem oder kamelhaarfarbigem Grund. In der Ausführung sind diese Teppiche sehr strapazierfähig.

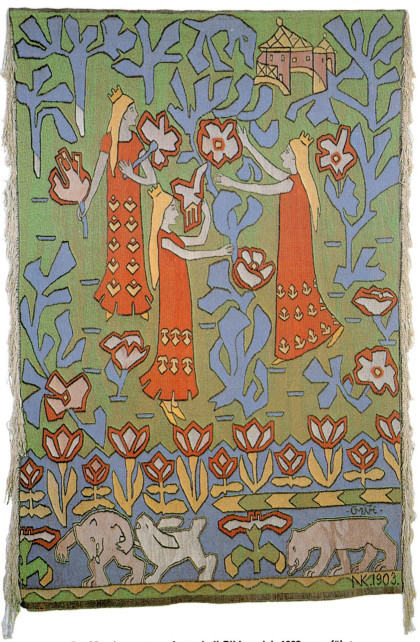

»Der Märchengarten«, Jugendstil-Bildteppich, 1903 ausgeführt nach einem Aquarell von Gerhard Munthe, 175×254 cm

Teppichkunst
im Abendland

Teppiche auf europäischen Gemälden

Seitdem Teppiche in das Abendland gelangt waren, haben zeitgenössische Maler sie immer wieder auf ihren Gemälden dargestellt. Einmal sicher deshalb, weil diese farbenprächtigen Textilien in ihrer eigenartigen Formenvielfalt zur Abbildung reizten, zum anderen, weil Bedeutung und Rang der abgebildeten Personen unterstrichen wurden. Denn Teppiche waren eine seltene Kostbarkeit und kamen nur in den Besitz hochstehender Persönlichkeiten.

Bei der Beschäftigung mit Teppichen sind Gemälde eine wertvolle Hilfe. Sie geben nicht nur Aufschluß über die Muster und somit über die Provenienzen, sondern auch darüber, wie sie im Abendland verwendet wurden.

Hans Holbein d. J., Bildnis des Kaufmanns Gisze, 1532

Zuerst wurden Teppiche nur selten auf den Boden gelegt. Das Betreten blieb Privileg von Kaisern und Königen sowie hoher geistlicher Würdenträger. (In England gab es für den Höfling, der das Vorrecht besaß, neben dem Herrscher auf dem Teppich zu stehen oder zu knien, sogar eine eigene Bezeichnung: »carpet knight«.) Teppiche dienten in erster Linie als Wandbehang, Tischdecke, als Schmuck über Truhen, Balkonbrüstungen oder auf den Altarstufen.

Das früheste Beispiel von Teppichdarstellungen findet sich auf Fresken in der Arenakapelle in Padua, die Giotto 1304 malte. Bei den abgebildeten Teppichen handelt es sich um frühe Seldschukenteppiche, die über Kleinasien nach Italien gelangt waren.

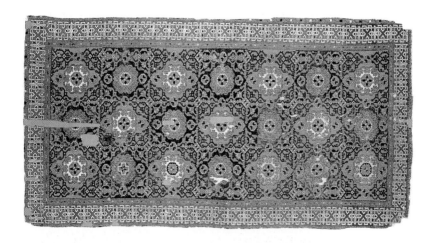

Eine bestimmte Art kleinasiatischer Teppiche in einer charakteristischen geometrischen Musterung begegnet uns immer wieder auf den Gemälden des 15. und 16. Jahrhunderts, insbesondere auf den Bildern von Hans Holbein d. J. Sie wurden später unter der Bezeichnung »Holbein-Teppiche« bekannt. (Da Holbein nicht der einzige war, der diesen Teppichtypus malte, ist diese Bezeichnung eigentlich irreführend, hat sich jedoch so eingebürgert.) Man unterscheidet kleingemusterte und großgemusterte »Holbeins«. Bei den kleingemusterten besteht das Muster aus

Kleingemusterter »Holbein-Teppich«, Türkei, 16. Jahrhundert, 275 × 141 cm

einer versetzten Reihung von Oktogonen und Rauten mit eingefügter Flechtbandverzierung. Die vorherrschenden Farben Rot und Blau werden durch Gelb ergänzt. Charakteristisch sind die Bordüren in pseudokufischer Schrift. Der großgemusterte »Holbein« ist dem kleingemusterten ähnlich, beschränkt sich aber auf meist zwei große über-

»Lotto-Teppich«, Türkei, 16. Jahrhundert, 369 × 211 cm (Fragment)

einandergestellte Achteckformen innerhalb eines Quadrates, das die ganze Breite des Innenfeldes beansprucht.

Der Vollständigkeit halber sei hier auch noch der sogenannte »Lotto-Teppich« genannt. Wie beim »Holbein« rührt der Name von bestimmten geometrisch gemusterten Teppichen aus Kleinasien her, die vor allem auf den Gemälden des italienischen Malers Lorenzo Lotto erscheinen. Die »Lotto-Teppiche« sind auch unter der Bezeichnung »Uşak-Teppiche« bekannt, weil sie wohl in Uşak, in Kleinasien, gefertigt wurden. Typisch für die Musterung dieser Stücke ist ein Netz aus Ranken, Arabesken, Blättern und Palmetten in streng geometrisierter Form, das in kräftigem Gelb einen leuchtend roten Grund überzieht. Dieses Netz arabesker Formen sitzt wiederum innerhalb eines Systems von Oktogonen, die in ein Quadrat eingefügt sind. Die Bordüren erinnern an kufische Schriftzeichen und werden deshalb auch mit »Flechtband-Kufi-Bordüre« bezeichnet.

Diese frühen Darstellungen von Teppichen auf Gemälden haben folgendes gemeinsam: Die Teppiche sind vorwiegend geometrisch gemustert, die geometrische Musterung war insbesondere für das ausgehende 15. Jahrhundert typisch; die Teppiche kamen anfänglich mehr oder weniger ausschließlich aus Anatolien.

Spanien – erstes europäisches Teppichzentrum

Spanien war das erste europäische Land, in dem sich unter dem Einfluß der Mauren – Moslems und Christen lebten dort lange friedlich nebeneinander – eine eigene Teppichproduktion entwickelte. Dienten anfänglich orientalische Muster als Vorlagen, so entstanden nach und nach eigene Formen, die christliche und islamische Elemente miteinander verbanden.

Während der Gotik und später der Renaissance holte man sich – ähnlich wie in Italien – Anregungen aus den reichen Mustern der Samte und Brokate. Heraldische Em-

Spanischer Knüpfteppich aus Alcatraz, 16. Jahrhundert, Girlandenmuster mit dem Wappen des Dominikanerordens in den Ecken

bleme sowie christliche Symbole kamen hinzu. Ein beliebtes und immer wieder abgewandeltes Motiv war der Granatapfel. Granada, eine von den Mauren gegründete Stadt, wählte ihn zu ihrem Stadtsymbol. Der Granatapfel gehört zu den ältesten Motiven des Orients, er versinnbildlicht Fruchtbarkeit und Wohlstand.

Zu den Besonderheiten spanischer Teppiche gehört die Knüpfung im sogenannten spanischen Knoten. Man nimmt an, daß er auf koptische Weber zurückgeht, die im 10. Jahrhundert von Ägypten nach Spanien eingewandert sind.

Spanien exportierte seine Erzeugnisse auch schon früh. Neben europäischen Herrscherhäusern belieferte es Ägypten und den Nahen Osten. Und sogar Papst Johannes XXII. (1316–1334) erwarb spanische Teppiche für seinen Palast in Avignon. Doch Ende des 15. Jahrhunderts verschlechterten sich die Verhältnisse in Spanien zunehmend. Der wirtschaftliche Niedergang war eine Folge ständiger kriegerischer Auseinandersetzungen und vor allem der Inquisition. Davon war auch die Teppichherstellung betroffen. Spanien verlor seine Bedeutung als die Teppichmanufaktur Europas.

Teppiche aus Frankreich – Savonnerie und Aubusson

Teppiche waren inzwischen in Europa so populär geworden, daß die Importe gewaltig stiegen. Im 17. Jahrhundert wandte sich das Interesse vor allem persischen Erzeugnissen zu. Gleichzeitig aber nahmen die Initiativen zu, Teppiche in Europa selbst herzustellen. Frankreich zeigte sich darin besonders aktiv und brachte es schließlich zu bedeutendem Erfolg.

Der entscheidende Impuls für eine reguläre Teppichpro-

Savonnerie-Teppich für die Gemahlin Louis' XV. nach einem Entwurf von Belin de Fontanay

duktion nach orientalischem Vorbild kam 1604. Die steigende Einfuhr von Teppichen begann die Handelsbilanzen Frankreichs zu belasten. Deshalb erteilte Heinrich IV. 1604 einem Maler namens Pierre Dupont das Privileg, im Louvre eine Werkstatt zur Teppichherstellung zu eröffnen. In einer Abhandlung mit dem Titel »La Stromatourgie« (Die Teppichwebkunst) hatte Dupont behauptet, er könne Teppiche wie die Orientalen knüpfen, und diese Schrift dem König gewidmet. Das Unternehmen entwickelte sich so gut, daß die Räumlichkeiten im Louvre bald nicht mehr ausreichten. Dupont zog in eine ehemalige Seifenfabrik, die Savonnerie, nach der die dort gefertigten Teppiche später auch bezeichnet wurden.

Unter Louis XIV. (1638–1715) nahm sich 1661 Jean Baptiste Colbert der Finanz- und Handelsangelegenheiten Frankreichs an. Colbert entschied sich für eine straffe Wirtschaftspolitik, die unter dem Begriff Merkantilismus bekannt wurde. Er erließ Einfuhrbeschränkungen und erleichterte den Export. Damit förderte er die inländische Wirtschaft und den Ausbau der Teppichmanufakturen.

Der Hof Louis' XIV. wurde zum Mittelpunkt Frankreichs und der europäischen Gesellschaft, Versailles und die absolutistische Hofhaltung waren Vorbild für ganz Europa. Der König benötigte prachtvolle Teppiche für seine Schlösser und als Gastgeschenke für ausländische Gesandtschaften, so wurde er zum bedeutendsten Auftraggeber der Savonnerie. Allein für den Louvre ließ er neunzig Teppiche fertigen, teilweise von Ausmaßen über dreißig Quadratmeter.

In bezug auf die Mustergebung lösten sich die Entwerfer in den Werkstätten der Savonnerie schnell von den orientalischen Vorlagen. Dem Zeitgeschmack des Barock entsprechend zeigte sich eine Vorliebe für üppigstes Blumendekor, Früchte, Fruchtschalen, Füllhörner, Körbe, muschelartige Gebilde, Palmetten, Blüten, manchmal Figuren. Das Mittelfeld war gerne symbolischen Darstellungen vorbehalten, zum Beispiel der Sonne, dem Symbol Ludwigs des Sonnenkönigs.

Auf dem Höhepunkt des Barock nahm der Einfluß der

253

Glattgewebter Aubusson, Privatbesitz

Architektur auf die Teppichgestaltung zu. Vor allem Le Brun, Erster Hofmaler und Oberaufseher der Savonnerie, wurde richtungweisend für Europa. Ihm ging es um die Angleichung der Teppiche an die zeitgenössische Raumvorstellung. Die Muster der Savonnerie-Teppiche griffen Motive der Deckengestaltung auf und vermitteln dadurch einen grandiosen Gesamteindruck der Räume.

Auch in den Farben hatte man sich längst vom orientalischen Vorbild gelöst. Pastelltöne in reichsten Schattierungen, oft vor einem dunkler gehaltenen Grund, wurden bevorzugt. Muster und Farben waren nun so eigenständig, daß die Handelsbezeichnung »tapis façon de Turquie« in »tapis façon de France« geändert wurde.

Sogar Persien ließ sich von der Musterung französischer Teppiche beeinflussen. Teppichknüpfer aus Kirman, die im Auftrag Louis' XIV. nach Frankreich gekommen waren, brachten bei der Rückkehr in ihr Land das typische französische Blumenmuster mit. Die Perser nannten es »gol-i-farangi« (fremde Blume).

Neben der Savonnerie entwickelte sich in Aubusson ein weiteres Zentrum der französischen Teppichproduktion. Die Stadt bot gute Voraussetzungen, da sich in dieser Gegend schon früh Teppichweber niedergelassen hatten. 1743 erhielt Aubusson mit Unterstützung von Orry de Fulvy, der inzwischen die Finanzangelegenheiten Frankreichs übernommen hatte, die Erlaubnis, Knüpfteppiche in der Tradition der Savonnerie herzustellen. Berühmt wurden allerdings nicht die Knüpfteppiche, sondern die sogenannten »tapis ras«, die glattgewebten »Aubussons«. Zwei Faktoren waren entscheidend für die Entstehung dieses Teppichtypus: Zum einen sollte die Baumwolle genutzt werden, die im eigenen Land angebaut wurde und damit einen billigeren Rohstoff darstellte als Wolle, die überwiegend eingeführt werden mußte. Zum anderen gelang es, Teppiche aus Baumwolle in der Technik der Wandteppiche zu weben. Aufgrund der günstigeren Herstellungsmethoden wurden Aubussons erschwinglicher als die Savonnerie-Teppiche. So kamen mit dem aufsteigenden Bürgertum im 19. Jahrhundert diese glattgewebten Teppiche in Mode.

Die ersten Aubussons wurden noch nach orientalischen Mustervorlagen gearbeitet. Doch als die Nachfrage nach diesen Musterformen nachließ, hat man sich zunehmend um eigenständige Muster bemüht. Großer Beliebtheit erfreute sich die »rose mauresque« (maurische Rose), ein zentrales Rundmotiv auf schlicht gehaltener Fläche, nach einem Entwurf des Malers Le Lorrain.

England – Teppiche der Arts-and-Crafts-Bewegung

Auch in England gab es früh schon Bestrebungen, das Geheimnis orientalischer Teppichknüpfung zu ergründen. 1597 wurde ein Färber namens Morgan Hubblethorne nach Persien geschickt, um Knüpftechnik und Färbemethoden in Erfahrung zu bringen.

Mit der Aufhebung des Edikts von Nantes 1685 flohen viele Hugenotten von Frankreich nach England, unter ihnen viele Weber, die sich auf die Knüpfkunst verstanden. Sie gaben die ersten Impulse zu einer bescheidenen Teppichproduktion in England.

Von entscheidender Bedeutung für eine spätere Teppichherstellung im großen Stil war die Erfindung des mechanischen Webstuhls durch Dr. Edmund Cartwright 1786 und die der Jacquard-Maschine durch Josef-Maria Jacquard 1799. Weitere Erfindungen und technische Verbesserungen schufen die Voraussetzungen für eine maschinelle Herstellung von Teppichen. Mit der Möglichkeit, größere Mengen zu produzieren, wurden die Teppiche billiger und blieben nicht mehr nur einer kleinen Oberschicht vorbehalten. Dieser Entwicklung kamen die großen Umwälzungen des 19. Jahrhunderts entgegen. Das Ende des Absolutismus und die Französische Revolution hatten die Vormachtstellung des Adels beendet und das Bürgertum erstarken lassen. Die Erfindung der Maschinen leitete die Industrialisierung ein.

In der Teppichmusterung zählten florale Motive noch immer zu den beliebtesten, wurden nun jedoch zunehmend in naturalistischer Weise gestaltet. Hinzu kamen Elemente der Architektur. Die Architektur wiederum zeichnete sich in dieser Zeit zwischen 1820 und 1890 durch eine Mischung der verschiedensten Stile und Bauformen aller möglichen Epochen und Völker aus. Diese Stilmixturen waren Folge- und Begleiterscheinungen des Klassizismus und wurden unter dem Begriff »Historismus« bekannt. Doch der Historismus geriet bald zunehmend in Kritik. Bei der folgenden Auseinandersetzung über ästhetische Richtlinien innerhalb der Kunst und des Kunsthandwerkes beschäftigte man sich vor allem auch mit der Teppichgestaltung. Man reklamierte, den Teppichen fehlten die Grundsätze für ornamentalen Entwurf. Vor allem die häufig verwendeten naturalistischen Details wurden angegriffen, die in ihrer Plastizität eine dritte Dimension vermittelten. Damit galten sie als völlig ungeeignet für eine ebene Fläche.

Teppich nach einem Entwurf von William Morris

In dieser Diskussion ging es aber nicht nur um formale Probleme, sondern auch um die sich abzeichnenden Folgen industrieller Massenproduktion wie zum Beispiel der Verdrängung des Handwerkes und Kunsthandwerkes. Das unerbittliche Voranschreiten des technischen Fortschritts beschwor eine Krise herauf und setzte die verschiedensten Reformversuche in Bewegung.

Unter den vielen, die sich mit dieser Problematik auseinandersetzten, galt William Morris (1834–1896) als Pionier, dessen Ideen von verschiedenen Künstlervereinigungen aufgegriffen und weiterentwickelt wurden. Am bekanntesten wurde die 1888 gegründete Arts-and-Crafts-Bewegung, die wie Morris für die Erhaltung der Handwerkskünste eintrat. Man ging davon aus, daß ein menschliches

Grundbedürfnis sei, sich mit seinen eigenen Händen ausdrücken zu wollen. Man forderte die Rückkehr zur Einfachheit unter Einbeziehung der Gesichtspunkte, die dem orientalischen Dekorationssystem zugrunde liegen. Der

257

Teppich, in dem sich Kunst und Handwerk vereinen, nimmt in dieser Auseinandersetzung eine besondere Position ein. Seine Ornamentik wurde zum Leitbild der angewandten Kunst.

Morris, der 1861 eine Werkstatt eröffnete, in der für alle Bereiche, die die Ausstattung eines Hauses betreffen, Entwürfe gemacht wurden, entwickelte unzählige Musterentwürfe für Teppiche. Er verwendete viele pflanzliche und florale Motive, die aber nie plastisch gestaltet waren und so der Fläche gerecht wurden. Die Zeichnung seiner Muster läßt schon den bald darauffolgenden Jugendstil ahnen.

Morris hat auch Entwürfe für maschinell gewebte Teppiche gefertigt. Diese befinden sich heute in der William-Morris-Galerie in Walthamston. Sehr schöne Knüpfteppiche, als »Donegal-Teppiche« bekannt, wurden in der schottischen Textilfabrik Alexander Morton & Co in der nordwestirischen Provinz Donegal gefertigt.

Die Orientmode im Europa des 19. Jahrhunderts

Das 19. Jahrhundert war eine Zeit tiefgreifender Veränderungen, eine Zeit wechselnder Stile und Strömungen. Bisher gültige Wertvorstellungen waren überkommen und mußten neu definiert werden. Eine Folge davon waren Unsicherheit und Skepsis allem Neuen gegenüber.

Während nach der Französischen Revolution die europäischen Länder sich allmählich zu Industrieländern entwickelten, kam es in der Türkei und in Persien zum Niedergang der Herrscherhäuser und in der Folge auch der Teppichmanufakturen. Der Teppich spielte in Europa nicht mehr die Rolle, die er im 17. und 18. Jahrhundert innehatte. An dieser Stelle ist es interessant, einmal zu verfolgen, wie sich die Position des Orientteppichs im Laufe der Zeit geändert hat. Am Anfang war er reines Importgut, ein kostbares Gut, ein Privileg. Dann setzten die Bemühungen ein, Teppiche in Europa selbst zu produzieren, man sah darin eine lukrative Einnahmequelle. In ihrer kulturellen Entwicklung hatten die europäischen Länder inzwischen dem Orient gegenüber aufgeholt. Mit der Erfindung von Maschinen und technischen Hilfsmitteln kam es schließlich zur »Massenproduktion« von Teppichen. Damit war der Teppich kein Privileg mehr, er wurde zur Ware. Um möglichst gute Absätze zu erzielen, orientierte man sich am Geschmack der Masse, und danach richtete sich die Mustergestaltung aus. Mit dieser Entwicklung ging die im 19. Jahrhundert einsetzende wirtschaftliche Erschließung des Orients einher. Europäische Produktionsformen wurden auf orientalische Betriebe übertragen, synthetische Farben, maschinengesponnene Wolle, europäische Musterwünsche in den Orient getragen. Die kommerzielle Ausbeutung des Teppichs nahm ihren Anfang.

In dieser Zeit des allgemeinen Umbruchs kam es in Europa zu einer regelrechten Orientmanie. Nicht der Orient, wie er wirklich war, interessierte, sondern der idealisierte, der Orient der Imagination, der Orient als Inbegriff aller sinnlichen Genüsse und verfeinerter Lebensart. Man liebte es, der Welt zu entfliehen, sich in seine eigenen vier Wände einzuspinnen. Das orientalische Dekor lieferte die großartige Ergänzung dazu. Teppiche als Sinnbild verwobenen Lebens erfreuten sich ganz besonderer Beliebtheit. Die Gründe für diese Schwärmereien und unbestimmten Sehnsüchte mögen in der zunehmenden Technisierung zu suchen sein, von der der Mensch sich bedroht und in Frage gestellt fühlte. Der Orient als Inbegriff des Fremden, Exotischen schien geeignet, die undefinierten Sehnsüchte zu stillen. Mit beigetragen zu dieser Idealisierung haben sicherlich auch die Schriftsteller und Maler, die den Orient bereisten und das Morgenland in ihren Reiseberichten, Erzählungen, Geschichten und Gemälden verherrlichten. Typisch für die zweite Hälfte des 19. Jahrhunderts ist die orientalisierende Malerei. Den Malern, die den Orient bereisten, ging es nicht um ein bildliches Dokument, sondern um exotische Bilder. Ein typischer Vertreter dieser Art Malerei war der Maler Hans Makart (1840–1884). Sein Atelier in orientalischem Stil war berühmt und beeinflußte

259

den Wohnstil des Bürgers der Gründerzeit nachhaltig. Es gab schließlich kaum einen Bereich, der nicht vom orientalischen Dekor erfaßt wurde.

Jugendstil und Bauhaus

Der Ende des 19. Jahrhunderts aufkommende Jugendstil richtete sich endgültig gegen den Historismus. Er erwuchs zum einen aus Erneuerungsbestrebungen, wie William Morris sie angestrengt hatte, zum anderen aus dem sogenannten »Japonismus«.

Auf der Pariser Weltausstellung 1867 wurden japanische Kunstgegenstände und japanisches Kunsthandwerk gezeigt. Die ausgestellten Stücke bestachen durch ihre Einfachheit und ästhetische Raffinesse und entsprachen darin den Forderungen der verschiedenen Reformbewegungen nach Abkehr von historisierenden Zierformen, überladenem Dekor und der Rückkehr zu Einfachheit und Stoffgerechtigkeit. Es kam zu einer ausgeprägten Japan-Mode, dem Japonismus. Der Japonismus zählt zu den Haupteinflüssen auf den Jugendstil. Viele bedeutende Künstler fanden über die japanische Kunst zum Jugendstil.

Walter Gropius: Direktionszimmer im Weimarer Bauhaus, 1923

Der Jugendstil entwickelte eigene Ornamentformen, die auf jede plastische und räumliche Illusion verzichteten und damit der Fläche wieder eine neue Bedeutung gaben. Sein Hauptmerkmal sind die wie ein Leitmotiv immer wiederkehrenden schwingenden Linien. Die Fläche ist bewegt. Die Asymmetrie dominiert. Ein rhythmischer Wechsel von positiven und negativen Formen findet statt. Florale Motive und vegetabilische Formen sind in unnachahmlicher Weise in dieses System eingebunden. Künstler wie van de Velde, Klimt, Beardsley, Voysey, Mackintosh, Gallé gehörten dem Jugendstil an. Die meisten waren Maler, Kunsthandwerker und Architekten zugleich. Ihre Aufgabe war vor allem die harmonische Gestaltung der Innenräume. Alles, was zur Raumdekoration gehörte, sollte aufeinander abgestimmt werden. Entwürfe wurden

gleichzeitig für Möbel, Tapeten, Geschirr und Teppiche angefertigt. Der Teppich spielte dabei eine bedeutende Rolle, da seine Ornamentierung Vorbild für andere Bereiche der angewandten Kunst sein sollte.

Anfang des 20. Jahrhunderts wurden die Bemühungen um neue Formgebungen in der Architektur und in den Dekorationsstilen fortgesetzt. Schon während der Jugendstilbewegung gründete der Architekt Hermann Muthesius (1861–1927) den »Deutschen Werkbund«. Die Einrichtung des Bauhauses durch den Architekten Walter Gropius (1883–1969) folgte 1919. Werkbund wie Bauhaus sahen ihre Aufgabe darin, noch konsequenter der Forderung nach Schlichtheit und Zweckmäßigkeit in der Raumgestaltung sowie im Design der Gebrauchsgegenstände nachzukommen. Gropius beschrieb das Anliegen des Bauhauses wie folgt: »Es geht um organische Gestaltung der Dinge aus ihren eigenen gegenwartsgebundenen Gesetzen heraus, ohne romantische Beschönigungen und Verspieltheiten. Beschränkungen auf typische, jedem verständliche Grundformen und Farben. Einfachheit im Vielfachen, knappe Ausnutzung von Raum, Stoff, Zeit und Geld.«

Von solchen Ideen wurde auch die Gestaltung von Teppichen beeinflußt.

Designer-Teppich nach dem Entwurf eines modernen Künstlers: L. Burckhardt »Néfertiti Bleu«, 180 × 270 cm

Designer-Teppiche

Zu Beginn unseres Jahrhunderts, als sich das herkömmliche Weltbild so tiefgreifend veränderte, wurde wie nie zuvor auf dem Gebiet der darstellenden Kunst und des Kunsthandwerkes experimentiert, um zeitgemäße Ausdrucksformen zu finden. Im Bereich der Teppichgestaltung entstanden die ersten sogenannten »Künstler-Teppiche«. Maler wie Mondrian, Kandinsky, Klee engagierten sich auf diesem Gebiet und versuchten, ihre Bildideen auf die Teppichfläche zu übertragen. In jüngster Zeit sind Künstler-Teppiche wieder sehr gefragt.

Heute bietet der Markt eine Fülle sehr individuell gestal-

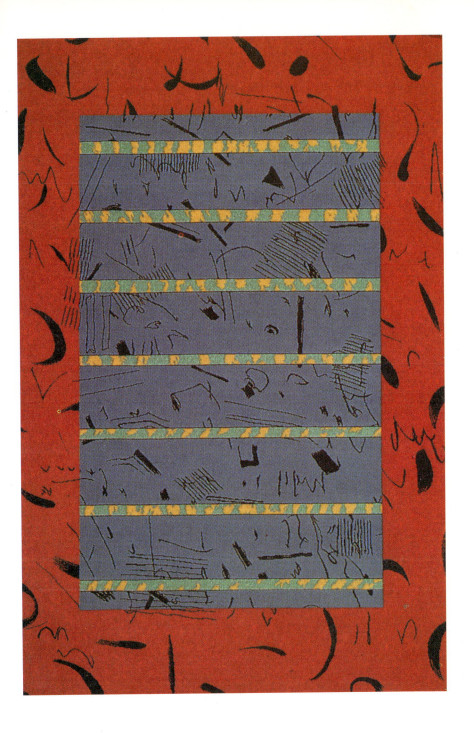

teter Teppiche unter dem Begriff »Designer-Teppiche« an. Auf diesen Teppichen sind Bilder moderner Künstler wie Cocteau, Klee, Margritte, Dalí, um nur einige zu nennen, abgebildet. Oder namhafte Maler entwerfen spezielle Teppichdessins, die dann umgesetzt werden. Äußerst farbenfrohe und ungewöhnliche Stücke sind hier zu finden und bieten die Möglichkeit zu ganz individueller und origineller Gestaltung der eigenen Räume. Ein besonderer Service, den Geschäfte, die Designer-Teppiche führen, bieten, ist die Möglichkeit, sich eigene Entwürfe umsetzen zu lassen. Auch spezielle Farbwünsche werden dabei berücksichtigt, die Wolle dann entsprechend eingefärbt. Vor der Verarbeitung erhält der Kunde ein Wollmuster zur Begutachtung.

Designer-Teppiche werden – je nach Wunsch – handgeknüpft oder handgetuftet. Bei handgetufteter Herstellung wird ein fertiges Gewebe in einen Holzrahmen gespannt und dann das Muster darauf angezeichnet. Anschließend werden mit einer Maschine über eine Nadel die farbigen Fäden in das Gewebe eingeschossen. Diese Maschine wird von Hand bedient. Danach wird das Gewebe auf der Rückseite latexiert, das heißt mit einer gummiartigen Masse, dem Latex, überzogen. Die unterschiedlich hohen Florfäden werden zum Schluß auf eine Höhe geschoren.

Knüpfteppich, Tibet, Gyantse-Khaden, um 1900
ca. 80 × 173 cm

Teppichkauf und Teppichpflege

Überlegungen vor dem Kauf

Teppichkauf ist eine Sache der Information, des Vergleichens, des Preises und nicht zuletzt des persönlichen Geschmacks. Auf jeden Fall sollte man sich vor der Anschaffung eine Vorstellung von dem Teppich machen, den man zu kaufen beabsichtigt. Die Frage »Was für ein Teppich soll es sein?« muß sicher auch im Zusammenhang mit der persönlichen Umgebung, der Wohnungseinrichtung, gestellt werden. Heute gibt es gegenüber früher keinen einheitlichen Trend mehr. Wohnungen werden überwiegend nach individuellen Gesichtspunkten gestaltet. Über lange Zeit war es üblich, die Räume mit Teppichböden auslegen zu lassen. Doch dann machte die Auslegware Holzböden, Keramikböden oder Steinböden Platz. Mit diesem Trend hat auch das Angebot und die Auswahl an Teppichen zugenommen. Teppichgeschäfte bieten inzwischen nicht mehr in erster Linie die typischen Orientteppiche an. Ausgefallenere Stücke sind gefragt. Mut zu Farbe hat sich durchgesetzt. Auch Teppiche in leuchtenden Farbstellungen finden heute ihre Abnehmer. Von Gabbehs bis zu Nepal-Designerteppichen, von Kelims bis zu Teppichen nach eigenem Entwurf ist alles möglich.

Deshalb sollten Sie sich vor dem Kauf erst einmal umsehen, was es alles gibt, und sich von der Fülle des Angebots anregen lassen. Lösen Sie sich auch von den herkömmlichen Vorstellungen in bezug auf die Wohnungseinrichtung. Verschiedene Stilrichtungen lassen sich – mit etwas Feingefühl – durchaus kombinieren. Ein Kelim zum Beispiel kann wunderbar zu einem Biedermeiersekretär und entsprechendem Umfeld passen. Eine Kombination aus High-Tech-Möbeln und Gabbeh kann interessant wirken. In ein hochelegantes Ambiente fügt sich vielleicht ein chinesischer Teppich gut ein. Den Möglichkeiten sind keine Grenzen gesetzt. Entscheidend ist, daß der Teppich Ihnen in dieser »Umgebung« gefällt und Sie sich wohl fühlen. Dies ist das wichtigste Kriterium bei einem Teppich. Er soll in erster Linie Ihnen selbst gefallen. Und er soll Ihnen Freude machen.

Haben Sie dann in etwa eine Vorstellung gewonnen, welche Art Teppich Sie kaufen möchten, sollten noch einige praktische Erwägungen in Betracht gezogen werden. Soll der Teppich mehr ein Gebrauchsgegenstand sein oder findet er Verwendung nach ästhetischen Gesichtspunkten? Wo soll er liegen? Was muß er aushalten? Wird er viel benutzt? Wird er viel begangen? Liegt er im Eingang, in einer Halle, im Wohnzimmer, unter dem Eßtisch, in Geschäftsräumen? Soll er mit anderen Teppichen kombiniert werden? Soll es ein alter oder ein neuer Teppich sein? Was darf er kosten?

Die Klärung solcher praktischen Fragen vor dem Kauf erleichtert es später, bei der Wahl des Teppichs bestimmte Qualitätskriterien von vornherein zu berücksichtigen.

Einkaufsmöglichkeiten

Angefangen von Kaufhäusern, großen oder kleineren Teppichhäusern bis zu Auktionen oder Angeboten aus privater Hand, bieten sich zahlreiche Einkaufsmöglichkeiten für Teppiche.

Wenn der Wunsch nach einem ausgefalleneren Stück, nach einem Teppich von gewissem ästhetischen Wert besteht oder Sie gerne ein älteres oder antikes Exemplar erwerben wollen, empfiehlt es sich, sich an renommierte Teppichfachgeschäfte oder Teppichgalerien zu wenden. Manche großen Teppichhäuser führen auch eine Abteilung mit älteren Stücken und/oder Nomadenteppichen.

Grundsätzlich wird ein seriöser Händler einen Kunden gut beraten und genaue Angaben über einen Teppich machen, so daß der Käufer weiß, was er kauft. Behalten Sie dennoch ein gewisses Maß an Skepsis bei, hören Sie sich an, was der Händler Ihnen erzählt. Bestimmen Details wie Alter, Herkunft, Feinheit, Menge der im Handel befindlichen Stücke und Zustand des Stückes die Preisverhandlungen, dann lassen Sie sich diese Angaben auf der Rechnung bestätigen. Die zugesicherten Eigenschaften gelten mit der schriftlichen Bestätigung als verbindlich.

Dann können Sie im Zweifelsfalle den erworbenen Teppich über einen hinzugezogenen Sachverständigen beanstanden, sollten sich die Angaben als falsch herausstellen. Preist Ihnen ein Händler beispielsweise einen Kashmirteppich als Teppich aus reiner Seide an, dann müßte auf der Rechnung stehen: »Kashmir Naturseide«, und zwar ausdrücklich »Naturseide«. Leider werden nämlich des öfteren Kunstseidenkashmirs als Naturseidenkashmirs verkauft.

Mißtrauisch sollten Sie sein, wenn ein Händler Ihnen einen sehr hohen Preisnachlaß anbietet, wenn der Teppich zum Beispiel ursprünglich 14 000 DM kosten sollte, der Händler ihn aber für 7 000 DM offeriert. Verhalten Sie sich auch skeptisch bei Räumungsverkäufen wegen Geschäftsaufgabe. Sie denken vielleicht, Sie machen dort ein Schnäppchen. Dem ist aber keineswegs so. Denn es ist gängige Praxis geworden, Geschäfte zu eröffnen, um sie bald wieder zu schließen und dann einen schon längst einkalkulierten Preisnachlaß von außergewöhnlicher Höhe zu gewähren. Die solcherart angebotenen Teppiche gehören leider nicht zur besten Ware. Halten Sie sich deshalb lieber an eingeführte Geschäfte, deren Interesse darin besteht, die Kunden zufriedenzustellen und sie sich zu erhalten. Ein seriöser Händler bietet Ihnen im übrigen auch fast immer die Möglichkeit, den Teppich Ihrer engeren Wahl zur Ansicht mit nach Hause zu nehmen und ihn gegebenenfalls umzutauschen.

Im Zweifelsfalle, vor allem beim Kauf eines hochpreisigen älteren Stückes, sollten Sie sich ein Fachzertifikat eines Sachverständigen einholen. Die Industrie- und Handelskammer nennt Ihnen die Adresse eines vereidigten Sachverständigen. Oder Sie wenden sich direkt an den Bundesverband der Sachverständigen für Orientteppiche, BSOT (Adresse siehe Seite 279).

Eine weitere Möglichkeit, einen Teppich zu erwerben, besteht über eine Auktion. Hier sei von vornherein darauf hingewiesen, daß für den Kauf auf Auktionen ein gewisses Maß an Erfahrung unerläßlich ist. Besitzen Sie nicht genügend Vorkenntnisse und haben Sie noch keine Auktionserfahrung, besteht immer die Möglichkeit, sich dort beraten zu lassen oder gegebenenfalls einen Fachmann mitzunehmen oder an Ihrer Stelle hinzuschicken. In jedem Fall aber ist es ratsam, sich die entsprechenden Teppiche einige Tage zuvor in Ruhe anzusehen.

Für Auktionen gilt das gleiche wie für Teppichgeschäfte. Halten Sie sich auch hier an alteingesessene Auktionshäuser, sie pflegen seriöse Praktiken, da sie Wert auf dauerhafte Kunden legen und ihren guten Ruf nicht aufs Spiel setzen wollen. Ein seriöses Auktionshaus stellt Ihnen meistens auch eine Fachberatung zur Verfügung.

Hie und da erhalten Sie vielleicht auch die Möglichkeit, aus privater Hand einen Teppich zu erwerben. Sind Sie noch nicht in der Lage, das angebotene Stück genau einzuschätzen, und es gefällt Ihnen, doch der Preis ist womöglich recht hoch, so ist auf jeden Fall zu einem Sachverständigenurteil zu raten. Dadurch werden von Anfang an für beide Teile Mißverständnisse aus dem Wege geräumt.

Ein Teppichkauf im Ausland will gut überlegt sein, auch wenn das Angebot recht günstig erscheint. Entdecken Sie aber Ihren »Traumteppich«, nach dem Sie schon lange auf der Suche sind, sollten Sie die Zollkosten mit einkalkulieren, die sich am Quadratmeterpreis des Teppichs orientieren.

Und schließlich: Teppichkauf an der Wohnungs- oder Haustüre ist nicht Vertrauenssache, sondern immer falsch!

Was Sie beim Teppichkauf beachten sollten

Wenn Sie sich schließlich für einen Teppich entschlossen haben, gibt es einige Faktoren, auf die Sie achten, oder die Sie klären sollten. Hier kurz zusammengefaßt:

Zu den Bewertungskriterien für einen Teppich zählen

- Farben
- Musteranordnung

- verwendete Materialien und ihre Qualität
- Struktur
- Knotendichte
- Florbeschaffenheit und Florhöhe
- Größe
- Alter
- Erhaltungszustand
- Provenienz

Sind die eigenen Kenntnisse noch begrenzt, ist eine Beurteilung schwierig. Selbst wenn ein Buch Kriterien zur Einschätzung von Teppichen an die Hand gibt, ist die Gefahr, sich zu täuschen, zu groß. Dann empfiehlt sich, wie schon erwähnt, die Einholung eines Fachurteils.

Nachstehend ein paar einfache Tips zur Qualitätsprüfung eines Teppichs.

– Wollen Sie die *Wollqualität* eines Teppichs prüfen, so sollten Sie den Teppich anfassen, ihn befühlen. Fühlt sich die Wolle trocken an, ist sie ohne Spannkraft, bleibt sie beim Niederdrücken unten, dann ist die Qualität schlecht.

Greift sich die Wolle fettig an, springt sie an den Florenden auf, ist die Qualität gut.

Natürlich wird die Beurteilung hierbei um so sicherer, je mehr Erfahrung Sie haben. Deshalb sollten Sie, wenn Sie weiter in die Teppichmaterie eindringen wollen, nicht nur viele Teppiche anschauen, sondern sie auch anfassen, die Flor- und die Rückseite einer genauen Betrachtung unterziehen, ebenso die Verarbeitung der Kanten und der Fransen. So schulen Sie das Auge, es wächst die Sicherheit in der eigenen Einschätzung und Beurteilung von Teppichen.

– Wollen Sie feststellen, ob die *Angaben über das verwendete Material* stimmen, so gibt es ein einfaches Testverfahren. Sie ziehen mit einer Pinzette einen Faden aus der Rückseite des Teppichs und halten ihn in eine Streichholzflamme.

Wolle verbrennt langsam, die Flamme ist hell, der Rückstand riecht wie verbranntes Haar.

Seide brennt ohne Flamme, verglüht, wird zu Asche.

Baumwolle ergibt eine Flamme, hinterläßt pulverförmige Asche und riecht nach Papier.

Synthetische Faser brennt wie Seide, verbreitet aber einen unangenehm beißenden Geruch.

– Das Feststellungsverfahren von *Knotenform und Knotendichte* wurde bereits im Kapitel über Knotenformen (siehe Seite 42 ff.) beschrieben.

In diesem Zusammenhang sei kurz auf die Bezeichnung »echter« Teppich eingegangen, die immer noch in Gebrauch ist. Der Begriff »echt« wurde als Abgrenzung zum mechanisch gewebten Teppich eingeführt, um ihn vom handgeknüpften Teppich zu unterscheiden. Wenn Sie einen mechanisch gewebten Teppich in der Breitseite aufbiegen, so scheinen im Gegensatz zum Knüpfteppich die Florfäden aus dem Gewebeboden zu »wachsen«, sie umschlingen keinen Grundfaden.

– Was die *Florhöhe* anbetrifft, gilt allgemein: Ein hochfloriger, dick und fest geknüpfter Teppich ist besonders strapazierfähig, ein Seidenteppich dagegen empfindlicher. Berücksichtigen Sie dieses Qualitätsmerkmal im Hinblick auf die Funktion, die Ihr Teppich erfüllen soll.

– Wollen Sie einen *alten oder antiken Teppich* kaufen, beachten Sie folgendes oder fragen Sie danach:

Hat der Teppich Löcher?

Löcher können Sie erkennen, indem Sie den Teppich gegen das Licht halten.

Wurde der Teppich gekürzt, geschnitten?

Von schadhaften Teppichen wurden manchmal die Seitenbänder, ein paar Knotenreihen oder sogar ganze Bordüren weggenommen, was nicht immer auf den ersten Blick auffällt, da der Teppich an den Stellen geschickt ausgebessert wurde. Fehlende Teile stellen jedoch immer eine Wertminderung dar und sollten korrekterweise angegeben werden.

Wurde der Teppich restauriert?

Normalerweise muß ein Händler darüber Auskunft geben. Die Qualität ausgeführter Restaurierungsarbeiten ist sehr unterschiedlich. Kleine Schadstellen lassen sich leichter ausbessern und fallen nicht so stark ins Gewicht. Grö-

ßere Reparaturstellen können den Wert eines Teppichs erheblich mindern, sofern die Reparatur nicht äußerst sorgfältig ausgeführt wurde.
Wurde der Teppich bemalt?

Das hört sich vielleicht befremdend an? Doch es kommt häufiger vor, daß an abgetretenen Stellen das Grundgewebe, das vielfach heller ist als der Flor und an den dünnen Stellen auch hell durchscheint, in der Farbe des Flors bemalt wurde (beispielsweise gerne dort, wo schwarz eingefärbter Flor bestand). So will man die dünnen Stellen kaschieren.

– *Wie alt ist der Teppich?* Es ist beinahe unmöglich, das Alter eines Teppichs exakt und zuverlässig zu bestimmen. Es sei denn, es gibt eindeutige Kriterien zur Altersbestimmung. Anhaltspunkte hierzu können sein: Eingangsdaten von Teppichen in die Museen, frühere Listen von Teppichen, Abbildungen auf Gemälden, genaues Wissen über Muster- und Farbgeschichte – zum Beispiel über die ausschließliche Verwendung von Mustern oder Farben nur während eines bestimmten Zeitraumes – und so weiter.

Die Altersbestimmung verlangt enorme Fachkenntnisse und sehr viel Erfahrung. Und selbst dann streiten sich auch die Experten immer wieder in diesem Punkt. Häufig sind Daten in die Teppiche eingeknüpft, doch scheinen diese ebenfalls nicht immer verläßlich.

Auf alten oder antiken persischen Teppichen finden sich manchmal Daten, die sich an der islamischen Zeitrechnung orientieren. Diese beginnt 622 n. Chr., dem Jahr der Hedschra, der Flucht des Propheten von Mekka nach Medina. Bislang rechnete der Islam nach Mondjahren, die gegenüber unserer Zeitrechnung 11 Tage beziehungsweise 1/33 Jahr kürzer sind. Will man also zum Beispiel das mohammedanische Jahr 946 umrechnen, so gilt:

$$946 : 33 = 28$$
$$946 - 28 = 918$$

+ das Jahr 622 (Hedschra/Beginn d. isl. Zeitrechng)
= 1540 unserer Zeit

Da die meisten islamischen Länder inzwischen zum Sonnenkalenderjahr übergegangen sind, Persien am

31.3.1925, errechnet sich die Jahreszahl nach unserer Zeit wie folgt:
Die Zeitrechnung beginnt ebenfalls mit 622 n. Chr. und wird mit 1 AH gekennzeichnet. Zu dem angegebenen islamischen Jahr wird dann 622 hinzugezählt. Wenn eine Angabe also beispielsweise lautet
1358 AH (islam. Jahr), rechnet man hinzu
+ 622, ergibt also
= 1980 unserer Zeit

Arabische Zahlen können in Teppichen entweder von links nach rechts erscheinen, von rechts nach links, spiegelbildlich, oder mit nur 3 Ziffern, das heißt meist ist dann die Null weggelassen und muß hinzugerechnet werden.

Arabische Zahlen

Im übrigen: Antike Teppiche können unter Umständen wie neu aussehen und neue antik. Also Vorsicht! Verlassen Sie sich nicht auf den optischen Eindruck allein.
– *Wie lange kann ein Teppich halten?*
Die oft zitierte Behauptung, Orientteppiche überdauern Generationen, ist falsch. Die Lebensdauer eines Teppichs hängt davon ab, wie er strapaziert wird. Bei uns wird ein Teppich im allgemeinen wesentlich stärker beansprucht, als dies bei den Orientalen der Fall ist. Wir betreten Teppiche mit Schuhen, stellen Möbel darauf, kurz, unsere Gebrauchsweise garantiert nicht unbedingt ein Überdauern über Generationen hinweg. Wenn wir also ein wertvolles Stück möglichst lange erhalten wollen, müssen wir ihm einen Platz geben, an dem es so gut wie keiner Abnutzung ausgesetzt ist.
– Zum Schluß noch etwas *über Preise*.
Im allgemeinen richten sich die Preise nach Angebot und Nachfrage. Wenn Sie einen Teppich kaufen wollen und wissen, welchen Typus Sie wollen und welche Funktion der Teppich erfüllen soll, dann wissen Sie in etwa

auch, welche Kriterien beim Kauf zu berücksichtigen sind. Am besten vergleichen Sie dann die einzelnen Preise vergleichbarer Stücke bei verschiedenen Händlern. Manche Händler haben sich spezialisiert und fordern hohe Preise für ihre Teppiche. Vielfach führen sie Stücke von hohem ästhetischen Wert, und Zielkunden sind oftmals Sammler, die den Wert solcher Stücke zu schätzen wissen. Das Alter allein sollte allerdings kein Kriterium für den Preis eines Teppichs sein oder seine Höhe rechtfertigen. Das Alter wird zu häufig noch als Grund angeführt, der Sie verleiten soll, einen höheren Preis zu zahlen.

Teppiche als Wertanlage sind nur rentabel, wenn Sie einen guten Kauf gemacht haben und der Teppich eine optimale Behandlung erfährt.

Tips zur Teppichpflege

Aufbewahrung Teppiche, die nicht benutzt werden, sollten nur in trockenen Räumen und in aufgerolltem Zustand (am besten über eine Stange) aufbewahrt werden.

Diebstahl/Versicherung Sofern Sie wertvolle Teppiche besitzen, empfiehlt es sich, von den einzelnen Stücken Farbfotos sowie Gutachten von vereidigten Sachverständigen anfertigen zu lassen. Ebenso ist es ratsam, die Kaufbelege aufzuheben. Im Schadensfall oder bei Verlust durch Diebstahl haben Sie dann Belege für die Versicherung.

Flecken Flecken sollten sofort und *nur* mit klarem kalten Wasser behandelt werden. Verwenden Sie entgegen den üblicherweise erteilten Ratschlägen keine Seifenlaugen oder sonstige Reinigungsmittel. (Mit den Flecksubstanzen ist bereits ein chemischer Prozeß in Gang gesetzt, der durch ein Reinigungsmittel unter Umständen noch verstärkt wird.) Das gleiche gilt für das Shampoonieren. Vom Shampoonieren eines Teppichs ist dringend abzuraten.

Starke Flecken oder grobe Verschmutzungen sollten besser von einem Fachmann beseitigt werden. Adressen

275

für Reinigung und Restaurierung erhalten Sie im allgemeinen beim ortsansässigen Fachhandel.

Klopfen Wenn die Möglichkeit besteht, den Teppich im Freien zu klopfen, dann nur, wenn er mit der Florseite auf einer glatten, trockenen Fläche liegt. Klopfen ist schonender als Saugen.

Licht Achten Sie darauf, daß Teppiche nicht direktem Sonnenlicht ausgesetzt sind, weil dadurch die Farben verblassen.

Reparaturen Beschädigte Teppiche sollten nur von einem Fachmann repariert werden. Am besten erkundigen Sie sich im Teppichfachgeschäft danach.

Restaurieren Restaurierungsarbeiten an Teppichen gehören ebenfalls in die Hand eines Fachmanns und sollten in bestmöglicher Weise durchgeführt werden, da durch schlechte Restaurierungsarbeiten ein Qualitätsverlust und damit eine Wertminderung entsteht. Dies gilt insbesondere bei wertvollen alten und seltenen Stücken.

Kirman, Persien, um 1950, 48 × 75 cm

Sammeln Auch mit geringen finanziellen Mitteln läßt sich durchaus eine Teppichsammlung aufbauen. Am besten konzentriert man sich anfangs auf Stücke aus einer bestimmten Region, einer bestimmten Zeit, eines bestimmten Stammes oder eines bestimmten Mustertypus. Eine Sammlung baut sich im allgemeinen aus Hauptteppichen und Nebenteppichen sowie anderen textilen Gegenständen (wie Taschen, Zeltbänder oder ähnliches) gleicher Provenienz auf. Die wichtigsten Merkmale neben dem Alter sind die ästhetische Gestaltung und Seltenheit der einzelnen Stücke.

Staubsaugen Teppiche sollen immer nur in Florrichtung gesaugt werden, nie gegen den Strich. Bei alten und antiken Stücken können durch den Staubsauger Florfäden mit eingesaugt werden. Es ist daher ratsam, nicht zu häufig zu saugen und einen Staubsauger zu verwenden, der möglichst schonend saugt.

Wäsche Bei teuren Stücken empfiehlt sich die sogenannte »Hand-Orient-Wäsche«, die Teppiche in besonders schonender Weise reinigt. Adressen erfahren Sie über Teppichfachgeschäfte oder manchmal auch über Museen.

Anhang

Begriffserklärungen

Abrasch Farbabstufung, die durch Verwendung von Wolle aus verschiedenen Färbungen auf einfarbigen Flächen entsteht.

Allover Teppichmuster mit unendlichem Rapport.

Alter Neben Material, Knüpfung, Muster, Farben und Erhaltungszustand spielt das Alter eines Teppichs eine Rolle bei der Beurteilung des Wertes. Die Altersbestimmung ist allerdings sehr schwierig, da sie Fachkenntnisse und Erfahrung im Umgang mit Teppichen verlangt. Im Laufe der Zeit wurden Schemata zur altersmäßigen Einordnung von Teppichen erstellt. Der BSOT legt folgende Tabelle zugrunde:

antik = über 100 Jahre
alt = 50 – 100 Jahre
älter = 30 – 50 Jahre
neuer = 10 – 30 Jahre
neu = bis 10 Jahre

antikisieren Künstliche Alterung neuer Teppiche (zum Beispiel mit einem chemischen Verfahren oder durch Behandlung mit Sand, Dreck, Drahtbürste).

Antik Finished Neue Teppiche, die einer chemischen Behandlung unterzogen werden, damit die Farben weicher, blasser erscheinen.

Aubusson Französischer Teppich in Wirktechnik.

Bordüre Umrahmung des Innenfeldes in Form unterschiedlich breiter Streifen mit meist wechselnden Mustern.

Bordüren-Teppiche Teppiche, deren Innenfeld in senkrecht, waagerecht oder schräg angeordneten Streifen gemustert ist. Vor allem in den Provenienzen Gendje oder Ghom.

broschieren Ein Verfahren, bei dem Edelmetallfäden oder mit Silber oder vergoldetem Silber umsponnene Seidenfäden in Schußrichtung über 2 bis 4 Kettfäden in das Gewebe eines Teppichs eingezogen werden. Die zu broschierenden Partien werden nicht geknüpft, der Broschiervorgang geschieht meist von Hand. Broschierte Teppiche galten Ende des 16. Jahrhunderts in Persien als besonders kostbar.

BSOT Abkürzung für »Bundesverband der Sachverständigen für Orientteppiche e.V.« mit Hauptgeschäftssitz in Hamburg. Adresse: Deichstraße 24, 2000 Hamburg 11, Tel.: 0 40/36 36 20

Cairin Im 16. und 17. Jahrhundert in Kairo unter osmanischem Einfluß hergestellte Teppiche

Datierung In den Teppich eingeknüpftes Herstellungsjahr. Meistens erfolgt die Zeitangabe in arabischen Ziffern nach islamischer Zeitrechnung, die mit dem Jahr der Flucht des Propheten Mohammed aus Mekka, 622 n. Chr. unserer Zeitrechnung beginnt.

Dschufti-Knoten Knoten, der über zwei Kettfadenpaare läuft.

Echtheit Der Begriff »echter« Teppich wurde als Abgrenzung zum mechanisch gewebten Teppich eingeführt, um diesen vom handgeknüpften zu unterscheiden. Im engeren Sinne meint der »echte Teppich« den handgeknüpften orientalischen.

Farsh Persisches Wort für Teppich.

Filzteppiche Früheste isolierende Bodenbeläge. Sie werden aus Wollfasern hergestellt, die durch Einwirkung von Feuchtigkeit und Wärme sowie durch Zusammenpressen »verfilzen«. Diese Art Teppiche wurden in der Regel mit Applikationen verziert.

Flohmuster Kleinstes Boteh-Muster.

Flor Die samtartige Oberfläche des Knüpfteppichs.

Fond Der Mittelfeldgrund eines Teppichs.

Gerberwolle Wolle von toten Tieren. Die Qualität ist nicht mit Wolle lebender Tiere zu vergleichen, da die Elastizität fehlt. Teppiche aus Gerberwolle wirken stumpf.

Glanzwäsche Ein Waschverfahren, bei dem der natürliche Glanz der Wolle verstärkt wird. Vielfach bei Teppichen aus Gerberwolle angewandt, um diese wertvoller erscheinen zu lassen.

Gördes-Knoten Auch türkischer Knoten oder symmetrischer Knoten. Eine Knotenart, die überwiegend in der Türkei und im Kaukasus verwendet wird.

Grundgewebe Es bildet den Knüpfgrund des Teppichs und besteht aus Kette und Schuß. Schußfäden werden in unterschiedlicher Anzahl eingezogen.

Gutachten werden im allgemeinen über besonders wertvolle und seltene Orientteppiche erstellt. Sie können nur von vereidigten Sachverständigen, die in Deutschland bei der Industrie- und Handelskammer zugelassen sind, ausgeführt werden, da sie großes Spezialwissen und Erfahrung voraussetzen. Solche spezialisierten Sachverständigen kann man über die BSOT in Hamburg erfahren.

Haltbarkeit Sie hängt von der Qualität des Materials, der Art der Verarbeitung, von der Art der Pflege und dem Grad der Beanspruchung ab. Deshalb können auch keine verbindlichen Aussagen bezüglich der Haltbarkeit eines Teppichs gemacht werden.

Hausfleiß bezeichnet Heimarbeit. Ein großer Teil der Orientteppiche wird im sogenannten Hausfleiß, in eigener Regie oder als Auftragsarbeit geknüpft.

Hexagon Sechseck, häufiges Motiv auf Teppichen.

Inschriften finden sich in antiken, alten und neuen Teppichen meistens in den Bordüren oder in Kartuschen. Hierbei handelt es sich um Verse aus dem Koran, Gedichte berühmter Dichter oder Widmungen.

kardieren Ein Verfahren, das die Wolle spinnfähig macht. Die Wolle wird dabei durch eine Reihe von Metallzähnen einer Kardätsche gezogen.

Kelim Webteppich und Bezeichnung für die oberen und unteren Ränder eines Teppichs.

Kette Die in Längsrichtung vom oberen Kettbaum zum unteren Warenbaum vor Beginn des Teppichknüpfens fest gespannten Fäden.

Kiss-Gördes (türk. Kiz) Brautteppich, der von den Mädchen geknüpft oder ihnen bei der Hochzeit geschenkt wurde.

Lüster Europäische Bezeichnung für den Glanz des Teppichflors (vor allem bei Seidenteppichen). Je glanzreicher die Wolle, je feiner die Knüpfung, je glatter die Oberfläche, desto stärker der Lüster.

Manufakturteppiche werden im Gegensatz zu Teppichen aus dem Hausfleiß in größeren Handwerksbetrieben oder Unternehmerbetrieben gefertigt.

mercerisieren Ein Verfahren, bei dem Baumwolle chemisch mit Natronlauge behandelt wird, um den Glanz und die Aufnahmefähigkeit der Fasern beim Färben zu erhöhen.

morsch Bezeichnung für brüchig gewordenes Grundgewebe eines Teppichs. Dies trifft im allgemeinen auf alte Teppiche zu. Neuere Teppiche können durch Wasserschäden morsch werden.

Motiv Bestandteil eines Musters.

Oktogon Achteck, häufiges Motiv auf Teppichen.

Persischer Knoten Senneh-Knoten.

Polygon Vieleck, häufiges Motiv auf Teppichen

Provenienz bezeichnet die Herkunft des Teppichs.

Rapport Musteranlage in regelmäßiger Wiederholung auf dem Innenfeld.

Reihung Anordnung gleicher Motive neben- und hintereinander; versetzte Reihung ergibt schräglaufende Motivzeichnung.

Savonnerieteppich Französischer Knüpfteppich.

scheren Beschneiden des Flors (mit Scheren oder großen Messern) auf die gewünschte Höhe. Dies geschieht schon während des Knüpfvorgangs. Nach Fertigstellung wird der Teppich noch einmal im ganzen nachgeschoren.

Schirasi Einfassung der Teppichlängsseiten.

Schuß Die Fäden, die nacheinander durch die Kettfäden gezogen (eingeschossen) werden. Sie dienen zur Fixierung der eingeknüpften Knotenreihen und werden mit einem Kamm fest nach unten angeschlagen.

Senneh-Knoten auch persischer Knoten oder asymmetrischer Knoten. Eine Knotenart, die überwiegend im östlichen Teil des Orients verwendet wird. In Persien finden sich beide Knotenarten.

Spiegel Ein unifarbenes Teppichinnenfeld.

spinnen Beim Spinnen wird durch Verdrillen von Wollfasern ein Faden erzeugt. Das Verdrillen kann mit einer Spindel oder über ein Spinnrad geschehen.

Strich Knüpfrichtung des Teppichflors.

Talim Bezeichnung für eine Knüpfvorlage. Sie besteht aus Zeichen, die die Farbe, die Anzahl und die Aufeinanderfolge der Knoten festlegen. Mit Talims arbeiten heute überwiegend Teppichknüpfer aus Pakistan, Indien und Kashmir.

tuften Ein Verfahren, bei dem per Hand oder mit Hilfe einer Maschine ein Flor ohne Knüpfung hergestellt wird.

Türkischer Knoten Gördes-Knoten.

Vagireh Probeknüpfung eines Musters.

Zentralmotiv Das den Fond füllende Hauptmotiv.

zwirnen Das Verdrillen von zwei oder mehreren Garnsträngen zu einem dickeren Faden.

Größenbezeichnungen für Orientteppiche

Im Teppichhandel haben sich eigene Größenbezeichnungen für Orientteppiche durchgesetzt, die hauptsächlich aus Persien und der Türkei stammen

Baby	ca. 40×40 cm bis 40×60 cm
Poshti	ca. 50×80 cm bis 60×80 cm
Yastik	ca. 50×100 cm
Zartscharak	ca. 60×120 cm bis 70×140 cm
Charakboland	ca. 80×200 cm
Ceyrek	ca. 90×140 cm
Zaronim	ca. 100×150 cm
Barik	ca. 100×200 cm
Seccadeh	ca. 120×190 cm bis 140×200 cm
Dozar	ca. 120×200 cm bis 150×220 cm
Exote, Kelly	langer schmaler Teppich, aber breiter als ein Läufer ca. 130×250 cm bis 200×500 cm
Kenare	Läufer ca. 100×400 cm bis 100×700 cm
Ghali	ein Teppich über 6 qm
Ghalidesch	ein kleiner Teppich bzw. eine Brücke
Übermaßteppich	ein Teppich über 12 qm

Bibliographie

Black, David/Adkinson, Robert (Ed.), *World Rugs & Carpets*. London 1985
Brüggemann, Werner/Böhmer, Harald, *Teppiche der Bauern und Nomaden in Anatolien*.
München 1982
Burckhardt, Titus, *Die maurische Kultur in Spanien*. München 1970
Erdmann, Kurt, *Der orientalische Knüpfteppich*. Tübingen 1975
ders., *Europa und der Orientteppich*. Mainz 1962
Ford, P. R. J., *Der Orientteppich und seine Muster*. Herford 1982
Hubel, Reinhard, *Ullstein Teppichbuch*. Berlin 1965
Iten-Maritz, Jo, *Enzyklopädie des Orientteppichs*. Herford 1977
Milhofer, S. A., *Das goldene Buch des Orientteppichs*. Hannover 1962
Schwarz, Hans Günther, *Orient–Okzident, der orientalische Teppich in der westlichen Literatur,
Ästhetik und Kunst*. München 1990
Tompson, Jon, *Orientteppiche*. Herford 1990

Weiterführende Literatur

Erdmann, Kurt, *Siebenhundert Jahre Orientteppich – Zu seiner Geschichte und Erforschung*
(hrg. v. Hanna Erdmann). Herford 1966
Grote-Hasenbalg, Werner, *Der Orientteppich – Seine Gescchichte und seine Kultur*. Berlin 1922
Herrmann, Eberhart, *Seltene Orientteppiche*. Bd. I–IV. München 1978-1986
Iten-Maritz, Jo, *Der anatolische Teppich*. München 1975
Loges, Werner, *Turkmenische Teppiche*. München 1978
Schürmann, Ulrich, *Zentralasiatische Teppiche*. Frankfurt und London 1969
ders., *Kaukasische Teppiche*. Braunschweig 1961

Ausstellungskataloge

Alte Teppiche aus dem Orient. Ausst. Kat. Basel 1980
Spuler, Friedrich, *Der Orientteppich im Museum für Islamische Kunst Berlin*. Berlin 1987

Bildnachweis

Fa. Bächtold, Horgen, Schweiz: S. 39, 40, 42, 109, 110
Bildarchiv Preußischer Kulturbesitz, Berlin: S. 76/77, 81, 126, 128, 129, 132, 135, 153, 157, 196, 201, 204, 209, 213, 237, 249
Fa. Carpet, Köln: S. 263
Fa. Fässler, Freiburg: S. 233
Design-Studio Fleischer, München: S. 35, 36, 37, 40, 41, 43, 49, 50, 71, 72, 73, 74, 75, 84, 197, 198, 223, 224, 225, 226, 227, 228, 274; alle weiteren Zeichnungen stammen aus dem Verlagsarchiv
Fa. Hirschberg, Teppichkunst, Köln: S. 10, 85, 95, 96, 98, 99, 100, 139, 173, 183, 194, 221, 231
aus: Hubel, Reinhard, *Ullstein Teppichbuch:* S. 120/121
Kunstgewerbemuseum Trontheim: S. 245
Museum für angewandte Kunst, Wien: S. 87
Fa. Orim, Herr Mauch, Frankfurt/M.: S. 13, 15, 25, 31, 45, 79, 91, 93, 104, 118, 137, 140, 142, 143, 145, 147, 149, 150, 159, 161, 162, 163, 165, 167, 168, 169, 171, 175, 177, 180, 181, 184, 185, 193, 219, 239, 240, 243, 265, 277
Fa. Schiraz, Teppichgalerie, Berlin: S. 206, 211
Fa. Schletzer, Hamburg: S. 217
Victoria and Albert Museum, London: S. 257
Alle hier nicht gesondert aufgeführten Abbildungen stammen aus dem Archiv der Autorin.

Dank

Für die freundliche Unterstützung während meiner Arbeit an diesem Buch möchte ich mich ganz besonders bei folgenden Personen bedanken:

Herrn Dr. Kröger, Museeum Islamischer Kunst, Berlin
Herrn Hirschberg und Frau Blume, Teppichkunst, Köln
Herrn und Frau Schletzer, Schletzer Teppiche, Hamburg
Herrn Mauch, Teppichfirma Orim, Frankfurt.

Register

Abrasch 108
Afghanistan 242 ff.
 Afghan-Beschir 244
 Afghan-Daulatabad 244
 Afghan-Mauri 244
 Belutschen 242
Anatolische Teppiche 59,
 60, 62, 63, 73, 75, 94,
 96, 113, 134 siehe auch
 Türkische Teppiche
 Tierteppiche 125, 127
Anilinfarben 105 f.
Anschlagkamm 37 f.
Arts- and Crafts-Bewe-
 gung 257 f.
Asymmetrische Knoten siehe
 Senneh-Knoten
Aubusson 202, 255

Baumteppiche 58
Baumwolle 33 f.
Bildteppiche 165
Bordüren 67, 70–75, 101
 Arabesken-Ranken 72
 Flechtband-Kufi 250
 Herati 72
 Kartuschen 72
 Laufender Hund 73
 Mäander 73, 101
 Paradies (Cubukli) 138,
 144
 S- 73, 101
 Shah-Abbas 74
 Shekeri 174
 T- 74, 101
 Tschitschi 212
 Weinglas 74
 Wellenranken 75
 Zinnen 75
Buddhismus 61, 82, 215 f.,
 218, 229 f., 238
 Teppichmotive 226 f.

Cairin-Teppiche 131
Chinesische Teppiche 47,
 61, 62, 66, 70, 73, 74,
 82, 113, 215–228
 Muster und Sym-
 bole 220, 222,
 223–228

Designer-Teppiche 262,
 264
DOBAG-Projekt 137
Donegal-Teppiche 258

Drachenteppiche 200
Dschufti-Knoten 169, 236

»Echter« Teppich 272

Farbsymbolik 115–118
 Farbbeschreibun-
 gen 114 f.
Felderteppiche 80
Finish 42
Flor 33 f., 38, 40, 44, 272
Floraler Stil 48, 53, 63, 130,
 152, 154, 156
Florgarne 35
Fransen 39
»Frühling des Chosrau«-
 Teppich 78

Garnherstellung 34 f.
Gartenteppiche 48, 58,
 76–80, 155, 164
Gebetsnische siehe Mihrab
Gebetsteppiche 58, 60, 64,
 68, 90–94, 134, 138 f.,
 141, 143, 144, 145,
 146, 148, 203, 204,
 214, 244
Geometrischer Stil 48, 53 f.,
 127, 144, 152, 156
Gewebe-Bindung 43 f.
Göl 188–198, 242, 244
Gördes-Knöten 20, 43 f.,
 103, 148, 163, 172,
 174, 178, 180, 184,
 194, 198, 207, 208,
 210, 214, 242
Gül 188–198

Heimknüpferei 27, 48,
 108, 134, 136 f., 140,
 242
Hofmanufakturen 27, 30,
 130 f., 154 f., 164, 175,
 200, 235
Holbein-Teppiche 127,
 248 ff.
Holy Carpet 175 f.

Indische Teppiche 47, 62,
 82, 235 ff.
 Muster 235 f.
Islam 26, 47, 51, 54 f., 77,
 88 ff., 92, 123, 124, 152,
 199, 229 f.
 Bilderverbot 88 f.

Jagdteppiche 48, 86–90,
 155, 166

Karakeçili 94–103
Kaukasische Teppiche 47,
 59, 60, 62, 63, 65, 73,
 75, 82, 113, 199–214
 Baku 203
 Chila 203
 Daghestan 203 f.
 Derbent 204
 Gendje 204 f.
 Karabagh 205
 Charmik 205
 Chondzoresk 205 f.
 Schuscha 206 f.
 Tschelaberd 207
 Kasak 207 f.
 Bordjalou 208
 Karaklis 208
 Lambalo 208
 Lori-Pambak 208, 210
 Schulaver 210
 Kuba 210
 Konagkend 210 f.
 Perepedil 212
 Sejshour 212
 Tschitschi 212
 Mikrach 204
 Schirwan 213
 Marasali 214
 Talish 214
Kaukasisch-nordwestpersi-
 scher Teppich 201
Kelimabschluß (Kelim)
 38 f., 103
Kette, Kettfäden 33 f.,
 36–39, 43 f., 55
Kettgarne 35
Kett- und Warenbaum 36 ff.
Knüpfdichte 44, 222
Knüpfhaken 43, 176
Knüpfstühle, -rahmen 26 f.,
 33, 36
Knüpftechnik 17, 20, 23,
 26 f., 33, 38–41
Knüpfvorlage siehe Vagireh
Konfuzianismus 215 f., 218,
 223
 Teppichmotive 223 ff.
Kugelteppiche 130

Lichteinfall 118 f.
Litzenschnur 37
Litzenstab 36 f.

284

Löwenteppiche 182
Lotto-Teppiche 127, 250

Mamelukenteppiche 128 ff.
Manufakturknüpferei 27,
41, 48, 108, 127, 134
Medaillonteppiche 48, 68,
83–86, 130, 154 f., 166
Medjidi-Teppiche 133
Mihrab 64, 92 f., 94, 134,
138, 141, 144, 145 f.,
203, 214, 234
Motive 50, 52–70,
223–228
Acht buddhistische Embleme (pa chi hsiang) 226
Acht Genien (papao) 225 f.
Acht Kostbarkeiten (papao) 227
Acht Trigramme 225
Amulett 56, 99
Arabeske 56 f.
Baum 54, 57 f., 97
Boteh 58 f.
Blumen 59 ff.
Henna 60
Hyazinthen 60
Ladik-Tulpe 59 f., 96 f.,
131 f., 145
Lilien 61
Lotosblume 61
Nelken 60
Rosen 61
Drache 61 f., 223 f.
Drache/Phönix 61 f.,
126, 200, 226
Donner 224
Fledermaus (fu) 228
Fo-Hund (shih-tsu) 227
Gol-i-faranghi 61, 254
Granatapfel 62, 251
Haken 63
Herat-Blüten 232
Herati 63, 160
Hirsch (lu) 226
Ibrik 64, 93, 97
Kalligraphie 64
Kartusche 65
Kassetten-Gül 232
Kranich (hsien hao)
Kreuz 65
Lanzettblatt 66
Laufender Hund 66
Mäander 66
Medaillon 232
Minah-Khaneh 178
Mir-i-Boteh siehe Boteh

Palmette 67
Phönix (fêng-huang)
61 f., 226
Ranken 67
Rose mauresque 255
Rosetten 68
Shou 228
Stern 69
Swastika (wan-tsu) 69,
228
Top rake 98, 101
Vasen-Granatapfel 232
Vier Sinnbilder feiner Bildung (ch'in-shu-hua)
227 f.
Vierzehn Kleinodien (su-shi
pao) 228
Wasser (shiu-wên) 224
Wolkenband 70
Wolkenkragen (yün
chien) 97 f., 101
Wolkenmuster (yün-
wên) 224
Zepter (ju-i) 225
Zil-e-Soltan 82
Muster 49–54, 84
Musterverschleppungen
53, 202
Mustervorlage
siehe Varigeh

Nachknüpfungen 12
Naturfarben 105 ff., 108,
137, 182
Naturfarbstoff-Gewinnung
111 ff.
Nomaden 17–20, 22, 26 f.,
33 f., 36, 41, 52, 99 108,
123, 134 ff., 179,
186–189, 193, 230, 242
Nomadenteppiche 20, 34,
36, 40, 48, 56 f., 80, 99,
134, 136, 140, 148 ff.,
172, 178–185

Ornament, -tik 18 f., 50 f.
Ostturkestanische Teppiche 47, 61, 66, 70, 73,
82, 229–234
Muster und Symbole
234 f.

Pao-Tao 222
Pazyryk 20–23
Persischer Knoten siehe Senneh-Knoten
Persische Teppiche 47, 56,
59, 61, 62, 63, 65, 66,

72, 77, 80, 82, 83 f., 88,
113 f., 151–185
Afshari 178
Bachtiari 179 f.
Bidjar 159 f.
Ferahan 160
Gabbeh 80, 180 f.
Gashgai 181 f.
Ghom 160 ff.
Hamadan 162 f.
Heris 163 f.
Isfahan 158, 164 ff.
Kashan 166 f.
Kash-Guli 182
Khorassan 167 ff.
Kirman 169 f.
Kurden 183 f.
Luren 184 f.
Saruk 170 f.
Senneh 172 ff., 184
Serabend 174
Shiras 172
Täbris 154, 175 ff.
Veramin 177 f.
PETAG (Persische-Teppich-
Gesellschaft AG) 177
Polenteppiche 67, 156

Rapport, unendlich fortlaufender 83 ff.
Blumen 59 ff.
Reihengebetsteppiche 94,
143, 234
Reliefschnitt 241
Rosenteppiche 202

Safaviden-Dynastie 30, 53,
74, 83, 152, 154 ff., 158,
165, 166, 175
Salim 41
Savonnerie 132
Teppiche 202, 253 ff.
Muster 253
Schirasi 39 f., 103
Schuß, -faden 33 f., 36 ff.,
39, 42 f., 159
Schußgarne 35
Seide 34, 141, 220
Seldschuken 26 f., 123,
124, 151
Seldschukenteppiche 27,
124, 144
Senneh-Knoten 23, 43 f.,
172, 178, 198, 222,
234, 236, 241, 242
Siebenbürgen-Teppiche
134
Spanischer Knoten 251

285

Sümerbank 136f., 141, 147
Symmetrischer Knoten *siehe*
    Gördes-Knoten
Synthetische Farben 105ff.,
    114, 136, 177

Taoismus 215f., 218
Teppichmotive 224ff.
»tapis ras« 255
Teppich, Begriff 24ff.
Teppich-Aufteilung 48f.
    Innenfeld 49f., 94,
    97–100
Teppich-Datierung 97,
    113f., 273f.
Teppichfärben 107–113
    Beize, -mittel 109, 112
    Färbebad 109f.
    Färbevorgang 109ff.
    Farbintensität 110
Teppichfarben 102,
    103–119
»Teppichgürtel« 123
Teppichkauf 267–275
    antik 272f.
    Auktion 269f.
    Bewertungskriterien
    270f.
    Einkaufsmöglichkeiten
    268f.
    Haltbarkeit 274

Preise 274
    Sachverständiger 269
    von privat 270
    Wollqualitätsprüfung
    271f.
Teppichpflege 275f.
Teppich-Restaurieren 276
Teppich-Sammeln 276
Teppichwäsche 41f., 107,
    222
Tibetische Teppiche 47, 62,
    73, 74, 238–242
    Muster und Symbole
    238–241
Tibet-Knoten 241
Tierkampfteppiche 200
Trennstab 37
Türkischer Knoten *siehe* Gör-
    des-Knoten
Türkische Teppiche 47, 59,
    65, 68, 73, 82, 124–150
    siehe auch Anatolische
    Teppiche
    Bergama 138
    Gördes 138f.
    Hereke 139ff.
    Kayseri 141ff.
    Konya 124f., 143f., 217
    Kürd 150
    Kula 144
    Lâdik 145f.

Melas 146
    Sivas 146ff.
    Uşak 130, 148, 250
    Yürük 148f., 184
Turkmenische Teppiche
    47, 59, 63, 65, 68, 73,
    113, 186–198
    Afghan 195
    Buchara 193
    Ersari 195f., 198
    Kisil-Ayak 198
    Saloren 190f.
    Saryken 193f.
    Tekke 191ff.
    Yomuden 194f.

Vagireh 40f., 53, 156
Vasenteppiche 48, 80ff.
Vogelteppiche 130

Wiener Jagdteppich 88,
    166
Wolle 33f., 108
Wollqualität 34
Wollspinnen 35
    »S-Drehung« 35
    »Z-Drehung« 35
Zwirnen 35

M. BÄCHTOLD & CO.
Direktimport/–Export
Erstklassige Orientteppiche

Riesige Auswahl in allen Provenienzen
Bestpreisgarantie (seit 1978)

- Gratis-Heimservice
- Auch antike Raritäten
- Reparatur-Service
- Expertisen
- Nur seltene Top-Qualität

Engros-Lager: Erlenstrasse 1, CH-8813 Horgen 3
(bei Zürich/Schweiz) Mo, Mi, Do: 13.30–19.00; Sa: 09.00–16.00;
sowie jederzeit nach Vereinbarung: ☏ **(01) 725 08 75**; **(01) 784 81 22**
• Gesetzlich geschütztes Zertifikat
• **Umtauschrecht zum vollen Kaufpreis: 1–5 Jahre**

COLLECTION
ROLF HEYNE

Wie die Teestunde in die Welt kam

Dieser brillant bebilderte Prachtband ist eine Kulturgeschichte des Tees und eine umfassende Teekunde zugleich. Teekenner erzählen von Geschichte, Herkunft und Anbau, von Mythen und Ritualen und der Exotik und Raffinesse seiner Zubereitung.

256 Seiten mit
317 meist farbigen Abb.
Gebunden – DM 128,–

WILHELM HEYNE VERLAG MÜNCHEN

Das Fachmagazin für alle Sammler und Antquitätenfreunde

Sammeln von A bis Z was schön und interessant ist!

Ob alte Aktien, Teppiche oder edles Zinn, das Sammler-Journal berichtet von A bis Z über alles, was sammelnswert ist. Auf über 160 Seiten werden private wie öffentliche Sammlungen farbig vorgestellt, aktuelle Preise genannt, rechtliche Fragen, die das Sammeln betreffen, erörtert und Buch geführt über wichtige Auktionen, Kunst- und Antiquitätenmessen, Floh- und Sammlermärkte. Ein vielseitiger Termin- und Anzeigenteil bietet dem Sammler die Chance, seine Sammlung zu erweitern und zu verändern.
Das Sammler-Journal ist unentbehrlich für alle Händler, Sammler, und Museen im deutschen Sprachraum.
Bitte fordern Sie ein kostenloses Probeexemplar zum Kennenlernen an.

Journal-Verlag Schwend GmbH
Schmollerstraße 31 WH
7170 Schwäbisch Hall
Telefon (07 91) 404-500
Telefax (07 91) 4 29 20